珠江文化丛书

珠江粤语与文化探索

郑佩瑗 著

羊城晚报出版社
·广州·

图书在版编目（CIP）数据

珠江粤语与文化探索 / 郑佩瑷著. —广州：羊城晚报出版社，2015.8
ISBN 978-7-5543-0202-6

Ⅰ．①珠… Ⅱ．①郑… Ⅲ．①粤语—文化语言学—文集 Ⅳ．①H178-53

中国版本图书馆CIP数据核字（2015）第143451号

珠江粤语与文化探索
Zhujiang Yueyu yu Wenhua Tansuo

策划编辑	吴　江
责任编辑	黄捷生
责任技编	张广生
装帧设计	友间文化
责任校对	麦丽芬
出版发行	羊城晚报出版社（广州市天河区黄埔大道中309号羊城晚报创意产业园3-13B　邮编：510665）
	网址：www.ycwb-press.com
	发行部电话：（020）87133824
出 版 人	吴　江
经　　销	广东新华发行集团股份有限公司
印　　刷	佛山市浩文彩色印刷有限公司
规　　格	787毫米×1092毫米　1/16　印张22.5　字数330千
版　　次	2015年8月第1版　2015年8月第1次印刷
书　　号	ISBN 978-7-5543-0202-6 / H·15
定　　价	49.00元

版权所有　违者必究（如发现因印装质量问题而影响阅读，请与印刷厂联系调换）

总序

多学科交叉的立体文化工程
——《珠江文化丛书》

黄伟宗

一个国家、一个民族、一个地域、一个地方的特点,从总体精神上说,实则是文化特点。其特点的形成,是由不同的地理条件(尤其是水的条件)和气候条件,使得人们有不同的生存方式、生产方式与生活方式。而长期造成的不同的精神意识、思维方式、人情风俗和道德观念等等,这些属于文化范畴的特征,既决定着又体现于每个国家、每个民族、每个地域、每个地方的政治、经济与文化的实体、措施与形态,以及自然科学、人文科学的研究思想和文学艺术的创作与研究中。正如法国19世纪著名理论家丹纳在《艺术哲学》中所说:"要了解艺术家的趣味和才能,要了解为什么在绘画或戏剧中选择某部门,为什么特别喜爱某种典型,某种色彩,某种感情,就应当到群众中的思想感情和风俗习惯中去探求。由此我们可以定一条规则:要了解一件艺术品,一个艺术家,一群艺术家,就必须正确地设想他们所属的时代的精神和风俗概况。这是艺术最后的解释,也是决定一切的根本原因。"

当今世界已经进入了文化时代，也即是改变了过去只是以政治观点和政治利益去认识和把握一切，代之以从文化意识与方式去认识和把握一切的时代。西方各国现代文化学的兴起，学派林立，形成热潮，蔚然成风；中国的"文化热"也从文艺创作而蔓延于各行各业、各种学科、各个地域、各个地方，以至人们日常生活的衣、食、住、行各个方面。其中，水流地域文化研究，如黄河文化、长江文化、黑龙江文化等，正在悄悄兴起，这是一种很值得注意的动向，是一个很有意义、很有前途的文化与学术领域。因为这个领域的研究，将会给每个水流地域总体特征作出科学的解释，找出其历史与现实和将来的契合点，并以多学科的并行和交叉研究论证的方法，将这些契合点科学化、综合化、立体化、实用化，使其可作为决策的依据或出发点，作为具有实用价值的新产品或具有可操作性的方略，具有可转化为生产力的科学理论或文化精品。

广东珠江文化研究会，正是适应这样的文化时代潮流和需要，于2000年6月28日在广州正式成立的。宗旨是研究与弘扬珠江文化。因为珠江是中国的第三大河，其水流地域文化覆盖整个华南和南海诸多港湾和群岛，在中华民族历史和现代的文化上有重大贡献和重要地位。按照当今国内外公认的水流地域文化理论，当某种水流地域文化形成之后，除覆盖其本身水域之外，还覆盖其周边地区。由此，珠江文化的覆盖地域，不仅是作为中心的珠江三角洲地区，以及汇合为珠江的西江、东江、北江的各自流域地带，还包括韩江流域的潮汕地区、南渡河流域的雷州半岛，南海诸岛和北部湾、海南岛、香港和澳门；如从水流的源头而言，除西江流经的广西之外，尚有西江的源头云南、贵州，北江的源头湖南，东江的源头江西，韩江的源头福建省等，可见地域之广，水量丰富，文化组成成分多样而复杂，历史的发展和演变过程又极其曲折坎坷，在新时期的改革开放中的发展又极其迅速。因而以珠江文化作为一个研究领域，不仅是应时之需，而且是天地广阔，前景无限的。

珠江文化有着明显的特点。首先是它的多元性和兼容性，这特点似乎与珠江是多条江河自西、北、东之流而交汇的水态有关，是多元而后交汇汇聚兼容于一体之中：从历史上说，由土著的百越文化与来自五岭以北的华夏文化、荆楚文化、巴蜀文化、吴越文化，以及来自海外的印度文化、波斯文化、阿拉伯文化、西洋文化的先后结合与交融；从当今的珠江水流地域的文化类型而言，除此较明显的粤文化地区有着广府文化、客家文化、福佬文化和新起的深圳及珠江三角洲地区的移民文化之外，尚有可称之为珠江亚文化的滇云文化、黔贵文化、八桂文化、海湾文化、琼州文化等等，都是多元而相容于珠江文化的范畴中。其二是海洋性和开放性，珠江的总体形象，既是交汇型的，又是放射型的，它既像是蜘蛛网似的覆盖于整个水流地域，像是多龙争珠似的争汇于其中交汇中心（广州），而其中心又像是一颗明珠、每条河流又像是道道明珠发射出的光芒那样，向四面八方喷射。特别是珠江有众多出海口，即许多所谓"门"，如虎门、崖门、磨刀门等等，仅珠江口就有八个门，可见珠江与南海是联成一体的；沿海港湾和港口甚多，也都同珠江水系密切连接，所以，从古至今是由陆路、沿海与海外的交通与交流枢纽，"海上丝绸之路"最早在此进发，而且数千年一直不衰；大量移民由此散布海外，海外文化也由此最早涌入，所以，海洋文化与开放意识是特别强的。其三是前沿性和变通性，由于珠江文化水系与海洋密切连接，海港特多，与西方和海外文化接收特快特多，因而前沿性也特强，另一方面，相对而言作为中国文化中心的中原文化，地理距离较远，又有以五岭为代表的崇山峻岭之隔，交通不便，由此而受中原文化控制偏少，同时也由于中原文化在这一带与海洋文化及本土文化碰撞的缘故，也就造成了相接于前沿性的变通性。此外尚有其他特点，有待深入研究，在此不一一列举。仅由此即可见，对珠江文化特点的研究，以及将这样的研究成果转化为决策依据、地域建设的方案与行为，转化为科学规划的文化产业，都是大有作为、必有成效的。

本着研究与弘扬珠江文化的宗旨，广东省珠江文化研究会组织了著名的文化学家、文史学家、考古学家、人类学家、语言学家、民俗学家、地理学家、海洋学家、气象学家、建筑学家、生物学家等学科的专家学者，以及著名的作家、编辑家、新闻出版家等，分别组成学术委员会、创作委员会、书画艺术委员会、地域企业文化委员会、影视出版委员会、规划策划委员会和理事会，既分工而又交叉地进行珠江文化的研究和宣传，将其作为一项长期的多学科交叉的立体工程去进行。为此目的，我们依靠和组织各种力量，撰写、编辑、出版《珠江文化丛书》。

2000—2005年出版著作：1.《珠江传》（司徒尚纪著）；2.《珠江文化论》（黄伟宗著）；3.《开海》（洪三泰、谭元亨、戴胜德著）；4.《千年国门》（谭元亨、洪三泰、戴胜德、刘慕白著）；5.《中国古代海上丝绸之路诗选》（陈永正编注）；6.《广府海韵——珠江文化与"海上丝绸之路"》（谭元亨著）；7.《交融与辉映——中国学者论"海上丝绸之路"》（黄鹤、秦柯编）；8.《东方的发现——外国学者谈海上丝绸之路与中国》（徐肖南、施军、唐笑之编译）；9.《广东海上丝绸之路史》（黄启臣等编著）；10.《珠江文化与史地研究》（司徒尚纪著）；11.《祝福珠江》（洪三泰、谭元著）；12.《通天之路》（洪三泰主编）；13.长篇小说《女海盗》（洪三泰著）；14.《岭南文化古都论》（谭元亨编著）；15.《岭南状元传及诗文选注》（仇江、曾燕闻、李福标编注）；16.《东方奥斯维辛纪事》（谭元亨著）；17.《日军细菌战：黑色［波字8604］》（谭元亨编著）；18.《中国文化史观》（谭元亨著）；19.《客家圣典：一个大迁徙民系的文化史》（谭元亨著）；20.《客家文化之谜》（谭元亨著）；21.《岭南文化艺术》（谭元亨著）；22.《呼唤史识——当代长篇创作的史观研究》（谭元亨著）；23.《广府寻根》（谭元亨著）；24.《南方城市美学意象》（谭元亨著）；25.《世界著名思想家的命运》（谭元亨主编、主笔）；26.《当代思维论》（谭元亨著）；27.《城市建筑美学》（谭元亨著）；28.《海峡两岸客家文学论》（谭元亨著）；29.《古代中外交通史略》（陈伟明、王元林著）。

2005—2006年出版的《珠江文化丛书》"十家文谭"专辑，包括：1.《珠江文化系论》（黄伟宗著）；2.《珠江文化的历史定位》（朱崇山编）；3.《海上丝路的研究开发》（周义编）；4.《泛珠三角与珠江文化》

（司徒尚纪著）；5.《海上丝路与广东古港》（黄启臣著）；6.《粤语与珠江文化》（罗康宁著）；7.《岭南文化珠江来》（张镇洪著）；8.《珠江诗雨》（洪三泰著）；9.《珠江远眺》（谭元亨著）；10.《珠江流韵》（戴胜德著）。"十家"，是以十位学者之所长从十个学科探析珠江文化之意。当然，珠江文化研究会的专家学者，不仅只有这些学科。11.《断裂与重构——东西思维方式比较》（谭元亨著）；12.《顺德人》（谭元亨著），《城市建筑美学》（谭元亨著）；13.《广信：岭南文化古都论》（谭元亨主编）；14.《客商》（谭元亨著）；15.《国家祭祀与海上丝路遗迹——广州南海神庙研究》（王元林著）。

2007—2008年出版著作：1.《百年宝安》（洪三泰、谭元亨、戴胜德著）；2.《良溪——"后珠玑巷"》（黄伟宗、周惠红主编）；3.《南江文化纵横》（张富文著）；4.《郁南：南江文化论坛》（黄伟宗、金繁丰主编）；5.《珠江文踪》（黄伟宗著）；6.《客家图志》（谭元亨著）：7.《顺德乡镇企业史话》（谭元亨著）。

2009—2010年出版著作：1.《海上丝路的辉煌》（黄伟宗、薛桂荣主编）；2.《瑶乡乳源文化铭作选》（梁健、邓建华主编）；3.《千年雄州璀璨文化》（林楚欣、许志新主编）；4.《湛江海上丝绸之路史》（陈立新编著）；5.《西江历史文化之旅》（江门日报等主编）；6.《凤岗：客侨文化论坛》（黄伟宗、朱国和主编）；7.《中国珠江文化史》上、下册（黄伟宗、司徒尚纪主编）；8.《黄伟宗文存》上、中、下册（黄伟宗著）；9.《创会十年——广东省珠江文化成立十周年庆典文集》（黄伟宗主编）；10.《客家文化史》上、下（谭元亨著）；11.《十三行新论》（谭元亨著）；12.《广东客家史》上、下（谭元亨著）；13.《客家文化大典》（谭元亨著）；14.《客家经典读本》（谭元亨著）。

2011—2012年出版著作：1.《客家第一珠玑巷——凤岗第二届客侨文化论坛》（黄伟宗、朱国和主编）；2.《云浮：中国石都文粹》（黄伟宗主编）；3.《封开：广府首府论坛》（黄伟宗、张浩主编）；4.《海上敦煌在阳江》(黄伟宗、谭忠健主编)；5.《雷州文化研究论集》(蔡平主编)。6.《中国凤岗客侨文化系列丛书——凤岗排屋楼》(张永雄主编)。7.《国门十三行》(谭元亨著)；8.《客家与华文文学》(谭元亨著)；9.《肝胆相照——饶彰风与邓文钊》(谭元亨著)；10.《华南两大族群的文化人类学建构》(谭元亨著)；11.《雷区1988：中国市场经济的超前探索者》(谭元亨著)；12.《开洋》人民文学出版社(谭元亨著)；13.《岭海名胜记》校注(王元林古籍标点校勘注释)；14.《内联外接的商贸经济：岭南港口与腹地、海外交通关系研究》(王元林著)。

2013年出版著作：1.《中国禅都文化丛书》(黄伟宗、吴伟鹏主编)包括6分册：《出生园寂地》(罗康宁著)、《顿悟开承地》(戴胜德著)、《〈坛经〉形成地》(郑佩瑗著)、《农禅丛林地》(谭元亨著)、《报恩般若地》(洪三泰著)、《禅意当下地》(冯家广著)；2.《中国南海文化研究丛书》(黄伟宗主编)，包括6分册：《中国南海海洋文化论》(谭元亨著)、《中国南海海洋文化史》(司徒尚纪著)、《中国南海海洋文化传》(戴胜德著)、《中国南海古人类文考》(张镇洪、邱立诚著)、《中国南海商贸文化志》(潘义勇著)、《中国南海民俗风情文化辨》(蒋明智著)。3.《广府文化大典》(谭元亨主编，陈其光、郑佩瑗副主编)；4.《广府人——首届世界广府人恳亲大会广府文化论坛论文集》(谭元亨等主编)；5.《广府寻根祖地珠玑——广东省广府学会成立大会论文集》(黄伟宗等主编)；6.《广侨文化论——台山中国首届广侨文化论坛文集》(黄伟宗、邝俊杰主编)；7.《十三行习俗与商业禁忌》(谭元亨著)；8.《东莞历史名人》(王元林等主编)。

2014年出版著作：1.《海上丝绸之路研究书系》第一辑［开拓篇］(黄伟宗总主编)包括4部书：《海上丝绸之路的研究开发》(周义主编)，《海上丝绸之路与海洋文化纵横论》(黄伟宗著)，《广东海上丝绸之路史》(黄启臣主编)，《中国古代海上丝绸之路诗选》(陈永正编注)。2.《海上丝绸之路画集》(谢鼎铭著)；3.《雷州文化概论》(司徒尚纪著)；4.《中国地域文化通览·广东卷》（司徒尚纪主编）；5.《海国商道》（谭元亨著）；6.《十三行习俗与商业禁忌》（谭元亨著）；7.《广府人史纲》（谭元亨著）；8.《城市晨韵》（谭元亨著）；9.《袁崇焕评传》（王元林、梁珊珊著）。

2015年出版著作：《海上丝绸之路研究书系》第二辑［星座篇］（黄伟宗总主编）包括10部书：1.《徐闻古港——海上丝绸之路第一港》（刘正刚著）；2.《南海港群——广东海上丝绸之路古港》（王潞、周鑫著）；3.《海陆古道——海陆丝绸之路对接通道》（王元林著）；4.《海上敦煌——南海Ⅰ号及其他海上文物》（崔勇、肖顺达著）；5.《沧海航灯——岭南宗教信仰文化传播之路》（郑佩瑗著）；6.《十三行——明清300年的曲折外贸之路》（谭元亨著）；7.《侨乡"三楼"——华人华侨之路的丰碑》（司徒尚纪著）；8.《古锦今丝——广东丝绸业的"前世今生"》（刘永连、谢汝校著）；9.《香茶陶珠——特产及其文化交流之路》（冯海波著）；10.《广交会——海上丝绸之路的新生和发展》（陈韩晖、吴哲、黄颖川著）。另有四部丛书新著出版：1.《中国珠江文化简史》（司徒尚纪著）；2.《珠江粤语与文化探索》（郑佩瑗著）；3.《珠江文化之旅》（谭元亨著）；4.《珠江文痕》（黄伟宗著）。

本文作者是：广东省人民政府参事室特聘参事、广东省珠江文化研究会会长、广东省海上丝绸之路研究开发项目组组长、广东广府学会会长、中山大学教授，是享受国务院特殊津贴的作家、文艺理论批评家、文化学者，是《珠江文化丛书》、《中国珠江文化史》、《中国禅都文化丛书》、《中国南海文化研究丛书》、《海上丝绸之路研究书系》总主编。

前言

　　珠江——中国的母亲河之一，哺育了勤劳勇敢的"珠江人"。历史悠久、民族众多、移民史久远的"珠江人"培育了古朴多元、缤纷绚烂、传承创新的珠江文化。独特的自然生态环境和人文生态环境使珠江文化秉性独特，魅力无穷，不愧为中华文化的瑰宝。

　　20世纪80年代，随着我国的改革开放，经济、社会快速发展，文化建设热潮叠起，地方文化的建设受到了高度重视，"地方学"迎来了新的发展高潮。在此大好形势下，"广东省珠江文化研究会"诞生了。20年的建会史，见证了珠江文化学者的艰辛跋涉与开创性的努力。自2007年参加珠江文化的研究工作以来，在黄伟宗会长的带领下，我参与了多个项目的研究工作，获得了宝贵的学习机会，实属难能可贵。

　　在"广东省珠江文化研究会"成立20周年庆典之际，近年来珠江文化的研究成果将分类结集以"珠江文化丛书"的形式出版。《珠江粤语与文化探索》作为"珠江文化丛书"

之一，得到了接受读者赐教的机会，实属荣幸。因本书列入珠江文化研究成果书系，为切合书系出版的宗旨，全书内容分"粤语"、"文化"两部分，基本上按项目的时间先后编排，以志参加珠江文化研究的历程。

值本书出版之际，衷心感谢广东省人民政府参事室（文史馆）、广东省珠江文化研究会、广东省广府人珠玑巷后裔海外联谊会多年来为我提供了宝贵的学习、交流机会，搭建了广阔的研究、交流平台。衷心感谢我的方言研究导师梁猷刚老师，衷心感谢黄伟宗会长等珠江文化研究会的专家学者，是他们的教导与帮助，为我打下了语言文化研究的基础，得以进入地方文化研究的行列，使多年的汉语言文学、广州话、岭南文化的教研积累有了提升的机会，从而为地方文化的研究与建设尽绵薄之力。

由于才疏学浅，时间仓促，错漏在所难免。如蒙读者赐教，将不胜感激。

郑佩瑗
2015年2月

目录 contents

粤语

粤方言与广府文化 / 2
试析人文生态环境与粤方言的流变 / 13
四邑话特性的探析对后珠玑巷文化研究的启示 / 24
对云浮白话"多层叠置"特征的思考 / 40
罗定粤语的研究是南江文化建设的重要课题 / 49
论粤方言的区域特点与广府文化建设 / 58
广州加强粤方言中心地建设刍议 / 85
浅谈"广州学"的建立与广州加强粤方言中心地的建设 / 102

金色的童年印记　甜美的岭南韵律（代序）／113
童声粤韵咏岭南（代序）／116
粤方言与诗歌欣赏／119

附录：新闻二则／151
"凤眼看广府"首场论坛亮点频出　专家激辩广府文化／151
粤语文化论坛精彩纷呈　从娃娃抓起刻不容缓／159

文　化

"珠玑后裔"与四邑文化　／162
"客侨文化"研究对岭南民系研究的深远意义　／177
关于建设凤岗中国客侨文化研创中心的建议　／191
淡泊明志　宁静致远
　　——缅怀冼玉清先生　／197
从"孔教会"到"孔子学院"看陈焕章／205

提升海洋文化　强化海洋意识
——"南海Ⅰ号"整体成就的历史启示　/ 229
《坛经》的形成地　/ 240
道德文化建设是农村综合改革的基石
——云浮市云安县横洞村道德文化建设调研报告　/ 258
旅游产业转变发展方式的建议　/ 269
——英德旅游文化调研报告（讨论稿）　/ 269
"原味"特色打造与旅游品牌营销　/ 278
罗定水利建设与稻耕文化的发展　/ 285
台山"侨墟文化"刍议　/ 292
从清远民间信仰看北江文化的个性　/ 303
广府春节民俗推陈出新与新型春节文化构建　/ 316
海上丝绸之路与岭南宗教信仰　/ 327

主要参考文献　/ 339

粤语
YUE YU

粤方言与广府文化

粤方言,又称"粤语"、"白话"、"广州话"、"广府话"。是我国七大方言之一。粤方言是广府民系的母语,是广府文化的载体,是广府民系认同的标志。由于广府民系的生活地区,自古便是岭南的政治、经济、文化中心,广府文化成了岭南文化的代表。粤方言便成了岭南的通语,被冠以"粤语"之称。岭南地区是我国向海外移民时间最早、规模最大的地区。随着岭南移民的足迹,粤方言的通行范围远超出了粤地。广府籍移民是第一批踏出国门的华人,移居美国距今已有200余年的历史。其中又以珠三角的广府籍移民为最。粤方言的英文为"Cantonese",粤方言不仅是香港、澳门的法定语言,而且是世界各地华人社区的常用语,因而粤方言的影响遍及全球。

粤方言有着悠久的历史,源远流长,是保留古汉语元素最多的方言之一，素有岭南文化的"活化石"之美誉。粤方言的古汉语遗存丰富，古越语底色鲜明，次方言差异明显，外语语素的融汇显著，呈现出多元、兼容、开放、新颖、活泼等特点。粤方言形成发展于多元、兼容、开放的珠江文化圈，其演变与丰富多彩的珠江文化，尤其与岭南人的思维方式和行为方式，与岭南的思想理论和岭南的民俗文化的生成、发展、繁荣与传承息息相关。

广府人与粤方言

先秦的岭南为百越地，南越族为广东的土著。自先秦始，2000多年来，岭南一直是中原汉族移民的主要区域。随着岭南历史的发展与演变，岭南地区的汉族形成了广府、潮汕（福佬）、客家三大族群，通称三大民系。

广府民系当为中原汉族南下移民最早与百越族融合的族群，其文化的古越族底色明显。广府民系不但是中原汉族南下岭南批次多，移民源头多，移民途径复杂，分布区域广的族群，而且是与古越族融合时间最长的族群。不同的区域，因历史条件、自然条件与人文环境的差异，形成了语言的差异，使粤方言拥有若干个次方言，根据次方言的特征，我们又可进行粤方言片区的划分，如，广府片（粤海片）、四邑片、莞宝片、香山片、高雷片、两阳片等。对各次方言特征的分析，给我们提供了研究广府文化的宝贵信息。

伴随着历史的发展与演变，多姿的岭南山水哺育了特性鲜明的广府人，孕育了多彩多姿、独树一帜的广府文化。围绕着对"广府人"的认知，争议颇多。对粤语起源也有"秦汉说"与"唐宋说"等。

广府人，即广府民系。

狭义的广府人，指分布在以广州为中心，珠三角为主要区域及其周边地区的粤语族群。又称"粤海民系"，旧称"番禺旧裔"。一般认为"广府"指"广州府"。"广府人"即指元明以来广州府所辖的以广州为核心的珠江三角洲及其周边地区的粤语族群。"广州府"作为一个历史行政区划，始设于明代，结束于民国初年。行政区域基本延续了元代的"广州路"，其所辖范围，自元代开始稳定下来，历时700多年。主要辖南海、番禺、顺德、东莞、新安（今宝安）、三水、增城、龙门、香山（今中山市）、新会、新宁（今台山）、从化、清远、连州（今连县）、阳山、连山等1州15县。清中叶的广州府包括今天的广州市、佛山市除高明区外的全部、东莞市、深圳市西部、中山市、珠海市、江门市新会区和台山市、香港和澳门。长期稳定的行政区划，使这一地区的居民在思想理念、道德伦理、宗教信仰、语言艺术、文化教育、生活习惯、行为方式、民风民俗等有着广泛的趋同性，形成了有共同特征的文化区划，因而有着较强的区域文化认同感。如，珠江三角洲的广府人认同感较强，文化趋同性也较其他粤语地区大。显然，狭义的广府人的界定，主要基于文化区划的认同。

因珠江三角洲勃发于宋，珠江三角洲的广府人大多是唐宋时经南雄的大庾岭通道南下的移民，南雄珠玑巷是宋室南迁时，中原汉人大规模南迁入粤的居住地。此后因战乱与拓殖等原因，聚集在南雄珠玑巷的移民又大规模地向珠江三角洲南迁，继而再向粤东、粤西扩散，向海外发展。因而南雄珠玑巷便成了广府人寻根的祖地。当今，"南雄珠玑巷后裔"占了广府人的60%左右，遍布世界各地。广州话成了粤方言的代表，以广州话为蓝本的分析和探讨，粤方言的起源便有了"唐宋说"。

广义的广府人，指以粤语为母语的汉族族群，主要分布在广东、广西、香港、澳门以及海外。

近年来，随着对"古广信"的研究，人类学、语言学等领域对广东封开的研究取得了新成果。据此，一些学者以行政区划来解释"广府"，认为"广府"即"广信府"，提出了"封开是'广府首府'"，为广义的"广府人"提供了新的理论依据。此提法的依据是：汉武帝统一中国，在岭南设交州，下辖两广及交趾地区，刺史治就设在古广信，即今天的广东封开与广西梧州一带，所以封开是中央政权在岭南粤语区域最早的行政首府。"广信府"历时长达近400年，诞生了辉煌的"古广信文化"。"广信府"的主要区域是粤语区域，其中西江流域是粤语的主要分布区域，其粤语与广州话的共同特征较其他粤语区域明显。可见，"广信府"对粤语的形成与广府民系的形成，影响至深。

封开粤语"保存着两汉时代的古音韵系列"①，以封开粤语为对象的研究，为粤方言的起源提供了宝贵的信息：粤方言的雏形——古粤语，当是以雅言为主干，融百越语的岭南"通语"，粤方言的起源便有了"秦汉说"。

同语同文，"广府人"应为以粤语为母语的汉族族群有了新的理论支撑。

广府人与广府文化

广府民系是岭南三大民系中最早形成的民系，也是与本土居民融汇时间最长、融汇形式最多，构成最复杂的民系。在漫长的历史长河中，勇敢自信、求新求变的广府人，有着悠久的历史文化积淀，创造了广府文化的辉煌，是岭南文化的代表。广府民系文化特征以珠江三角洲最为突出，既有古南越族的遗存，更受中原汉文化的哺育，又受西方文化的影响，具有多元、多层次的构成因素。

岭南地处南方沿海地区，自然条件优越，自古有通海之便，易于接受外来文化，是我国重要的门户。岭南不但历史悠久，而且文化灿烂。岭南文化从早期的原始文化形态开始，就显示了与中原华夏族原始文化的差异，水文化特色鲜明，极具特色。

先秦的岭南地区，居住的基本上是土著的南越、西瓯、骆越等族及其先民，《吕氏春秋》第一次把他们和江南各民族合称为"百越"，广东的土著民族是"百越"的一部分。先秦的岭南文化，是以南越土著居民为文化主体，岭南本根文化为核心内容的原生文化。秦汉时期，先进的华夏文化随着政治强势和大批汉人的南迁进入岭南，岭南文化开始了漫长的汉越融合期，从原生文化向再生文化嬗变。南越国时期，岭南文化大量糅合了中原文化和荆楚文化，并吸收了海外文化的因素。唐代，基本形成了以中原汉族为主体，以先进的汉文化为核心，融汇了南越文化特质，以开放、兼容、多元、务实、重商为特征的再生文化形态的主体架构。不难看出，在2000年左右的汉越文化融合历程中，秦收复岭南、南越国、汉武帝时期和唐宋是岭南文化嬗变最重要和成就最显著的时期，也是广府文化嬗变的重要历史节点。

从先秦起，岭南文化经历了远古文化向原生文化、再生文化形态的转化发展过程。自秦"垦卒"入境，继"王莽乱世"、"八王之乱"、"五胡乱华"、贬官流放、珠玑移民迁入、商旅云集，岭南逐渐成为以汉为主导，汉越融合之地。海上丝绸之路穿越沿海，又使农耕文化、贬官文化与海洋文化在岭南交汇碰撞，中原文化、百越文化、海洋文化和谐共生，无疑是广府文化形成发展的地域文化基础。

公元前214年，秦征服岭南，成就统一大业。设南海、桂林、象郡三郡，秦军就地留戍落籍。次年，又从中原地区迁徙了30万人到岭南戍守，与越人杂居，共同开发岭南，并输入大批铁制农具及牛马等生产资料，从而大大加快了中原的先进生产技术和文化知识在岭南的传播。岭南迎来了汉人第一次大移民。公元前112年，汉武帝出兵平叛，灭南越国，在岭南设南海、苍梧、郁林、合浦、交趾、九真、日南、儋耳、珠崖九郡。由交趾部（东汉改称交州）统辖，交趾部治所设广信（今封开、梧州一带）。西汉元鼎六年（前111年），广信取代番禺成为岭南的政治、经济、文化军事中心。广信扼守浔、桂、贺三江之口，踞两广之交，自古以来便是珠江三角洲与大西南及中原地区政治、经济、文化的重要枢纽地带，孕育了深厚的古代历史文化，记载了辉煌的人类文明。岭南文化的发展，珠江主要干流西江上游的广信地区起了重要作用。接灵渠的西江水道是秦汉至唐，中原进入岭南的重要通道，又是秦汉开拓的海上丝路始发港通往中原的重要通道。古广信成了这条通道的重要节点。中原文化从桂林的灵渠经漓江、从湘桂交界的岭口通道通贺江而构成了古广信通道进入珠江六域，使广信成为岭南的文化中心，产生了以汉化为主导，融合百越文化为特征的"广信文化"形态。

岭南地区依山面海，自古是沟通内陆与海外经济、文化交流的窗口，水文化发达。秦与南越国时期，依赖于航运的商业贸易活动顺畅。汉武帝时期，岭南与海外通商是海上丝绸之路的开拓阶段，其航线史称"汉武航线"。番禺（今广州），成了全国9个商业都会之一，以海内外商品集散地闻名于世。史书上有"中国往商贾者多取富焉。番禺，其一都会也"的记载，民间有"南走越，北走胡"，"欲拔贫，诣徐闻"的说法，这正是对以广州为轴心，以西江为主线的南北商贸、海外贸易、文化交流活跃中心地带商业繁荣的写照。

随着岭南商业贸易的发展，尤其是海外贸易的发展，海外文化也从日南、合浦、徐闻通过海上丝绸之路传入岭南，形成了百越文化及中原文化、海外文化融合之势，逐渐形成了岭南文化的开放性、务实性和商业性特征，中原儒文化"重农抑商"的价值观念，在岭南被淡化。

汉武帝为了进一步强化专制主义的中央集权制度，"罢黜百家，独尊儒术"，这就使占政治强势地位的儒家文化通过"太学"制，在岭南得以迅速有效地传播。此时，在古文经学的背景下，岭南政治、文化中心的交趾首府广信，大兴文化教育，开岭南学术风气之先，产生了著名古文经学家"三陈"（陈钦、陈元、陈坚卿——"陈家三代经学"）、"四士"（士燮、士壹、士䵋、士武——"一门四士"），成就卓著，在我国学术界占有重要地位，屈大均称其"并为列郡，雄长一州"，评价甚高。当时南下的士人办学传经，人们诵《诗》读《经》，影响深远。儒文化在岭南的灌输，有效地改变了岭南"风俗脆薄"，"不识学义，不闲典训"的文化落后状况，提高了岭南人的文化素质，并使儒文化对岭南的道德伦理文化产生了深刻的影响，儒家忠君、孝悌等道德观念逐渐成为岭南人的社会行为规范。此时从海上传入岭南的佛教在古广信地区也得到传播和研究。扼西江要冲的苍梧，遂成为本土文化、中原学术文化与外来学术文化交流的中心。

古越族在岭南独特的生活环境中，形成了独特的原始宗教观念，如图腾崇拜。汉晋之际的道教传入及鲍靓与葛洪的南下、佛教在汉吴时期自东南亚和中原地区的同时输入及达摩的广州登岸、伊斯兰教在初唐时自波斯东渡、天主教始于明清时期的传入，对岭南地区的思想文化产生了深刻的影响，尤其是道教与佛教的影响至深。广府文化正处于多种宗教文化的交汇影响的中心地，多元兼容、平和开放、自信创新的广府文化的形成与此人文环境关系密切。佛教在岭南的兴盛,显示着广府文化佛、道融合的浓厚色彩。汉时,岭南属交州,主要的政治、经济、文化中心在交趾与苍梧,佛教的传入也首先见之于交趾与苍梧。罗香林在《世界史上广东学术源流与发展》一文中指出:"东汉时代,印度的佛教,以至海外各国的文化,亦多自越南河内以及广东的徐闻、合浦与番禺等港口传入。"在此背景下,东汉末年广信人牟子既是"佛教"之名的首创者,又是融儒、佛、道"三教合流"的首创者。他的《理惑论》是中国第一部佛学专著,在这部著作里,牟子"介绍了释迦牟尼成佛的经过;追溯佛教在中国初传的情况;借用中国人熟悉的老子思想,论证佛法的正确;利用儒家名物典故,阐述佛教教义,揶揄道教和神仙家,论证释迦牟尼及佛教一尊的地位"②。提出了"儒佛为一"说,成为佛教中国化的先声。三国时期深受吴国君臣器重的康僧会也出自交趾。

无疑,"广信文化"时代,是一个文化辉煌的时代,迎来了岭南文化发展史上第一个高潮期,也是广府文化的第一个辉煌。

两晋中原汉人大规模南迁,对岭南的政治、经济、文化的发展有着巨大的影响,加速了岭南的开发与发展,也加速了岭南的汉越融合。

隋唐两朝,尤其是唐代,是一个空前开放、空前包容的时代。由中原传入的汉文化、通过海上丝绸之路与西南丝绸之路传入珠江流域的异国文化,与本地土著民族文化互相交流,互相吸收,互相融合,形成多元一体的文化形态。唐对外贸易有长足的发展,此时"海上丝绸之路"始发港的广州,成为世界著名的"东方大港",由广州经南海、印度洋,到达波斯湾各国的航线,是当时世界上最长的远洋航线。唐至明中叶,数百年,中国船队在西太平洋与印度洋处于领军地位。广州的南海神庙、西来初地、怀圣寺、光孝寺、华林寺、六榕寺与花塔、清真先贤古墓等及阳江"南海I号"古船都是见证。从而形成了中外交融的海洋文化,对岭南文化产生了强有力的影响。珠江流域地区独特的地理条件,造就了多种文化杂交的环境,也决定了广府文化的创新性、宽容性和海洋性。同时,被历代朝廷贬谪到岭南的"罪官",对岭南的发展也作出了显著的贡献。

广府文化的海洋性，使之独特的创新性格外显著，不但反映在世俗领域，在宗教领域同样突出，广府文化对佛教的贡献就是一个典型的例子。

东汉献帝建安十五年（210年）后，交州州治移今广州（番禺，下同），广州成为岭南政治、经济、文化中心，也成为南方翻译与传播佛教思想的中心。

广州是佛教最早传播地之一。中国佛教史上第一个佛经翻译家安世高就是于东汉建和元年（147年）由海路到广州登岸的。东吴以后，外国僧人由海路来广州传经、译经，络绎不绝。西晋以后，受海外佛教文化的影响，岭南地区陆续兴建佛寺，广州佛教发展迅速，寺院林立，不断有印度或西域僧人来广州译经、传道，留下了不少佛教文化的名胜古迹，诸如三归寺、王仁寺、"西来初地"等，开始出现有名望的高僧。南朝时的广州是六朝大都会，随着海上贸易的繁盛，外国众僧搭乘海外商舶到广州传教屡见不鲜，来广州传道、译经的僧人更多。初祖达摩，也是南朝时从印度东渡中国，在广州的"西来初地"登陆的。隋唐佛教发展进入创造与繁荣的新阶段——成熟与繁荣期。在隋代佛教复兴的基础上，唐代佛教达到了中国佛教的顶峰，与儒、道一起形成了三足鼎立的新格局。唐代的岭南，对宗教采取了兼收并蓄的态度，使宗教迅速被接受并地方化。此时佛教在岭南进入了兴盛期，传播广泛，深入人心，在岭南文化中占据重要的地位。广州更是中外佛教文化交流的中心。这使广府文化具有了较浓的道、佛色彩。禅宗大师六祖惠能以及中国佛教僧侣著述中唯一被称作"经"的佛学典籍——《坛经》的诞生，标志着岭南佛教的成熟，更彰显着广府文化的创新魅力。

宋代以后，珠江三角洲的开发蓬勃发展，并渐具规模。至明代，珠江三角洲已成为岭南著名的粮食和多种经济作物的生产基地，并创造了举世闻名的基塘农业模式，建立了多层次的农业经济架构。依托着广州这个世界贸易大港，建立了活跃的农副产品和手工业产品市场。明代后期，珠江三角洲的农业生产商品化倾向日益明显，成为岭南最活跃、最具商品意识，最富有反传统精神的地区。以广府人为主干的"广帮商人"，清中期便驰名全国。从19世纪末叶，广东近代工业的新兴产业，主要从珠江三角洲一带兴起。崇尚兴办实业，是广府文化有别于客家、潮汕两大民系文化最大的特征之一。经济发达推动了文化的兴盛，自宋代以来，珠江三角洲人文荟萃，工农商并举，迎来了广府文化发展的又一个高潮。

广府文化的中心城市广州，自古以来是广东乃至岭南区域政治、经济和文化中心。在建筑、艺术、宗教、戏剧、音乐、文学、绘画、工艺、饮食、园林、风俗等各个文化领域，均有深厚的历史积淀和鲜明的个性，是广府文化的突出表现。广州的西关文化中西合璧，是广州古老文化中最具特色的组成部分，也是中国公民意识最强的市民文化之一，早年对港澳文化有着强势的影响，今天的香港文化仍蕴涵着浓厚的西关文化韵味。"中国的近现代看广东"，近现代的广州更是民主思想的摇篮、革命的策源地、岭南文化的中心地、改革开放的前沿地。历史与现实告诉我们，广府文化有较其他民系更强的能量，在广东各民系文化中占有优越的地位。

个性鲜明的广府文化哺育了个性鲜明的广府人。

林语堂在《中国人》一文中写道："在中国正南的广东，我们又遇到另一种中国人。他们充满了种族的活力，人人都是男子汉，吃饭、工作都是男子汉的风格。他们有事业心，无忧无虑，挥霍浪费，好斗，好冒险，国进取，脾气急躁，在表面的中国文化之下是吃蛇的土著居民的传统，这显然是中国古代南方粤人血统的强烈混合物。"这是对广东人的性格特征和成因的到位概括，也是对广府人特性的真实描述。

广府民系分布的主要地域：西江、北江流域及珠江三角洲，在广东是封建文化最早开发的地区。广府民系的核心区——两汉的"古广信"、汉唐以后的广州及珠江三角洲地区，是岭南政治、经济、文化最发达的地区。各种文化，尤其是东西方文化在此碰撞，催生了多元、开放、兼容、创新的广府文化，更哺育了自信开放，敢于冒险，勇于创新的广府人。岭南独特的自然条件和人文环境，使广府人具有"敢为天下人先"的宝贵性格。广府人沿江、滨海而居，对外贸易与文化交流长盛不衰。以广州为中心的珠江三角洲地区，是岭南与中原、中国与海外经济、文化交流的中心地,是我国市场意识、公民意识最强的地方。长期繁荣的商贸活动,多样的生活方式,培养了广府人独特的个性。他们视野宽广、思路开阔、务实包容、从容淡定、精明能干、适时善变、追求生活舒适度;他们商品意识强,易于接受外来事物,最具开放性;他们最早受到近代西方先进文化思想的影响,得风气之先,敢于学习和借鉴西方文明。在近现代发展史上,广府人极具反抗性和斗争性。他们在推翻封建帝制、建立新中国与改革开放,发展经济的历程中发挥了举足轻重的作用,涌现了许多领潮争先的精英。不仅有开思想先河的思想家,如陈白沙、康有为、梁启超等,更有叱咤风云的政治家,如康有为、梁启超、孙中山,还拥有了中国的许多"第一",如第一个留学生容闳、第一个工程师詹天佑、第一个飞行员冯如等。在当代的改革开放大潮中,广府人敢为天下先的个性及勇气,使珠江三角洲地区的经济迅速崛起,成为华南人才汇聚中心。广府人的衣食住行、生活方式,民俗文化,中西合璧特征突出,如,迷人的粤乐、粤剧,萤声海内外的岭南绘画、岭南建筑、岭南工艺和广州美食等,无不体现了广府人对异域文化大胆拿来,勇于创新的精神。广府文化的载体——粤方言则反映得更精彩。广府人有极高的语言天赋,各个历史时期均有切合时势、贴近生活的新造词,并乐于吸收外语词语来充实丰富自己的母语,即使是普通百姓也乐此不疲。因此,粤语独具特色的"常用词语"与"外语音译词"特别丰富。如,"搞掂"、"搵食"、"T恤"、"畸士"、"甫士"、"摩道"、"疏乎"、"炒更"、"埋单"、"无厘头"、"擦鞋"、"人气"、"案底"、"夹心阶层"、"人间蒸发"等等新词,不少是外来借词,既有意译词,又有音译词,中西合璧,粤味浓郁,生动活泼,迅速走向全国。这便使粤方言外语借词的数量与形式之多为我国七大方言之最。

悠久的历史文化积淀、多元的文化碰撞融合,使广府民系民风淳朴,开拓进取,中庸务实、兼容并包、求新求变。广府人不仅精英文化独具一格,民俗文化更是丰富多彩,极富个性。"广东是原生态文化的宝库",这是对广东文化,更是对广府文化准确的评价。不同区域的广府民俗风情各尽其妙,各个粤方言点的粤语同样各自精彩,她们承载着多少广府民系的历史,传递着多少广府民系形成与发展的密码啊!

注释

①罗康宁:《封开:广府首府论坛·广信:粤语发源地》,香港:中国评论学术出版社,2011年版。

②罗辉映/研究中国佛教史的重要资料:牟子《理惑论》/宝华寺 www.baohuasi.org/gnews/2009710/20097101 36636.html。

（2012年3月21日于广州云台里）

试析人文生态环境与粤方言的流变

粤方言，又称"白话"、"广州话"，是我国七大方言之一。由于其通行的区域是当今经济发达地区，通行范围远超出了粤地，随着我国对外贸易的发展及华侨的足迹，粤方言的影响早已越出国界，使用人口遍及世界各地，其强势方言的地位不言而喻。

粤方言有着悠久的历史，源远流长，是保留古汉语元素最多的方言之一，是岭南文化的重要载体，素有岭南文化的"活化石"之美誉。粤方言形成发展于多元、兼容、开放的珠江文化圈，其兴衰与丰富多彩的珠江文化，尤其是岭南民俗文化的传承发展息息相关。随着改革开放、经济全球化，粤地迎来了史无前例的移民潮，粤方言的兴衰备受海内外各界人士的关注。

语言是一种文化现象，对人文生态环境有着强烈的依附性。人文生态环境中的各种语言发展水平的差异,取决于人类社会不同文化群体之间的政治、经济、军事力量的平衡度。本文试从人文生态环境的角度对粤方言的流变进行分析。

驱动力:三大强势

广东地处祖国的南隅,北有五岭阻隔,南滨太平洋,但其人类历史的发展是与中华民族的历史发展同步的。

距今约12.9万年的"马坝人"揭开了广东历史的第一页。早在远古时期,岭南大地便有人类文化。2004年发现的香港黄地峒遗址(距今3.9万~3.5万年前)、封开渔涝区峒中岩人遗址(距今约3万年前)、阳春独石仔遗址和封开渔涝区黄岩洞遗址(距今约1.6万~1万年)、英德塘墟和始兴玲珑岩遗址(母系氏族公社)、韩江三角洲和珠江三角洲"贝丘"文化遗址(距今约6000~4000年)、西樵山文化遗址和马坝石峡文化遗址(母系氏族公社末期——父系氏族公社时期)便是明证。2000年初发现的博罗横岭山先秦墓葬群,使岭南文明史上溯至3000年前。一次又一次的考古新发现给我们带来了惊喜,彰显了岭南文化的辉煌。

语言是人类社会的产物,粤方言是汉语的分支,它不是一个单纯的统一体,而是在漫长的历史阶段,不同时期语言形式的融合、演变而形成的混合体。粤地历史悠久,地理环境独特,民族多元、文化多元,移民路径复杂。这就使粤方言既具有原住民——百越族语言的底层、古方言的源流,又具有不同历史时代共同语的烙印和变异。袁家华等指出:"方言是共同语的继承和支裔,一个方言具有异于其他方言的某些语言特征,在历史时期往往从属于民族的统一标准"。"方言在演化过程中虽会发生变异,但很难抛弃它从母语那里继承来的最基本的语音格局——'理想的语音系统'、最稳定的要素——基本词汇和最稳定的结构、语法的基本结构等"[①],粤方言也不例外。同时又因为在演化过程中,粤方言的变异不同于中原汉语,所以保留了大量的母语(古汉语）特点，使其成为研究古汉语的珍贵材料。

如，粤方言保留了古微母m-的读法；保留了全部古鼻音韵尾-m、-n、-ŋ；有长短元音a、e的对立；有九个调类，其中入声韵保留了全部古塞音韵尾-p、-t、-k；与《广韵》的语音系统（即《切韵》系统）完整对应，以致产生了"《广韵》是广东人之韵"一说。保留了较北方方言多的单音节古词，语法基本结构与现代汉语基本一致等。这些特征为粤方言的探源提供了有力的依据。

语言对社会实际有着极强的依附性。历史上的政治核心区大多就是文化核心区，也大多就是语言核心区。作为岭南地区通用语的粤方言，其形成与发展，必须在一个统一的政治主体形成之后，具有一定的使用人口基数，在社会交际中起强势的作用，并伴随着政治核心区的发展而发展。这就提示我们须从政治（含军事，下文同）、经济、文化三大强势着手分析其流变。

一、政治强势

众所周知，由于政治强势，岭南经历了秦汉、两晋、两宋南北朝时期汉人的三次大移民。三次大移民对广东的广府、客家、福佬三大民系的形成和粤方言、客家方言、闽方言的形成及分布格局关系密切。其中，以粤方言为通语的广府民系，其形成的历史最为久远。

回顾历史，"南越"一词，始见于秦汉史籍（《史记》称"南越"，《汉书》称"南粤"，"越"通"粤"）。西周时，南越已形成了一个族体，是江南地区百越的一支。"百越"（古越族）是我国生活于长江以南的古老民族之一（《汉书·地理志》："自交趾至会稽七八千里，百粤杂处，各有种姓。不尽少康之后也"）。商周以来，南越与吴、越、楚经济文化交往密切，公元前862年（周夷王八年），楚君熊渠派人至广州设"楚庭"（庭，城郭义），广州便有了传说中最早的名字。距今已有2800多年的历史。彼时的南越未能形成一个统一的政治主体，仍处于部族形态，古越语（台语），融合了古吴、楚语（汉语）当在情理之中，但语言的融合是极有限的，不可能形成强势的通语。

东周至秦汉时期，汉族进入了部族区域共同语发展为汉族全民族语的历史阶段。春秋时代，列国争霸，战争频繁，外交活跃，由此而形成了各国士族间的共同交际语——"雅言"。春秋后期，虞夏商周旧族融合，通称中国。南北语言日趋接近，加上文化教育的发展，诵习《诗》、《书》风气渐行。此时汉语语法规范渐趋一致，这是共同语形成的重要标志。尽管各地语音、词语不尽相同，但汉语书面语的规范已形成，汉语已成为中国广大地区的区域共同语。秦灭六国，统一文字，汉语得到进一步的发展。至汉代，强大的封建帝国建立，汉族的共同语开始形成。这个阶段，是岭南统一政治主体的形成期，也是粤方言形成的重要时期，可分两个阶段进行分析。

1. 南越国时期

公元前223年，秦军60万灭楚后，驻军湘桂赣粤边界。继而由屠睢率50万大军南下征战，历经三年兵败身亡。公元前214年，始皇再派任嚣、赵佗率部南进，成就统一大业。设南海（今广东大部地区）、桂林（今广西大部地区）、象郡（今越南北部与广西一部分）三郡。任嚣为南海郡尉，统领三郡，赵佗为龙川县令，实施对岭南的统治，秦军就地留戍落籍。秦在完成了统一岭南的次年，又从中原地区迁徙了30万人到岭南戍守，与越人杂居。还输入大批铁制农具及牛马等生产资料，从而大大加快了中原的先进生产技术和文化知识在岭南的传播。这是岭南迎来的汉人第一次大移民，这种政治强势和人口强势，对粤地的通语——粤方言的形成影响深远。公元前204年，任嚣死，赵佗拥兵自立，建南越国，定都番禺（今广州），历时五世，共93年。"赵佗归汉"后，岭南正式列入中国版图。这个时期，岭南地区，存在着为数众多、大小不等、互不统属的南越族部落，生产落后。番禺虽是岭南的政治、文化中心，但珠三角地区早为古越族祖先的起源中心（香港黄地峒遗址的发现，可推算至4万年前），朝野势力均为越族称大。赵佗为赵国王室族人，立国后励精图治，保境安民，推行"和辑百越"的民族政策，丞相以下多用越人，鼓励越汉通婚，尊重越人风俗，赵佗本人也"椎髻箕踞"，乐为"蛮夷大长"。并大力促进中原地区与岭南的经济、文化交流，推广中原先进的生产技术，促进了岭南地区的社会发展，也促进了中原汉语的传播，但此时并不具备形成通语的条件。《史记·南蛮西南夷列传》记载，西汉与东汉之交的广东仍是"言语各异，重译乃通"。可见，岭南通语的形成当在东汉以后。这个历史阶段，是岭南形成统一政治主体的早期阶段，也是以古越语、古楚语为底层，以中原汉语为主体的粤方言形成的奠基期。

2. 州治古广信时期

公元前112年，汉武帝出兵平叛，灭南越国，在岭南设南海、苍梧、郁林、合浦、交趾、九真、日南、儋耳、珠崖九郡。由交趾部（东汉改称交州）统辖，交趾部治所设广信（今封开、梧州一带），历时300余年。广信取代番禺成为岭南的政治、文化中心。接灵渠的西江水道是秦汉至唐，中原进入岭南的重要通道。处西江、贺江、漓江交界，扼水陆要冲的广信，人口增长迅速，据《汉书·地理志》记载，当时苍梧郡人口达14万余人，南海郡仅9万余人。五代以前的珠江三角洲耕地面积很少（海岸线应离广州城不远，广州人称江为"海"可为凭证）。从考古发现，我们可推测广东南部应为越人聚集地。自岭南归属中央政权，中原移民大批南下。从移民史和屯戍史，可见西江乃秦汉时期汉人下岭南的重要通道，西江流域乃中原移民主要留居地。中原汉语也以强势进入岭南，并沿西江水道由西而东，影响沿江地区，经过一个时期的融合后，形成了粤方言的雏形。近年来，人类学、语言学、考古学、地理学等多学科对古广信的研究成果，为"广信文化"形态的描述提供了有力的支撑，尤其是对"封开粤语"研究的发现，使粤语形成的"秦汉说"获得了有力的佐证。叶国泉、罗康宁的《粤语源流考》中全面、深入地阐述了这一观点。"封开粤语"保存着两汉时代的古音韵特点，记录了古汉语演变的某些规律。如，封开南片粤语帮、端母与并、定母同发为全浊音，是晋朝之前雅言音系的遗存；北片古非组部分字读如帮组，发p、p'、m声母，保存上古"轻唇归重唇"的特点；北片古知组部分字读如端组，发t声母，保存了上古"舌上归舌头"的特点；塞音韵尾系统与《切韵》及其以前音系基本一致，完整保存古入声系列，与其他地区粤语一致等（详见罗康宁《广信：粤语发源地》）。至217年，交州刺史步骘将州治迁往番禺，汉人的政治强势扩向珠江三角洲，粤方言便逐渐通行于珠三角。随着政治、文化核心的东移，物流的走向，形成了沿江分布，由江而海，拥有西江流域和珠江三角洲地区的粤方言基本格局。从方言的田野调查结果，我们可看到粤方言各片区的特征大致以水系为界，与广府民系常以"同一条水"为亲近相符，也印证了西江是岭南文化、粤方言的摇篮。

从詹伯慧、张日升教授主持的广东省珠江三角洲、广东省北江流域和广东省西江流域共约50个县（市）的粤方言田野调查报告中，我们可清楚地看到西江流域的粤方言与以广州话为代表的珠江三角洲地区的粤方言更接近。尤其是广州话保留的中古音韵特点及变化规律，在西江流域的粤方言中，基本上得到体现。

如，古微母字，皆读同明母字。读为双唇鼻音声母m-；古疑母字一二等字，读为g；古溪母开口读为声母h；古蟹摄开口一二三等，效摄开口一二三等，均得到区分。古调类分化与广州方言基本一致，入声均得到了保留，多为三分，个别二分或四分。

西江流经粤桂两省，据统计，西江流域，使用粤方言的人口占总人口的80%以上。由于地域、时间及各种文化因素的影响，西江流域的粤方言与以广州话为代表的珠三角粤方言在继承中原汉语的基础上又产生了不同的变异，西江流域的粤方言保留了更多的古汉语元素。尽管该片区移民情况复杂，不少地区是少数民族散居区，作为底层的古越语及闽语的遗存成分可见，但其语音、词汇、语法的特点与广州话的差异小于四邑片粤方言与广州话的差异。我们不妨以西江流域外围的怀集为例。

据《怀集县志》记载及调研了解到：

怀集县位于广东省西北部，绥江上游，东接阳山、广宁，南连德庆，西界封开和广西贺县，北邻连山、连南，是广东省西北隅通桂达湘的孔道之一。古为南粤地，秦统一中国时，归南海郡，至刘元嘉时，仍为"民瑶杂居"之边远地区，汉人不多。县内历代久居汉、壮、瑶三个民族。粤方言使用人口最多，分布最广，是县内人们的主要交际工具。

怀集下坊话（怀城音）的以下几个特点令人关注：

1. 清塞音声母p、t和清塞擦音声母ts 在圆唇元音oe、o、u之前，多半发为浊塞音b、d和浊塞擦音dz。与封开粤方言保留了上古全浊塞音相似。

2. 古"从"、"心"、"邪"三母字发为舌尖边擦音声母ɬ。与封开及北流江次方言一致。可推知怀集粤方言乃从潇贺古道而来。

3. 声调数目为9，与广州话同，声调格局与广州话基本相同。

4. 古汉语遗留的单音词较广州话多。

如，鼎（煮粥铁锅）、箸（筷子）、安（放）、望（看）、屋（房子）、翼（翅膀）、罂（瓶子）等。

5. 语法与广州话基本相同。

综上可见，广信为时300余年的政治、文化中心，对怀集粤方言的形成起着决定性的作用，同时也可推知两汉应为粤方言形成的早期阶段。因唐宋以后，随着政治中心的东移、大庾岭梅关道的开辟，广信地区渐成边鄙之地，怀集更闭塞，古语古音便得以累世不变，留存至今。而中原因各种政治势力的角逐、北方外族语言因素的融入及各种文化的影响，中原汉语与岭南地区的汉语在继承了古汉语的基本框架之下，产生了不同的变异。唐宋时科举取士，虽以《切韵》（宋为《广韵》）为准，但唐代中叶后，汉语口音已产生变化，终至浊音清化，入派三声了。

二、经济强势

语言的演变与社会活动密切相关，经济活动及交通对语言的演变同样是强势的驱动力，和平时期尤显突出。

秦汉时期的政治变局，给岭南带来了数十万的中原移民，也带来了中原先进的文化和先进的生产技术，大大促进了岭南的社会发展，这种经济强势势必转化成语言强势，使中原汉语在语言融合中处于绝对优势地位。随着海上丝绸之路的开通，人流、物流又带动了"语流"，这种流动与粤方言的分布格局基本相符。尤其是两汉时期，广信为州治所在地，300多年的政治、经济、文化核心地位，对今天粤方言分布格局及各片区粤方言特征的形成起了重要的作用。随着州治东移番禺，沿海经济日渐繁荣，尤其是唐朝梅关道开通后，北方南下的人流、物流多改为北取梅关道或东取海路进入岭南。人流、物流渐离西江中部，致使该地区日渐衰落、闭塞，语言的演变也与广州话的演变产生了差异。唐朝时的广州，外贸的繁荣使其成为世界著名的大港，波斯等外语语素融入了广州话，如"污糟"（肮脏）、"邋遢"（肮脏）等，今天，也许不少人还把它们当作粤语的"土语词"呢。两宋时期的中原移民大规模南迁，使粤北、粤东、珠三角各地人口大增，也引发了珠三角的围垦热，这些地区影响粤方言演变的因素自然多而复杂，致使这些地区粤方言特征差异较大。明清时期的广东经济，进入了封建经济的繁荣期，海上丝路的始发港广州更是一枝独秀。发达的外贸，使广州话融入了更多的外语语素，尤其是英语音译词日渐增多。同时广州由于岭南政治、经济、文化核心的地位，与国内各地交往密切，广州话受中原汉语演变的影响也较明显，如，古浊声母字已清化，其演变与官话方言及北京音系相近等。在语言已发展成熟的今天，经济强势促语言演变的例子并不鲜见。

如，广东毗邻港澳，早年的广州西关文化伴随着十三行的兴旺及广州省城的地位和影响，在近代开放大潮中尽领风骚，西关文化对港澳产生了深远的影响。广州话（西关话）先后在港澳取代了客家话与香山话，成为港澳两地的主要交际语及官方用语之一，众多的海外华侨、华裔人士使用得最多的也是粤方言。改革开放，广东率先实行。港澳台同胞和海外华侨、华人的投资活动频繁，粤方言便随着经济强势大举北上，广州话反映改革开放的新造词，不少也风靡全国。在严格语言规范，大力"推普"的大陆，出现了"南文北上"的罕见现象。2005年版的《现代汉语词典》（中国科学院语言研究所编）比前收录了更多的粤语流行语和外来语便是一例。

三、文化强势

在人文生态环境中，当各种互有差异的文化处于竞争生存空间时，一方面会出现优胜劣汰、适者生存的局面，另一方面又相互吸引，协同发展。作为特殊文化现象的语言，随其文化体或呈强势，或呈弱势。因此，我们经常会看到强势的文化体，使从属的语言成为强势语言，其中书面语的强势作用尤显突出。

方言区的形成与一个文化核心区的形成密切相关，往往有一个文化核心区就伴随着一个方言核心区，这种现象在古代交通不发达和文化比较落后的少数民族地区表现得尤为明显。

汉代为交趾部治所300多年的广信，成为岭南政治、文化中心，西江中部地区成了政治、文化核心区。广信的古文经学，成就卓著，涌现了一批成就卓著的古文经学家，如"三陈"（陈钦、陈元、陈坚卿父、子、孙）、"四士"（（士燮、士壹、士䵋、士武）等，开岭南学术风气之先，在我国学术界占有重要地位，岭南迎来了文化的首度辉煌。当时南下的士人办学传经。人们诵《诗》读《经》，影响深远。汉语书面语的传播和汉语的语法规范，迅速扩大了汉语的影响，加强了汉语在粤方言形成过程中的主导地位。书面语传播也是粤方言保留了完整的中原古音韵及丰富的古汉语书面语词的主要原因之一，西江中部地区粤方言的特征就是很好的说明。

文化强势和语言强势往往成正比的例子并不罕见。如，畲族分布在福建、浙江、江西、广东、安徽等省，人口63万多。但如今仅广东莲花山和罗浮山区的10多个村子1000多人讲畲语，其余的基本上以客家方言为交流工具。他们大多与客家人杂居，相形之下，客家文化呈强势，久而久之，畲族同胞大多以客家方言取代了畲语为交流工具。

文化形态的差异又决定了语言的差异。如，粤方言通行于商品经济较发达地区，市民文化氛围较浓，粤方言的俗语词较丰富，而且越发达的地区，商业味的词语便越鲜活。如，广州话的"一盘水"（10000元）、"一支嘢"（1000元）、"一咀水"（100元）、"牛一"（生日）、"十一哥"（土包子）、"古月"（胡椒粉）等商业隐语色彩浓的词语较多，并时有创新。至于追求吸引眼球效应的"照杀"（按报价成交）、"大出血"（大亏本）等更为人们所熟知。

求发展：共生共荣

综上分析，方言从汉民族共同语分化出来，在政治、经济、文化三大强势的驱动之下，经过漫长的历史演变，由于地域、时间和各种文化因素的影响，在分离过程中，既继承了共同语的特征，又产生了许多变异，且其今后的发展与变异仍受制于政治、经济、文化三大强势。这使我们看到，粤方言求健康发展，更好地为社会交际服务，营造良好的人文生态环境，使之与汉民族共同语共生共荣是关键。

在经济全球化的今天，世界各民族文化的关系是多元并存、共同繁荣。世界上每一种文化都具有其他文化所没有的特质和不可替代的功能。世界语言的应用在探索"求同"和"存异"两个趋势的平衡中发展。联合国教科文组织向来十分重视语言教育与发展这个世界性的问题，早在1953年的一项报告中就指出学校应该以学生的母语作为教学语言。1977年召开的有关会议上，又以保护语言和文化多样性为主旨提出了许多相关建议和条文，并已在一些多民族国家或地区实施。周恩来总理在谈到"推普"工作时，明确强调，"推普"并非消灭方言。

从粤方言的形成和发展，我们可以得到以下启示：

第一，世界已进入以文化论输赢的时代，保护多元文化是世界潮流，建文化大省是我们的目标。岭南文化的传承发展，离不开粤方言。教育对语言传承的重要性显而易见。采取适度宽松的方言政策，在大力"推普"的前提下，对学生或特定的人群进行适当的方言教学，不仅是传承文化的需要，也有益于儿童的心智发展。对各种方言采取一视同仁的态度，让"埋堆"和"扎堆"共存，"老点"和"忽悠"共精彩，我们的社会将更和谐。

第二，书面语对语言的传承、发展起着重要的作用，粤方言的发展离不开书面语的规范和传播，岭南地方文化、民俗文化更离不开书面语的传承。然而广东的粤方言书面表达与方言文艺创作，大大落后于港澳地区。大力扶持方言文艺创作，如粤剧、岭南曲艺等，鼓励文艺工作者深入生活，从群众语言这一文艺创作不竭的源泉吸取营养，让粤方言生动而又富于地方特色的语汇，融入文艺作品，丰富汉民族共同语的语汇，我们的文化将更繁荣。

第三，开展粤方言的语言规范化工作。语言要健康发展，除了自然淘汰的作用力外，规范化工作同等重要。由于我省的粤方言规范化工作仍未进行，粤方言的书面表达混乱，书面表达及口语表达近年来呈现出以香港粤语为标准的现象，"洋化"、"俗化"大有淹没"雅化"的倾向，广州话原有的文雅之气渐淡。如"若果"、"卒之"、"姑勿论"、"终须"、"于是乎"、"到其时"等典雅的古汉语语词使用频率日渐下滑，令人扼腕。重建广州话的粤方言标准语地位有赖于粤方言规范化工作的展开。

语言是人类创造的精神财富，是人们精神家园的基础。美国的一位学者把"一种语言"比作"一座卢浮宫"。我们相信在新时期，粤方言这座"卢浮宫"定能为中华文化增添光彩，为和谐社会建设发挥更积极的作用。

注释

①张公瑾、丁石庆主编：《文化语言学教程》，北京：教育科学出版社，2004年版。

（2007年5月14日于广州云台里，2007年7月发表于《岭南新闻探索》2007年第4期，2007年9月发表于《岭南文史》2007年第3期）

四邑话特性的探析对后珠玑巷文化研究的启示

"四邑"是我国著名的侨乡,"四邑"这一历史概念,原指位于广东省西南部的台山、开平、新会、恩平四个县。作为行政区划,现已被"五邑"所取代(1983年实行市管县体制后,江门市脱离佛山专区,升格为地级市,并增辖原属佛山专区的台山、开平、恩平、新会、鹤山五县,统称"五邑")。"四邑话"是一个语言学概念,指粤方言的一种次方言,以"台山话"为代表,除通行于现"五邑"地区的粤方言外,珠海的斗门话、中山的古镇话皆属"四邑话"系统。"四邑"是我国最早移民海外的地区之一,移民大多集中在美洲。如,早期移民美国的中国人,大多数为四邑人,100多年来,"四邑话"几乎成了美国华侨社区的"国语"。四邑文化,也一跃而成为"唐人街文化"的代表。"四邑话"是华侨文化的重要载体,是五邑文化的活化石。

"四邑话"是粤语系统中跟广州话差异最大的一种次方言,"五邑文化"如"四邑话"一样,是岭南文化的一朵奇葩。五邑的民风、新会的思想、开平的碉楼、台山的洋楼……无不以其"独特"而引世人瞩目。

语言是文化的载体,研究文化离不开语言特性的分析。在良溪——"后珠玑巷"论证之际,试从四邑话的特性切入探析,对后珠玑巷文化的研究不无启发。

四邑话的特性

几千年来,因种种原因,中原汉族南迁不断。历史上,岭南地区经历了五次大移民。移民的规模越来越大,移民的源头越来越多,移民的路径越来越复杂,移民的整体素质呈走高趋势。因移民的源头、年代、路径、人口的构成、与当地的原住民融会情况等原因,形成了广府、福佬、客家三大民系,语言是各民系的特征标志。广府民系是广东最大的民系,又是移民历史最长、移民的源头最多、分布面积最广、与原住民融会最早的民系,这使广府话具有多个次方言,也培育了色彩斑斓的广府文化。

两宋时期的中原移民大规模南迁,使粤北、粤东、珠三角各地人口大增,也引发了珠三角的围垦热,五邑地区便是勃发于宋代的围垦热。该地区虽距广州不远,但潭江与珠江水路不相通,居民大多是两宋及其后的移民,影响四邑话演变的因素不同于其他粤方言区,这便使"四邑话"成了粤语系统中与广州话差异最大的一种次方言。"四邑话"以其多元、儒雅、新颖的特征彰显着它独特的个性和魅力。下面试作分析。

一、多元

1. 语音

四邑话的语音与广州话语音差异大,不乏独特之处。通过分析,不难看出其语音除具有粤方言语音的共性特点之外，客家语、吴语、赣语、闽语等融会的痕迹明显。

如，通行于我国东南部的吴语、赣语、闽语、客家语及西江流域的某些粤语点方言（如，封开话、怀集话）都全部或部分保留了古全浊塞音、塞擦音（如，吴语保留了古浊塞音、浊塞擦音、浊擦音声母b-、d-、g-、dz-、dʑ、z-、ʑ-、v-、ɦ-），并有着相似的演变规律：浊音渐次清化；入声多有喉塞音（如，吴语入声韵尾有一个喉塞音-ʔ）；声调保留了入声（客家语：6个声调。除上声、去声外，平声、入声分阴、阳；赣语：6个声调。平、去分阴阳，上、入不分；闽语：厦门话和福州话均为7个调。除上声外，平、去、入三声均分阴、阳。入声有塞音韵尾）。

下面让我们来分析四邑话语音有异于广州话语音的几个特点，通过比较，问题将清晰、明朗。

（1）把来自中古透母、定母平声字和部分上声字读成喉擦音h-。

如，拖[ho³³]、题[hæi²²]、透[heu³³]、太[hai³³]、亭[hen¹¹]、艇[hian²¹]。

（2）古端母、定母（去声、入声和部分上声）字，零声母化。

如，打[a⁵⁵]、灯[aŋ³³]、斗[eu³³]、稻[au³¹]、第[ai³¹]、踱[ɔk²¹]。

（原因：应为四邑话仍保留中古汉语庄组字和精组字对立所致。）

（3）有浊擦音声母v-。

如，稳[væn⁴⁵]、违[væi²²]、芋[vu²¹]、混[væn³¹]。

（v- 应由古帮母演变而来，吴语保留了浊擦音声母v-）

（4）有介音i、u。

如，车[tsʻia²³]、短[tun²³]、斜[tʻia²²]、签[tʻiam³³]。

（5）除斗门、江门、新会话外，基本上没有长短元音的对立。

如，台山话：街[kai²¹]、鸡[kai³³]、挨[ai⁵⁵]、矮[ai⁵⁵]、罂[aŋ³³]、莺[aŋ³³]。

（6）声调均完整保留了阴入、中入、阳入三个调，除恩平话仅七个声调外（上声无阳上，去声无阴去），其余均为八个声调（去声无阴去），调值与广州话声调大同小异（较低，阴平为：33）。

（7）古清母平声字和去声字读同一个阴平调。

如，新[sæn³³]、信[sæn³³]、穿[tsʻin³³]、串[tsʻin³³]、通[hoŋ³³]、痛[hoŋ³³]。

（8）变调：往往变为低调，有屈折的尾音变调，多有单音词变调成双音词。

如，这儿[kʻoi²¹⁵]、哪儿[nai²¹⁵]；我们[ŋoi²¹]、你们[niek²¹]、他们[kʻiek²¹]。

2. 词汇

多元融合

（1）中原古汉语、吴语、赣语、闽语、客家语等语词融会。

吴语、赣语、闽语、客家语保留了大量的中原古汉语词语，较普通话古雅，这一特点在四邑话词语中同样明显。除此之外，四邑话的词语与上述多种方言的词语关系密切。下面试对一些常用词语作比较。

如，	四邑话		广州话
太阳：	日头	日头（赣语、闽语、湘语、客家语）	热头
月亮：	月光	月光（赣语、客家语）	月光
打雷：	行雷	恨雷（赣语）、陈雷（闽语）	行雷
下雨：	落水	落雨（吴语、赣语、闽语、客家语）	落雨
刮风：	起风	起风（赣语、闽语、湘语、客家语）	翻风
叔父：	阿叔	阿叔（吴语）	阿叔

（2）外来语汇

1）番+名词（或地名+名词）

如，番茄、番薯、番瓜、番帮、*番鬼（①洋人、②奇异）、半唐番（①中外混血儿、②杂交的物种）、荷兰豆、西洋菜、荷兰水（汽水）等。

（*此处"鬼"无鬼意。如，生鬼：活泼、风趣。四邑人称鬼为"点六"、"点七"）。

2）汉语+英语（或译音和译意混合）

如，"脱至pile"（光膀子、光身子）、"老缅（man）"（老人）、"老缅（man）婆"（老太婆）、"打搏盛（boxing）"（打拳）、"梳化（sofa）椅"（沙发）、"咖啡（coffee）茶"（咖啡）、"吉普（jeep）车"（吉普）、"噏（cap）帽"（鸭舌帽）、"泡打（ponder）粉"（酵母粉）等。

3）英语借词

如，骨（good）：好，伟里骨（very good）：很好，骨波（good ball）：好球，市担（stamp）：邮票，市的（stick）：手杖。

二、儒雅

四邑地区是宋代移民重要的聚居地，移民的整体文化素质较高，其中不乏士人望族。由于该地区的移民大多是自发移民，其行为是合法的、集体的，罗贵率众移民就是一个典型的个案。长期以来该地区尊师重教，人才辈出，是我省乃至我国著名的雅文化带，这便使四邑话儒雅迷人。

1. 用词儒雅

如，（1）修身谚语：有花自然香，唔使风吹扬（内敛、低调）

人生如做戏，一出又一出（恬淡、豁达）

未到六十六，唔好笑人脚指曲（善良、平和）

善有善报，恶有恶报（扬善疾恶）

（2）詈语：阴功、折堕、杀你的头、杀错你的头（无人身攻击、株连家族之意，颇有法治意识）

2. 民风儒雅

下面试就"恩平童谣"与"西关童谣"作比较分析：

*恩平童谣

鸭仔下塘恋水淋，
梅花跌落菊花林。
今朝我娘唔吃饭，
唱条歌仔解娘心。

（*这是一首乡间童谣，把春意勃发的动态、深闺怨妇的寂寞及孝子的体贴，表达得酣畅淋漓，颇得唐、宋诗词之风韵。）

*西关童谣

阿四，阿四，
㨪条锁匙，
开个夹万，
㨪两毫子，
买斤荔枝，
要爱黑叶，
唔爱槐枝。

（*这是一首广州繁华商业之地西关的童谣，充分反映了西关语音的特点：发衣韵时，上下齿咬合，舌面向上；ts、ts'、s的发音部位往往受后面韵母的影响而发生变化；[a:]、[a]分级等特点，内容带有浓浓的西关风情韵味。）

3. 音韵优美

（1）变调丰富（有屈折的尾音变调），使话语抑扬顿挫，语韵悠长，颇有低回浅唱之韵味。如，①阳上升变调，调值 215。如，这儿$[k'oi^{215}]$、哪儿$[nai^{215}]$、鱼$[ŋui^{215}]$；②人称代词单复数的变化，通过变调、变音等语音变化来表达。如，我们$[ŋoi^{21}]$、你们$[niek^{21}]$、他们$[k'iek^{21}]$。

（2）用词喜用ABAB式重叠结构（如，"恋床恋席"：①赖床，②在床上打滚；"憨似憨似"：傻傻的；"饱头饱头"：有点饱）。喜用对偶句，使语言音韵美，富于诗意。

三、新颖

由于四邑话是多种方言的融合体，其语言既有不少与吴语、闽语、赣语、客家语相同的成分，也有不少新音、新词。又因为四邑地区的移民时间差距较小，移民源头多，其文化的融会不同于客家、福佬两民系的聚族移民的文化融会，容易形成开放性、创新性的特点。加之华侨文化的全方位影响，外来语素进入了四邑话，使四邑话新颖、活泼。

（1）四邑片七个方言点（江门、新会、开平、恩平、台山、鹤山、斗门）一致而又有别于广州话的独特词汇较多。

如，落水（下雨）、禾雀（麻雀）、花稔（番石榴）、眼仁（眼珠子）、头毛（头发）、镬俐（镬铲）、收水（倒闭）、搜凉（乘凉）、交虵（臭虫）、散使（零钱）、安人（家婆。又：安人，从宋代始，便是正从六品官诰命夫人的封号）、阿人（奶奶）、上味（盐）、窦口（住所）、水脚（盘缠）、捐血（献血）、该时（现在）、恁时（那时）、几何（怎样）、凭企（梯子）、地随（知道）、臋（屁股）、缴（擦）、邦（锄头）。

（2）美国华埠流行的四邑话常用词语趣致、传神，有明显的中美两国100多年来的历史印记。

如，纸（泛指法定文件）、入纸（向政府递申请书）、出纸（获准发下的证书、执照等）、旅行纸（旅游签证）、出世纸（出生证）、出世仔纸（指父亲在美国出生，其在中国出生的儿女所获得的美国相关证书）、籍民纸（美籍公民证书）、土生（华人在美国出生）、土纸（在美国出生的华人的出生证）、企柜（侍应）、花利（小费）、够钟（到点）、吃表（早退）、喊线（电话）、钱八（美国二角五分的辅币。源于中国的用银时代，一元是七钱二分银，一元的四分之一是一钱八分，即二角五分）、出番/通事（翻译）、好泥（漂亮女子）、逗泥（不漂亮）、车偈（汽车引擎。"偈"，为"机器"二字的切音）。

（3）独具特色的"台山英语"通行于五邑地区及美洲华侨社区。

对后珠玑巷文化研究的启示

语言形态源于文化形态，文化形态源于人们的生存状态。多元、儒雅、新颖的四邑话与五邑的文化形态及其生成、发展密切相关。研究四邑话独特的个性,使我们沿着珠玑巷——良溪——五邑——珠三角——海外,一路走来,通过对珠玑巷文化——后珠玑巷文化——广府文化的探析,启发良多。尤其是承上启下的后珠玑巷文化,对广东精神、岭南文化、中国思想、中国文化的研究意义深远。

一、后珠玑巷文化是我国海洋性商业文化的萌芽

广东北有五岭横亘,南面大海,地理位置独特,少有战乱波及,自唐以来便是躲避战乱的理想之地。

南雄珠玑巷是学术界认可的中国三大移民源头之一,也是一个重要的移民中转站,尤以宋代以来,大量的北方移民由此进入岭南,使岭南人口快速增长。如,嘉定之前,南雄州的户数是17366,嘉定年间(1208—1224年)则增长到了33639户。净增16273户,近乎一倍。而南雄州下辖的始兴县,淳熙间户1366,嘉定间则为2086户,也呈上升趋势。[①]移民的形式有军事移民、流放移民、战乱移民,还有追求发展的自发移民。南下的移民经过一个时期的居住、繁衍后,继续迁徙,他们大多是从人多地少的穷乡僻壤迁往地广人稀之地的自发移民。南迁的移民经过珠玑巷,向珠三角、粤中、粤西南继续迁徙,他们大多定居在珠三角,若干代之后,又迁往海外。根据《珠玑巷民族南迁记》的记载,分布在今珠三角广府人的211个氏族中,有191个氏族是从南雄迁入的,而其中又有187个是宋代经南雄迁入的,占了总数的98%。罗贵便是七代前移居南雄珠玑巷的中原人的后裔,他带领33姓97户移民告案集体移居江门蓬江的良溪赴边围垦,后转散珠三角各地,继而走向世界,使良溪成为珠玑巷人南迁的定居点及中转站,便是一个典型的个案。今天我们研究良溪的"后珠玑巷"定位,其文化意义重大,研究"后珠玑巷文化"的特性,使我们对"广东精神"渊源的认识更清晰。

1. 重商重利,勇于开拓

秦汉以来,中国的正统文化是重农抑商的中原农耕文化,而汉代的岭南人

就已经"习于水斗，便于习舟"，为了生计，远涉重洋。北方的移民由以秦汉的军事移民为主，到唐宋以来的流放移民、战乱移民、自发移民，移民性质、移民源头愈发多元，移民整体素质较前高。外来移民的迁入不但使岭南人口迅速增长，而且带来了先进的生产技术，对岭南的经济、文化产生了全面而深刻的影响。岭南得天独厚的地理位置和自然条件、岭南人的海洋意识和独特的生存形态，为移民提供了多种谋生的启示和空间，为新文化的产生提供了条件。

宋代珠江三角洲开始大规模围垦，良好的自然资源，中原的先进生产技术，后珠玑巷人的自信开放及文化的多元荟萃，使广府地区商品经济初露头角。"珠江三角人具有南迁的北方士民和土著俚人相互融合而形成的独具特点的'珠玑巷人'的气质。他们继承了中原文化的精华，又吸取了'越人擅舟'，擅于海上活动的传统。他们寡于保守，多于进取，对经济机遇具有较高的敏感性。"②四邑俗语："宁生败家崽，勿养蠢钝儿"就颇有反传统色彩。

在内外贸易比较发达的大背景下，正统的中原文化、土著俚人的淳朴民风、北方移民的图存求强精神，多样的生存方式与求生实践，经过长期的碰撞融合，逐渐孕育了重商、重利，勇于开拓，敢于拼搏的精神，形成了既保留较多的古越族文化，又重商、开放、务实、兼容等商业文化特质的广府文化，并以其鲜明的特性区别于其他民系文化，在全国独树一帜，是我国海洋性商业文化的萌芽。

2. 自信开放、兼容并包

（1）罗贵——广府英雄的独特性

两宋时期由南雄南下珠江流域的移民，人数多，规模大，分布广，大多为几代前中原南下移民的后裔。他们以珠玑巷为中转站，求发展，自发向地广人稀之地迁移，最终多聚居珠三角，使在珠三角、西江和潭阳江流域的族群成为广府族群的主体，广府民系逐渐形成。罗贵率众移民个案是一个典型的代表。

罗贵率众移民个案使我们看到两宋移民与广府民系的早期移民及客家民系、福佬民系的聚族移民（被动、族群行为；文化特质：对内开放，对外封闭）不同，他们打破了旧的樊篱（主动、团体行为——后形成民系；文化特质：对内开放，对外开放）。罗贵并非族长，但因有勇有谋，倡义扶危，是能团结民众、同舟共济的组织者，众望所归，后被尊为先祖当属自然。罗贵带领南移的33姓97户，非族群，而是志同道合的异姓团体，可见宋以后移民的生存理念、生存方式、组织性质已发生了变化，罗贵的英雄传说，无论是文学记忆、历史记忆或是二者合一，其自信开放、兼容并包的文化内涵至为珍贵。

（2）四邑话独特个性的形成

四邑话以其多元、儒雅、新颖的个性在粤语系统中自成一体，尤以语音、语汇的特色鲜明，并在珠三角呈带状分布（珠三角粤方言内部较复杂，语言如此接近的带状分布罕见），且100多年来，在美洲华侨社区通行至今，其形成的原因除了上文分析的中国多元地域文化碰撞融合外，中外文化的碰撞融合不容忽视。

早期移民美国的中国人中，四邑人占大多数。五邑（现行政区划）侨乡面积为9288平方公里，现有人口390多万，海外华侨华人为215万多人，相当于侨乡人口的57%；如果再加上149万多五邑籍的港澳同胞，这个比例则高达96%。在215万五邑籍华侨华人中，有155万集中在美洲，占该侨乡海外移民总数的72%。尤其集中在美国和加拿大（132万），当地华侨华人社区中，不论从人口数量还是政治、经济实力，五邑籍华侨华人都居前列，所以五邑有"美国华侨之乡"、"加拿大华侨之乡"的称誉。③

由于五邑华侨与家乡关系密切，自然成为东、西方文化的传播者。西方文化对五邑地区的长期影响，渗透了社会的各个阶层，深入了社会的各个角落。四邑话成了中外文化交融的活化石。五邑侨乡各阶层的语言都融入了外语元素，这一点在全国其他侨乡是罕见的。尤其是台山，至今流行着很多独特的语汇。如，"台山英语"，一直沿用至今，这种"台山英语"大多不合语法规范，反映了当年老华侨的文化水平。民间流传着许多反映侨乡人民特殊心态的歌谣，这种现象在重点侨乡尤为突出。

（3）中西合璧的侨乡风物

生存理念决定了生存形态，生存形态决定了文化形态。四邑的自然环境、人文景观无不抹上浓浓的侨乡色彩，中西合璧的侨乡风物无不透出自信开放、兼容并包的光芒。如，独领风骚的新会绿化历史悠久，白玉兰、蒲葵、棕榈等外来品种的路树见证了侨乡100多年的历史；亦中亦西的开平碉楼，悠然挺立于古朴的村落中，构成田园牧歌似的画面，蜚声海内外；别致奇巧的台山洋楼，独特的"台山英语"，使台城平添了浓浓的异域风情，令多少徜徉街头的游客陶醉……

3. 从容淡定、崇尚实业

偏安一隅的岭南，长期以来远离中国的政治、文化中心，自然条件优越，面向大海，有着与海外沟通的悠久历史，宋代的广州就是全国最大的贸易港之一。民风淳朴，越汉相处和谐，如，赵佗、冼夫人堪称楷模。生存环境改变了生存理念，加之北方移民是下行移民，对传统有较强的批判性，对政治有较强的远离心态。经过长期的融合，孕育了从容淡定、淡泊虚名、易退难进的文化精神。如，崔与之不恋高官厚爵，数次力辞参知政事、丞相等要职，甘于乡居；李昴英在朝任职时间11年，先后四次返故里闲居长达18年，就是典型的例子。这种文化精神，为商业文化的培育提供了肥沃的土壤。人们谋生途径多、生存空间大，便笃学思辨，淡薄了正统的官本位思想。随着五邑华侨经济、文化的影响与促动，海洋性的商业文化得以萌芽，西方现代工业社会的先进技术与思想得以传播。崇尚教育，崇尚科学，崇尚实业蔚然成风，近现代的五邑可谓人杰地灵，创多个全国第一，是我省乃至我国著名的雅文化带。江门院士路所彰显的深厚的文化底蕴、华侨创办的实业就是明证。广东在近现代得以领风气之先，后珠玑巷文化功不可没。

二、后珠玑巷文化是广府文化蜕变的记录

从广府民系的发展看，良溪及其后无疑是南雄珠玑巷的继续。珠玑巷移民的生存理念及生存方式促进了珠三角的大发展，使广府民系进入了新的发展期，迎来了广府文化的蜕变。今天，研究"后珠玑巷文化"对广府文化蜕变的贡献，以下两点尤当记取。

1. 承前启后的作用

南雄珠玑巷被大多数广府人奉为发祥之地。《广东通志》载:"相传广州诸旺族俱发源于此(珠玑巷)"。黄慈博遗稿《珠玑巷民族南迁记》所载,有家谱族谱可查,先后在南雄珠玑巷南迁珠江三角洲一带的有76姓、166族。又据《南雄珠玑巷人南迁氏族谱志选集》④所载,还有27姓,31族,合计为103姓,197族。具有800多年历史的古村良溪是罗贵南迁定居之地,被广府诸姓视为祖居,到此凭吊者无数,仅2007年清明期间,从珠三角各地、港澳海外回良溪祭奠罗贵的罗氏后裔便达40000人。南迁始祖罗贵是广府民系极富史诗色彩的英雄,族谱大多把罗贵集体移民载入史册。深入探析,这种现象实为广府民系对新文化的认同。

良溪,是岭南移民的一个中转站。在此,广府民系开始了挑战传统、走向海洋的新征程。良溪,是"后珠玑巷文化"的诞生地,广府文化迎来了重大的蜕变,进入了从传统到反传统,从农耕到商业,从内陆到海洋的蜕变。在此蜕变过程中形成的后珠玑巷文化,有着明显的承前启后特性。宋以来,五邑地区社会、经济、文化大发展,人才辈出,其中不乏社会科学领域承前启后的领军人物。如:

(1)明代大儒陈白沙,广东江门人,是明代思想解放的先驱。他在明初士风颓废的学术背景下,批判地上承宋儒理学的影响,主张完整准确地理解儒家真精神,古为今用,洋为中用,大胆吸取人类文明的成果,把佛学思想吸收、融会于儒学中,振兴了儒学。下开明代心学的先河,独树一帜。在明初学术滞凝状态中另辟新径,对明代陆王心学的建立起了开路先锋的作用,在中国思想发展史上占有不可磨灭的地位。

(2)戊戌维新运动领袖梁启超,广东新会人,是中国近代著名的政治活动家、启蒙思想家、资产阶级宣传家、教育家、史学家和文学家。他那脍炙人口长达6万余言的《变法通议》,在《时务报》上连载43期,系统地阐述了变法改革的主张,成为维新派纲领性的文件,极大地影响了中国近代史。他兴趣广泛,学识渊博,在文学、史学、哲学、佛学等诸多领域,都有较深的造诣。

他是清末民初中国文坛上影响最大的人物，自1899年起提倡的文学革命，开辟了近代文学理论探索和文学创作的新局面。1901—1902年，先后撰写了《中国史叙论》和《新史学》，批判封建史学，发动"史学革命"，在文学理论上引进了西方文化及文学新观念，首倡近代各种文体的革新，并付诸实践，为新文学的真正发展开辟了道路。

2. 华侨文化的反哺作用

五邑侨乡自1848年向北美大规模移民，移民的主体是贫苦农民。当时的中国正处于封建专制末期的清朝社会，政治、经济、文化、技术落后，民不聊生。而进入国——美国，则是一个新兴的资本主义国家，经济发展迅速、文化繁荣，资产阶级的价值观念和思维方式使华侨观念上受到强烈的冲击，加之美国对华侨的政治偏见和种族歧视，华侨在迁入国成了弱势群体，这便使中国传统文化中"落叶归根"的意识更强化了，华侨与家乡的联系更紧密了。

据《五邑华侨的磨难历史》记载：

20世纪30年代，美洲的侨汇经常占全国侨汇总数的1/3或1/2，在美洲侨汇中来自美国的侨汇又占67%~76%。太平洋战争爆发以前，五邑侨乡的侨汇就多于潮汕和客家侨乡的侨汇，而且五邑侨乡来自美洲的侨汇在全国侨汇中的地位也非常突出。太平洋战争结束以后，五邑侨乡因战争而中断的侨汇迅速恢复，数额巨大。1946年广东全省侨汇为245亿国币，其中来自东南亚的只有83亿，另外162亿则来自美洲。在全国重点侨乡中，五邑侨乡的侨汇收入不仅数量大，而且与家乡经济发展、社会稳定的相互依存关系更为紧密。据研究，广东不少于90%的侨汇是用在养家糊口上，侨汇完全是侨乡的命根子。这一点，五邑侨乡对它的依赖更大。五邑侨乡在海外的移民绝大多数是劳工阶层，数额巨大的侨汇具体分摊到每一个华侨身上并不多。这个特点也正说明了时刻情系家乡的五邑籍华侨之多之广泛，长期持续不断的侨汇流入侨乡每一个华侨家庭，表现了海外赤子与家乡无法割断的联系是那样的紧密。有一位美国华侨写过这样一首诗："日用行需宜省俭，无为奢侈误青年。幸我同胞牢紧念，得些薄利早回旋。"这正充分表现在五邑华侨身上。

频繁的人员往来，紧密的经济联系，使五邑成了中西方文化多方面激烈碰撞融会之地，中外文化交融，深入到侨乡社会的各个角落，华侨文化对中华文化产生了强烈的反哺作用。如，各侨乡都有华侨出资开办的新式学校，西方的教育思想在中国的乡村社会得到实践；各种图书室在侨村出现，使远离城镇的农村青少年接受到外界社会的新信息；医院的创办，让侨乡农村的民众见识了西医的治疗方法和技术；因一些华侨在海外信仰了基督教、天主教，西方教会的势力开始在侨乡发展，教堂尖顶上高耸的十字架在召唤善良的人们对异域宗教的选择；排球、桌球等西方体育活动走进了侨乡青年的业余生活。与此同时，也催生了新文化。如，有"集体家书"之称的侨刊，是侨乡一种特有的杂志，是中国传统文化和外来文化交汇的载体；五邑侨乡各阶层的语言都渗透了外来语的元素，产生了很多独特的语汇，使四邑话成了中外文化交融的活化石。

三、后珠玑巷文化是构建"广府学"不可或缺的基石

近年来，学界呼吁建立"广府学"的呼声日高。研究"广府学"，就是"对广府民系的源流、方言、民俗、经济、文化等方面，作出系统的、全方位的研究"[⑤]。广府民系是我国最大的一个移民族群，又是岭南移民历史最长、与"土著"融会最和谐、人口构成最多元的族群。广府民系人数多，分布区域广，经济、文化发达，广府文化长期以来成为岭南文化的代表，是最"土著"的文化。从文化的视角研究"广府学"，我们可从以下两个方面进行：

1. 本土文化的发展、变化

自秦汉以降，广府民系经历了漫长的历史演变，通过分析，我们大致可把它分为两个阶段：

（1）秦汉——唐

这个时期是岭南的缓慢发展期，政治、经济、技术、文化较中原落后。唐代中期以后，中国古代的经济重心日渐南移，岭南的经济得到了大发展，广州这个"海上丝绸之路"的始发港，不仅发展成全国三大商业城市之一（其余

两个是：长安、洛阳），而且是世界著名的商港。但此时的岭南地区仍地广人稀，经济、文化落后于中原，思想仍是以儒家的农耕思想为主体。

（2）宋以后

清代岭南著名学者屈大均曾指出，宋以前的岭南是"蛮荒"，宋以后的岭南是"神州"，宋代是岭南从"蛮荒"到"文明"的转折期。宋朝平南汉后，致力于恢复广东的经济，宋太祖开宝四年（971年）在广州设立市舶司，实行特殊政策，发展海外贸易，遂使广州成为"天子南库"。宋代，大量的士大夫被贬岭南，大量的中原士大夫避乱岭南，大量的移民也选择岭南，使岭南的人口大增，荒地得以开发，岭南的经济、文化得到了大发展，不再是"化外"之地。

从珠玑巷史事可以看到，广府民系的形成，宋代是一个相当重要的时期。以罗贵率众履险南迁为代表的宋代移民，翻开了岭南移民史、岭南文化发展史光辉的一页。江门蓬江的良溪在这一发展过程中起了关键的中转作用，从而使四邑成为我国多种传统农耕文化、西方文化（海洋文化）的碰撞地，中原文化、岭南文化和海外华人文化交流的中转站，后珠玑巷文化是这一碰撞节点上生成的新文化——海洋性的商业文化。

2. 华侨文化的产生、影响

海洋孕育了生命、供养了生命，海洋文明代表着现代文明。广府文化最独特之处就在于其与海洋文明的"对接"，这"对接"的重要媒介——华侨，将永载史册。广府人是华侨的主体，华侨文化是广府文化的重要组成部分，研究"广府学"必研究华侨史；研究华侨史，离不开研究珠玑巷、良溪、五邑，离不开研究"珠玑巷文化"、"后珠玑巷文化"。

分析广府文化生成、发展的内因、外因均离不开"后珠玑巷文化"的研究，后珠玑巷文化是构建"广府学"不可或缺的基石。

综上，我们看到多元、儒雅、新颖的"四邑话"，是求新、开放、兼容的产物。珠玑巷移民的兼容开放、勇于拼搏、开拓创新促进了珠三角的进步与文明，翻开了广府民系的新篇章，迎来了广府文化的蜕变。后珠玑巷文化是移民文化主动融合"土著"文化，吸收外来文化的产物。"新时期广东人精神"：敢为人先、务实进取、开放兼容、敬业奉献，与后珠玑巷精神一脉相承。今天岭南迎来了史无前例的移民潮，研究后珠玑巷文化，对建设和谐社会、和谐广东，创造新的辉煌具有深刻的启示作用。

注释：

①朗国华：《从蛮裔到神州》（第一版），广东人民出版社，2006年版。第43页。

②叶显恩：《珠江三角洲社会经济史研究》，稻乡出版社，2001年版，第60页。

③《中国古村文化区》，源于：www.uu97.com/newshtml/2007-08-09/17837616…57K。

④南雄县政协文史资研究委员会，南雄珠玑巷人南迁后裔联谊会筹委会合编。

⑤谭元亨：《广府寻根》（第一版），广州：广东高教出版社，2003年版。

（2007年11月1日于广州云台里，发表于2007年11月6日"良溪——'后珠玑巷'学术论坛"）

对云浮白话"多层叠置"特征的思考

云浮市位于广东省中西部,西江中游以南,东与肇庆市、江门市、佛山市交界,南与阳江市、茂名市相邻,西与广西梧州接壤,北归西江,与肇庆市的封开县、德庆县隔江相望。现辖云城区、新兴县、郁南县、云安县、罗定市,是南江流域的核心区域。该地区古为百越地,是西瓯国故地。南江自古是我国古代的南北通道,也是广信通往海上丝绸之路始发港——徐闻的必经之道。南江地区,是岭南早期开发的地区,也是岭南率先文明的地区。悠久的历史,独特的地理条件和人文生态环境,使该地区历经了秦汉时期的汉越融合、隋唐时期的汉僚融合、唐宋以降的汉、瑶、壮、侗等民族融合,培育了独具魅力的南江文化。

不同历史时期繁复的族群迁徙与民族融合使南江文化

史具有典型性。不同历史层面成分的多层次叠置和多元文化融合是南江文化的一大特色。作为文化的载体，云浮白话系统在漫长的变异整合过程中以覆盖式为主，兼具多种整合方式（语言的整合方式大体上分：覆盖式、叠置式、混合式、蜕变式等），呈现出"多层叠置"特征，为我们研究方言史、文化史提供了宝贵的借鉴。下面试就云浮白话"多层叠置"特征作粗略的分析。

一、"多层叠置"特征的分析

（一）秦汉至南北朝时期的汉越融合

这一时期为粤方言形成期。云浮白话的整合、演变与广信粤语（古粤语）同步。其演变方式主要是：以古汉语语音系统、书面语汇、语法系统为主体，融汇了百越语语音演变的成果（如，百越语没有声母p、t，因此，古帮、端母在演变过程中便演变为与p、t同位的紧喉音ʔb、ʔd，至今这两个紧喉音仍在百越语的后裔临高语、水语、毛南语中保留，在广西的汉语方言及吴方言、雷州半岛的闽粤方言和海南岛的闽南方言中也有发现；古心母不读s,而读ɬ，如，粤方言邕浔片的南宁话、钦廉片的廉州话、勾漏片的玉林话、桂南平话的南宁平话等。或读f，如，贺州本地话等，其演变模式为：r——ɬ——θ——s）及大量的百越语的常用口语词。

岭南虽早为楚属地，楚人的活动为岭南带来了楚文化。但汉人入驻岭南、开发岭南应始于秦汉。历时93年的南越国，在赵佗"和辑百越"的政策下，开创了汉越融合的第一阶段。继而历时300多年的州治古广信时期，大量的中原移民为岭南带来了先进的汉文化。政治、经济、文化三大强势使以汉文化为主体的汉越融合的岭南文化渐显雏形。汉代是汉民族的重要发展期，是汉语的重要发展期，也是岭南统一的政治主体和古粤语的形成期。这个时期，语流随政治、经济、文化三大强势自西向东扩展，毗邻广信的南江地区迎来了岭南地区的早期开发潮，成为岭南开发最早的地区之一，广信文化在南江流域得到广泛的传播。汉文化以其先进的书面语优势在文化融合、语言融合过程中占了主导地位，而人口众多的百越族的常用口语词在汉越融合的人文生态环境中得以融入日渐成型的岭南通语——广信粤语（古粤语）中。广信粤语在云浮地区成为通语，影响了其后云浮白话的形成和发展，在云浮白话系统的变异整合中，留下了明显的痕迹。

今天，粤方言是云浮地区的重要方言，使用人口占80%以上，云浮地区各方言点的白话，与广州话的差异不大，詹伯慧主编的《广东粤方言概要》将其归入粤海片（广府片）。而《中国语言地图集》（中国社会科学院、澳大利亚人文科学院，1987，1990，）因云浮地区的罗定白话和郁南白话古全浊声母今读塞音和塞擦音不送气的情况与勾漏片相似，把罗定、郁南归入勾漏片（勾漏片覆盖了古广信地区，是秦汉时中原人入岭南的集中居住地），这说明了云浮白话与以百越语为底层的广信粤语的紧密关系。如，郁南西北片（包括建城、平台、桂墟、罗顺、通门、宝珠等乡镇）的白话与苍梧、岑溪话十分相近，并可看到广州话里没有的演变痕迹，为粤语在古广信时期形成提供了依据。

1. 语音

（1）古心母在现代汉语方言中一般读s，而作为百越语语音特点的遗存，在相关的诸方言中多读ɬ。这在郁南西北片的平台话中得到体现。如，想[ɬɛŋ^{23}]、信[ɬen^{33}]。

（2）郁南平台话和罗定话中有舌面浊鼻音ȵ，与以百越语为底层的吴方言相似。如，议[ȵi^{23}]、而[ȵi^{21}]。

（3）保留了喉塞音声母ʔ。

郁南白话在开元音的开头有声母ʔ。如，个[ʔ kɔ^{23}]、你[ʔ ni^{23}]。

云浮白话，零声母音节开头带有塞音声母ʔ的成分。如，矮[ʔei^{35}]、爱[ʔui^{33}]、安[ʔun^{55}]等。

2. 词汇

口语词不少与广州话相似，保留了许多古语词及点方言词语，但还有不少广州话没有的词语。

（1）百越语的底层。

如，猪六（猪栏、猪圈）——在傣语、泰语等常见；□[k'e^{55}]（屎）——

与泰语、水语、临高语同源。

（2）保留百越语底层的地名。

如，思磊（郁南村名。思，山村。"思磊"，意为"多石头的山村"）；思贺（信宜镇名。贺，听到声响的。"思贺"，意为"能听到声响的山村或村寨"）。

（3）古汉语书面语词。

如，箸笼（筷笼·新兴白话）、猪膏（猪油·新兴白话）、索（绳子·云城、新兴白话）、罂（瓶子·云浮白话）、饥（饿·云浮白话）等。

（二）隋唐时期的汉僚融合

这一时期是粤方言的定型、发展期。粤方言在这个阶段继续沿着民族语融合的方向发展，但因此时的粤方言已基本定型，汉僚融合及其后的汉、瑶、壮、侗等民族语的融合形式只能是渗透。随着"大南江文化"（"南江文化"和"南路文化"）进入全盛期，在"汉僚融合"与"汉俚融合"环境中发展的"大南江"区域的粤方言，其包容、创新的特质对粤方言的流变所产生的强势影响不可低估。粤方言的标准语——广州话中壮侗语族的元素（如，部分语音、口语常用词和倒装语序等）不少应源于此。后来岭南政治、经济、文化中心东移番禺，语流东向影响渐弱，云浮白话浓郁的地方特色积淀下来，今天便成了我们分析这一层次变异整合的依据。

经历了秦汉时期的汉越融合，至南北朝，史籍中再也不见越族的记载。百越已整合为俚、僚等族群。在朝廷长期推行"以俚治俚"、"以僚治僚"的政策背景下，"汉人俚、僚化"、"俚、僚人汉化"兴起，大大推动了"大南江"区域的民族融合。南江地区是"葛僚"的活动中心，这使云浮地区的民族融合从汉越融合进入汉僚融合阶段。经过漫长的融合演变，南江文化以其深厚的底蕴、多元包容的性质，形成了鲜明的地域文化特色，为珠江文化迎来全面繁荣做出了不可磨灭的贡献。

在汉僚融合的大背景下，"汉人僚化"、"僚人汉化"，汉、僚的民族界限并非今天想象的明显。如，汉人陈法念乐为僚人首领，六祖惠能在黄梅被指为"葛獠"并不介意。此时南江地区的通语应为广信粤语的发展,是汉语的地域分支。由此,也可推测"《坛经》语音不正"一说,所指的"语音"应从属于汉语(也很可能是当时的粤语),并非僚语,因仅"语音不正"而已,非语不通也。由于僚的后裔即仡佬族,语言属壮侗语族,今天的粤方言,拥有了大量的"粤——壮"关系词。如,呢[ni^{55}](这)、虾[ha^{55}](欺负)、啱[ŋam^{55}](刚刚)、痕[hen^{21}](痒)、晒[ɬai^{33}](全部)等就不足为奇了。

少数民族在南江地区的影响和在古广信地区的影响颇为相似,这和该区域是百越的活动区域有关,也和该地区的民族融合情况相似有关,今天我们仍可从语言上找到依据。如,在南江地区和封开县、桂南地区一样,地名、村名保留了壮侗语族的底层,冠首字用"罗、六、洞、南、瑭(溏)、古、大、上、下、平、都、莫、百、冲、旺、替、白"等的现象较普遍。云浮市有:都老、都有、都涝、都骑、罗沙、罗石、罗马、罗卜、六马、六源、六芒、六洞等就是一例。

唐开元十六年(728年),陈行范(汉人葛僚首领)反唐被剿,葛僚聚族迁往戎、泸,瑶民大批南下,自此,南江地区成了汉、瑶、壮、侗等民族的聚居地。其中瑶族影响颇大,对语言的渗透也清晰可见。下面试以历代被称为"僚瑶杂居之地"的新兴为例分析,可见苗瑶语族对语言的影响。

1. 与苗瑶语族有关的地名、村名

以"云"(瑶语"村"义)为冠首字的地名、村名有19处;

以"峒"(垌、洞)为冠首字的地名、村名有50多处。

2. 苗瑶语族的倒装语序的渗透:

词:云盏(盏村)、云稠(稠村)、两仔爷(父子俩)等。

句:我去屋归。(我回屋。)

佢畀支笔我。(佢给我一支笔。)

你唱唱先。(你先唱唱。)

矮瓜贵过金瓜。(茄子比南瓜贵。)

(三)宋以降的多元融合

这一时期，粤方言进入了多元融合发展期，粤方言的流变影响主要是自东向西，云浮白话也不例外。但因这一阶段特殊的历史事件导致了族群的繁复迁徙，云浮地区成了多种语言并存区，少数民族语言及客、闽方言对粤方言的渗透更明显，甚至出现混合现象，但粤方言的强方言地位也因此更巩固。云浮白话的多元融合在变异整合过程中特色鲜明，各方言点语言差异叠置的因素不同，显现的特征也不同。如，郁南白话与勾漏片白话接近，新兴白话受官话影响较大，罗定白话受客方言、闽方言、广州话的影响较大，云浮白话有老派、新派之分，老派受客方言、闽方言影响较大，新派受广州话影响较大，与广州话差距小。

自岭南政治、经济、文化中心东移番禺，梅关古道的开通后，中原至岭南交通路径的变化，使南江地区的地位日渐下降。两宋之后，珠江三角洲迎来了发展高潮，南江地区渐成闭塞之地。语流也加大了由东向西的力度。尤其是明万历四年（1576年）的罗旁之乱，瑶民起义被镇压后，大批的瑶民聚族外迁，留居的瑶民也加速汉化。

清朝，入粤的客籍人从粤东向粤西水平迁移，1867年，官府出资组织客籍人迁往高、雷、钦、廉诸州，加之迁谪官宦的落籍、教育的兴办、商旅的往来、近现代的政治、经济、文化因素……形成了多种语言并存于这一地区的现象。影响云浮白话的因素较前两阶段多，官话、客方言、闽方言、广州话的渗透，使云浮白话这一层次的变异整合特征鲜明。

1. 罗定白话与广州话语音较接近。

如，罗定白话有广州话特有的圆唇声母"ku"、"k'u"；广州话的ei韵字，罗定白话也读ei韵；广州话的ou韵字，罗定白话绝大多数读ou韵；广州话的yn韵字，罗定白话也读yn韵。

2. 新派云浮白话已紧随广州话的变化而变化，两者差别很小。

3. 云浮白话独具特色的词语。如：

郁南白话：

佬人（成年男人）、夫驰（成年妇女）、婆打/姐打（外祖母）、沉醉

（罗嗦）、剩更（更加）、头胎（头菜·平台话）、嗰只（那个）、点蚊/申点（怎么、怎样）。

罗定白话：

泥尘（灰尘）、狗坑（沟渠）、水油（煤油）、快菜（韭菜）、脷前（舌头）、

学堂（学校）、耍（玩耍）、郎家（女婿）、粪凼（厕所）、灶口（厨房）。

新兴白话：

阿朽（母亲）、阿娘（家婆）、官娘（妯娌）、文驰（成年妇女）、不人（谁）、不度（哪里）、吉度（这里）、我伲（我们）、你伲（你们）、典（游戏）。

云城白话：

雷公响（大雷）、刹鲮（打闪）、碰尘（灰尘）、猪牯（公猪）、哄（闻）、呢顶（这里）、边顶（哪里）、伊下（现在）、一只牛（一头牛）、一兜鱼（一条鱼）。

4. 受官话影响较广州话多（下面试与广州话作比较）

示例	广州话	新兴白话	云城白话	罗定白话	郁南白话
菜	餸	餸	菜	餸	菜
面	面	面条	面	面	面
脱	除	解	剥/脱	除	解
地方	定/定方	地方	定方	地方	pok[55]

5. 受客方言、闽方言影响的词语

如，马牯（公马·云浮白话，同客方言）、胡蝇（苍蝇·郁南白话，"胡"音同闽方言）、光窗（窗户·罗定白话，同客方言）、姐公（外祖父·罗定白话，同客方言）、喊（叫唤·云浮、新兴白话，同客方言）、一只

人（一个人·云浮白话，同客方言）、打阿超（打喷嚏·云浮白话，同闽方言）。

6. 词的"仔"尾较丰富，多用"名词+仔"表小称意义，少用变调表示小称意义。

如，蚊仔（蚊子·云城、新兴、罗定白话）、橘仔（橘·云城、新兴、罗定、郁南白话）、桃仔（桃子·云城、新兴白话）、雨仔（小雨·云城、罗定白话）、路仔（小路·新兴、罗定白话）、贩仔（小贩·云城、新兴白话）。

二、语言特征分析的启示

（一）云浮白话的"多层叠置"特征分析对粤方言流变研究的启示

粤方言是与普通话差距最大的汉语方言之一，其源流与归属又是颇具争论性的。如，粤语的起源有秦汉说、唐宋说，粤语的归属有壮侗语族说。岭南由于独特的地理条件和人文生态环境，长期的政治理念是和谐、包容的，尤其是粤方言的形成期及较长的发展期处于较宽松的民族融合环境中，粤方言系统的变异整合是渐进的、多种方式的，各民族的语言融合能在较和谐的人文生态环境中自如地进行。先进的文化载体——汉语，以其先进的书面语优势，伴随着各种社会活动，必然成为生成语的主体。而作为战败语的底层——百越语的战败色彩也许没有其他方言底层那么浓，活力更大，参与融合更活跃。在融合过程中，古汉语的书面语词占领了文化含量较高的领域，而百越语以其大量的使用人口，占领了口语常用语的领域，从而形成了粤方言的特色，云浮白话便是颇具说服力的典型。通过对云浮白话的"多层叠置"特征分析，使粤方言起源于秦汉增添了依据。也使我们对粤方言鲜明特征的形成有明晰的认识，对厘清诸如汉语方言的分区、粤语的归属、桂南平话的归属等一些颇具争论的问题有启发。如，汉语方言的分区，可考虑宜粗不宜细，比较分析可着重从方言点着手，把共时演变和历时演变综合起来，进行多层次的分析。

（二）云浮白话的"多层叠置"特征分析对南江文化精神研究和南江文化建设的启示

语言是文化的载体，透过语言看文化，通过对云浮白话的"多层叠置"特征的分析，可启示我们对南江文化进行系统的、多层次的分析。云浮地区是南江流域的核心区，而南江地区是岭南文明最早的地区，又是百越活动的中心地区，该地区漫长的历史进程和民族融合颇具典型性。秦汉至隋唐，是岭南文化的生成、发展期，在这段历史进程中，和谐、包容的政治理念，为多元、兼容、创新、开放的岭南文化打下了良好的基础，粤方言和南江文化一样，是和谐、包容、开放社会的产物。南江文化的深厚底蕴以及多元性、兼容性、创新性对我们增强文化的自信心，建设文化大省意义深远。

　　（三）云浮白话的"多层叠置"特征分析对"民族"与"民系"研究的启示

　　粤方言是多民族语言融合的结晶。"民族"这一概念是一个动态的概念。不同的历史时期有不同的内涵，每一个民族随着历史的进程均在发展演变着，彼消我长，无一例外。在几千年的历史进程中，汉民族不断地融合诸民族，发展壮大自己，而一些民族却在发展演变中被融合了。如，北方的鲜卑族、南方的百越族等等。"民系"的生成和发展有着相似的进程。粤方言的主人——"广府民系"，是我国一个最大的移民族群，又是岭南移民历史最长、与"土著"融会最和谐、人口构成最多元的族群。广府人以"土著"自称，但对"祖籍"又因袭族谱，历世相传，是"根"的情结最深的民系之一。这种难解的矛盾情怀，透过语言进行分析，定会有所启示。通过云浮白话的"多层叠置"特征分析，可增强我们对"中华民族"多元性的认识，对研究"广府民系"启发良多。这将对我们反思历史、摒弃封建意识、民族偏见、族群偏见，建设多民族和谐发展的社会有着深远的意义。

　　　　　　　　　　　　（2008年2月10日于广州云台里，2008年2月26日
　　　　　　　　　　　　　　　发表于"南江文化论坛"）

罗定粤语的研究是南江文化建设的重要课题

　　南江自古是我国古代的南北通道，也是广信通往海上丝绸之路始发港——徐闻的必经之道。南江地区，是岭南早期开发的地区，也是岭南率先文明的地区。悠久的历史，独特的地理条件和人文生态环境，使该地区历经了秦汉时期的汉越融合、隋唐时期的汉僚融合、唐宋以降的汉、瑶、壮、侗等民族融合，培育了独具魅力的南江文化。云城区、新兴县、郁南县、云安县、罗定市，是南江流域的核心区域。该地区古为百越地，是西瓯国故地。其中，罗定更是百越文化的中心地。至今，从发现的物质的和非物质的文化遗产都颇有说服力。

　　不同的历史时期，南江地区经历了繁复的族群迁徙与民族融合，其中两次大的历史事件，导致了罗定地区的族群发生了大变更。

1. 唐代杨思率十万大军围剿泷州（导致陈行范与六万多起义僚人被杀，许多僚人因此被迫西迁。留居原地的唐代僚人，到宋元年间改称僮族——今壮族）。唐末，原在荆楚地区生活的瑶族大举南迁，迁徙至今两广各地。历五代、宋、元、明各朝凡八九百年，罗定地区的居民易为以瑶族和僮族为主体。

2. 明万历年初，明王朝镇压瑶民的罗旁起义（派十万大军征剿罗定瑶民，历时一年，杀害四万多人。大量瑶民四散逃亡，少部分避居深山）。明万历五年（1577年），罗旁平定后，为了补充人口，不少屯田的汉族士兵、官府招募垦荒的流民成批落籍罗定，大批汉人也纷纷迁居泷江两岸。罗定居民结构发生大变化，由原来瑶、僮两族逐渐改变为以汉族移民为主体。

这便使罗定的民族、文化发展史具有鲜明的阶段性。不同历史层面成分的多层次叠置和多元文化融合，成了罗定文化的一大特色。作为文化的载体，罗定粤语在漫长的变异整合过程中以覆盖式为主，兼具多种整合方式，呈现出"多层叠置"特征，为我们研究方言史、民族史、文化史提供了宝贵的借鉴。

千年文化古邑罗定，历史悠久，南接高雷，西通桂、黔、滇，是西江走廊的交通要冲，自古被视为门庭防卫，抚绥重地。因此，建设南江文化，罗定是关键节点。其中，罗定话更是我们研究语言发展史、岭南民族史及南江文化，建设南江文化宝贵的、不可再生的资源。

语言是人们思维和交际的工具，是文化的载体，文化的源流、传承、发展与建设均离不开语言，因此，文化建设离不开语言研究。罗定是古越族（唐史称俚、僚族）人聚居的地方。罗定的方言资源丰富，"多层叠置"特征明显。主要通行的方言有：罗定白话（粤方言）、"亻能古话"。其他还有：客家话（涯话）、漳州话、阳山话及瑶话等。

下面让我们从"罗定白话"与罗定"亻能古话"的特征，看其对文化建设的意义。

一、"多层叠置"的特征

罗定粤语指罗定白话，还有一种观点是含罗定"亻能古话"，这两种方言的"多层叠置"特征都较突出。

（一）罗定白话

云浮白话系统的粤语在漫长的变异整合过程中以覆盖式为主，兼具多种整合方式，呈现出"多层叠置"特征，在罗定白话中得以充分体现。

1. 秦汉至南北朝时期的汉越融合

这一时期为粤方言形成期。罗定白话的整合、演变与广信粤语（古粤语）同步。其演变方式主要是：以古汉语语音系统、书面语汇、语法系统为主体，融汇了百越语语音演变的成果（如，百越语没有声母p、t，因此，古帮、端母在演变过程中便演变为与p、t同位的紧喉音ʔb、ʔd，至今这两个紧喉音仍在百越语的后裔临高语、水语、毛南语中保留，广西的汉语方言及吴方言、雷州半岛的闽粤方言和海南岛的闽南方言也有发现；古心母不读s,而读ɬ，如，粤方言邕浔片的南宁话、钦廉片的廉州话、勾漏片的玉林话、桂南平话的南宁平话等。或读f，如，贺州本地话等，其演变模式为：r——ɬ——θ——s）及大量的百越语的常用口语词。

（1）语音

①古心母在现代汉语方言中一般读s，而作为百越语语音特点的遗存，在相关的诸方言中多读ɬ。这在罗定白话中得到体现。如，想[ɬɛŋ^{23}]、信[ɬɛn^{33}]。

②罗定话中有舌面浊鼻音ȵ，与以百越语为底层的吴方言相似。如，议[ȵi^{23}]、而[ȵi^{21}]。

（2）词汇

口语词不少与广州话相似，保留了许多古语词及点方言词语，但还有不少广州话没有的词语。

①百越语的底层

如，猪六（猪栏、猪圈）——在傣语、泰语等常见；□（k'e^{55}）（屎）——与泰语、水语、临高语同源。

②保留百越语底层的地名

如，思甲（思，山村）、罗垠、龙涌、龙溪（冠首字用"罗"、"龙"字地名多与古骆越族有关）。

③古汉语书面语词

如，晏昼（中午/午后）、罌（瓶子）、走（跑）、行（走）等。

2. 隋唐时期的汉僚融合

这一时期是粤方言的定型、发展期。粤方言在这个阶段继续沿着民族语融合的方向发展，但因此时的粤方言已基本定型，汉僚融合及其后的汉、瑶、壮、侗等民族语的融合形式只能是渗透。在"汉僚融合"与"汉俚融合"环境中发展的"大南江"区域的粤方言，其包容、创新的特质对粤方言的流变所产生的强势影响不可低估。粤方言的代表——广州话中壮侗语族的元素（如，部分语音、口语常用词和倒装语序等）不少应源于此。后来岭南政治、经济、文化中心东移番禺，语流东向影响渐弱，罗定白话浓郁的地方特色积淀下来，今天便成了我们分析这一层次变异整合的依据。

经历了秦汉时期的汉越融合，至南北朝，史籍中再也不见越族的记载。百越已整合为俚、僚等族群。在朝廷长期推行"以俚治俚"、"以僚治僚"的政策背景下，"汉人俚、僚化"、"俚、僚人汉化"兴起，大大推动了"大南江"区域的民族融合。南江地区是"葛僚"的活动中心，这使云浮地区的民族融合从汉越融合进入汉僚融合阶段。经过漫长的融合演变，南江文化以其深厚的底蕴、多元包容的性质，形成了鲜明的地域文化特色。

在汉僚融合的大背景下，"汉人僚化"、"僚人汉化"，汉、僚的民族界限并非今天想象的明显。如，汉人陈法念乐为僚人首领，六祖惠能在黄梅被指为"葛獠"并不介意。由于僚的后裔即仡佬族，语言属壮侗语族，今天的粤方言，拥有了大量的"粤——壮"关系词。如，呢[ni^{55}]（这）、虾[ha^{55}]（欺负）、啱[ŋam^{55}]（刚刚）、痕[hen^{21}]（痒）、晒[ɬai^{33}]（全部）等就不足为奇了。

少数民族在南江地区的影响和在古广信地区的影响颇为相似，这和该区域是百越的活动区域有关，也和该地区的民族融合情况相似有关，今天我们仍可从语言上找到依据。如，罗定的地名、村名保留了壮侗语族的底层，冠首字用"罗、都、六、大、云、替、峝（洞、峒）"等的现象较普遍。如：都门、大旺、大塘、大坑、大圆角、大石岭、大石洞、大河岩；六云、六楼、六家、六任坑尾；替马、替瑶、替鹅、替鹑、替统、替滨、替众塘；罗镜、罗平、罗屋、罗寨、罗锦、罗松、罗塘口、云龙、云龙口、峒心等。

唐开元十六年（728年），陈行范（汉人葛僚首领）反唐被剿，葛僚聚族迁往戎、泸，瑶民大批南下，自此，罗定地区成了汉、瑶、壮、侗等民族的聚居地。其中瑶族影响颇大，对语言的渗透也清晰可见。下面试以罗定地名及语汇为例分析，可见苗瑶语族对语言的影响。

（1）与苗瑶语族有关的地名、村名

以"云"（瑶语"村"义）为冠首字的地名、村名，如，云龙、云龙口、云盖脚、云步塘、云高坪等。

以"峝"（峒、洞）为冠首字的地名、村名，如，峒心。

（2）苗瑶语族的倒装语序的渗透

词：云步塘（步塘村）、云高坪（高坪村）、两仔爷（父子俩）等。

句：佢畀支笔我。（他给我一支笔。）

你唱唱先。（你先唱唱。）

今日好过旧日。（现在比过去好。）

3. 宋以降的多元融合

这一时期，粤方言进入了多元融合发展期，粤方言的流变影响主要是自东向西，罗定白话也不例外。但因这一阶段特殊的历史事件导致了罗定族群的繁复迁徙，罗定地区成了多种语言并存区，少数民族语言及客、闽方言对粤方言的渗透更明显，甚至出现混合现象，但粤方言的强方言地位也因此更巩固。罗定白话的多元融合在变异整合过程中特色鲜明。受客方言、闽方言、广州话的影响较大。

自岭南政治、经济、文化中心东移番禺，梅关古道的开通后，中原至岭南交通路径的变化，使南江地区的地位日渐下降。两宋之后，珠江三角洲迎来了发展高潮，南江地区渐成闭塞之地。语流也加大了由东向西的力度。尤其是明万历四年（1576年）的罗旁之乱，瑶民起义被镇压后，大批的瑶民聚族外迁，留居的瑶民也加速汉化。

清朝，入粤的客籍人从粤东向粤西水平迁移，1867年，官府出资组织客籍人迁往高、雷、钦、廉诸州，加之迁谪官宦的落籍、教育的兴办、商旅的往来、近现代的政治、经济、文化因素……形成了多种语言并存于这一地区的现象。影响罗定白话的因素较前两阶段多，官话、广州话、客方言、闽方言的渗透，使罗定白话这一层次的变异整合特征突出。特别是抗战时期，随着机构的内迁，官话的影响加大。大批操广州话的人进入罗定，使罗定白话与广州话的差距大大缩小。

（1）与广州话语音较接近。

如，罗定白话有广州话特有的圆唇声母"ku"、"k'u"；广州话的ei韵字，罗定白话也读ei韵；广州话的ou韵字，罗定白话绝大多数读ou韵；广州话的yn韵字，罗定白话也读yn韵。

（2）现代罗定白话已紧随广州话的变化而变化，两者差别很小。

（3）罗定白话独具特色的词语。

如，泥尘（灰尘）、狗坑（沟渠）、水油（煤油）、快菜（韭菜）、脷前（舌头）、耍（玩耍）、郎家（女婿）、粪凼（厕所）、灶口（厨房）、点蚊（怎样）、梗佬（男生）、吉佬（女生）、夫嬷（妇女）、好哨（出丑）、依儿仔（小孩子）、你死末（你吃了吗）等。

（4）受官话影响较广州话多。（下面试与广州话作比较）

示例	广州话	罗定白话
猪血	猪红	猪血
没有	冇	冇有
明年	出年	明年
地方	定/定方	地方

（5）受客方言影响的词语。

如，马牯（公马，同客方言）、光窗（窗户，同客方言）、姐公（外祖父，同客方言）。

（6）词的"仔"尾较丰富，多用"名词+仔"表小称意义，少用变调表示小称意义。

如，蚊仔、橘仔、路仔、绳仔、柿仔、雨仔、风仔等。

（二）罗定"偲古话"

罗定"偲古话"与封开的"标话"，学界争议颇大。大多把罗定"偲古话"作点方言（罗定土话）处理。持这种观点的人认为其从属粤方言，与封开粤语、梧州粤语同属一个系统，是古粤语形态的残存。与梧州、昭平一带的古粤语——"地古话"相比，两者较接近，均以古代俚语、僚语和中古音为基础，是与多种语言长期融合而成的一种独特方言。它保留了许多古音成分，"多层叠置"特征同样明显，因而也是粤方言形成早期（罗定古代地方语言）的"活化石"。分布于素龙、围底、罗平、华石、太平等9个镇，其最大的特点是：

1. 保存了大量的古浊塞音、塞擦音声母。

2. 变调，同一个字词，用作定语时与作宾语时却读不同的声调。"偲古话"主要集中在围底河流域丘陵地区，这里正是古代俚、僚族人聚居的地方。这种方言自成体系，极具稳定性，故能从古代流传至今而不被别的方言同化。罗定的"偲古话"与现代白话基本能交流，对罗定白话产生的影响是显而易见的。"偲古话"一般以乡村作为语言群体范围，同村以"偲古话"交流，异村交流则用白话。随着人们的生活范围的扩大，操"偲古话"者，往往是双语（同时兼用白话）并用。

揭开罗定"偲古话"之谜，就能解码其承载的历史、文化信息，就能为罗定建设南江文化提供宝贵的资源。

二、语言特征分析的启示

（一）罗定粤语"多层叠置"特征分析对粤方言流变研究的启示

粤方言是与普通话差距最大的汉语方言之一，其源流与归属又是颇具争论性的。如，粤语的起源有秦汉说、唐宋说，粤语的归属有壮侗语族说。岭南由于独特的地理条件和人文生态环境，长期的政治理念是和谐、包容的，尤其是粤方言的形成期及较长的发展期处于较宽松的民族融合环境中，粤方言系统的变异整合是渐进的、多种方式的，各民族的语言融合能在较和谐的人文生态环境中自如地进行。先进的文化载体——汉语，以其先进的书面语优势，伴随着各种社会活动，必然成为生成语的主体。而作为战败语的底层——百越语的战败色彩也许没有其他方言底层那么浓，活力更大，参与融合更活跃。在融合过程中，古汉语的书面语词占领了文化含量较高的领域，而百越语以其大量的使用人口，占领了口语常用语的领域，从而形成了粤方言的特色，罗定粤语便是颇具说服力的典型。通过对罗定粤语（特别是罗定"偲古话"）的"多层叠置"特征分析，使粤方言起源于秦汉增添了依据。也使我们对粤方言鲜明特征的形成有明晰的认识，对厘清诸如汉语方言的分区、粤语的归属、桂南平话的归属等一些颇具争论的问题有启发。如，汉语方言的分区，可考虑宜粗不宜细，比较分析可着重从方言点着手，把共时演变和历时演变综合起来，进行多层次的分析。

（二）罗定粤语的"多层叠置"特征分析对南江文化精神研究和南江文化建设的启示

语言是文化的载体，透过语言看文化，通过对罗定白话的"多层叠置"特征的分析，可启示我们对南江文化进行系统的、多层次的分析。罗定是南江流域的核心区，而南江地区是岭南文明最早的地区之一，又是百越活动的中心地区，该地区漫长的历史进程和民族融合颇具典型性。秦汉至隋唐，是岭南文化的生成、发展期，在这段历史进程中，和谐、包容的政治理念，为多元、兼容、创新、开放的岭南文化打下了良好的基础，粤方言和南江文化一样，是和谐、包容、开放社会的产物。南江文化的深厚底蕴以及多元性、兼容性、创新性对我们增强文化的自信心，建设文化大省意义深远。

（三）罗定粤语的"多层叠置"特征分析对"民族"与"民系"研究的启示

粤方言是多民族语言融合的结晶。"民族"这一概念是一个动态的概念，不同的历史时期有不同的内涵，每一个民族随着历史的进程均在发展演变着，彼消我长，无一例外。在几千年的历史进程中，汉民族不断地融合诸民族，发展壮大自己，而一些民族却在发展演变中被融合了。如，北方的鲜卑族、南方的百越族等等。"民系"的生成和发展有着相似的进程。粤方言的主人——"广府民系"，是我国一个最大的移民族群，又是岭南移民历史最长、与"土著"融会最和谐、人口构成最多元的族群。广府人以"土著"自称，但对"祖籍"又因袭族谱，历世相传，是"根"的情结最深的民系之一。这种难解的矛盾情怀，透过语言进行分析，定会有所启示。通过罗定粤语的"多层叠置"特征分析，尤其是对有"早期粤语形成活化石"的罗定"㑷古话"的研究，可增强我们对"中华民族"多元性的认识，对研究"广府民系"启发良多。这将对我们反思历史，摒弃封建意识、民族偏见、族群偏见，建设多民族和谐发展的社会有着深远的意义。

（2011年11月13日于广州云台里，2011年11月17日发表于"云浮市首届南江文化节·南江文化研讨会"）

论粤方言的区域特点与广府文化建设

粤方言（又称粤语、白话、广州话）是我国七大方言之一，其标准语为狭义的广州话（以西关话为标准的广州城里话），通行于广东、广西东南部、海南省的部分地区、港澳地区及东南亚、大洋洲、欧洲、美洲、非洲等华人、华侨社区，使用人口7000多万。粤方言是保留古汉语元素最多的语种之一，是岭南文化的重要载体，保留了丰富的岭南历史、语言、文化等信息，堪称岭南文化的"活化石"，是语言研究及文化研究的重要对象。

广东是个移民大省，古往今来人口流动、迁徙频繁。千百年来，北方移民南下与岭南土著融合后，先后形成了广府、潮汕、客家三大民系。三大民系使用的粤方言、闽方言和客家方言，是三大民系认同的标志，又是三大民系文化的载体。广府民系是先秦以来北方移民南下与南越土著杂处融合而成，是广东最大的民系，又是移民历史最长、移民源头最多、分布区域最广、与原住民融会最早的民系。长期的多元文化碰撞，培育了色彩斑斓的广府文化。广府文化在广东各民系文化中占有优越的地位，成为岭南文化的代表。历史上，广府文化的中心地：广信与广州，是不同历史阶段岭南的政治、经济和文化中心，是珠江文化的生成与发展的重要节点，也是粤方言形成、发展的重要节点，地位至为关键，影响深远。

广府民系居住的区域长期是岭南的政治、经济、文化中心地，古往今来均为经济发达地区，因而粤方言的历史悠久，通行区域广泛，并长期成为岭南的通语，被冠以"粤语"、"广东话"之称。作为岭南主要社会交际工具的粤方言，其形成、发展与演变，离不开通行区域的人文生态环境，其分布格局与广府民系的形成渊源密切相关。由于通行区域的自然环境与人文环境的差异及其历时演变的差异，各片区的粤方言（尤其是口语）既有共性也有鲜明的个性。研究广府文化的载体——粤方言的区域特点，对广府文化的研究、建设，关系尤为密切，意义尤为重大。

粤方言的区域特点

北方移民下岭南始于先秦，成规模的南下当始于秦代，两汉、魏晋南北朝至隋唐宋，移民的规模越来越大，分布的区域越来越广，南越土著完成汉化，广府民系逐渐形成。元明清，随着海上丝绸之路及商贸的发展，广府民系不断向海外发展，成为中国最早成批移民海外的民系，也是中国海外华侨重要的构成民系。

粤方言是广府民系的认同标志。不同年代的南下移民，有着不同的入粤途径及生存形态，历史上，岭南地区经历了五次大移民。移民的规模越来越大，移民的源头越来越多，移民的路径越来越复杂。因移民的源头、年代、路径、人口的构成、与当地的原住民融会情况等原因，粤方言的形成、发展、演变是复杂的，多层次的，粤方言格局的形成是渐次蔓延式的。因此，各区域之间的粤方言存在着或大或小的差异，特点鲜明。

为了分析粤方言，不同学术观点的学派，根据不同的分类标准，进行了不同的区域划分。如《广东省志·方言志》分为：广府片、四邑片、两阳片和粤西片；《广东粤方言概要》分为：粤海片（广府片）、四邑片、高雷片、莞宝片和香山片。为了探索粤方言与广府文化的关系，根据广府民系沿江而居的特点，本文以江河流域为主来分区，进行分析。

一、西江流域（含两阳片、粤西片及广西粤方言区）

西江流经粤桂两省，是唐以前北方移民南下岭南的主要孔道，又是珠江的主航道。西江流域是早期南下汉人的主要定居区域，又是古南越人及其后裔的主要生活区域。历经近400年的"广信时期"的汉越融合，西江流域成了粤语的主要生成、发展、分布区域。据统计，该区域使用粤方言的人口占总人口的80%以上。由于该区域移民情况复杂，不少地区是少数民族散居区，作为底层的古越语及闽语的遗存成分较清晰。但其语音、词汇、语法的特点与以广州话（粤方言的标准语）为代表的珠江三角洲地区的粤方言较一致。尤其是广州话保留的中古音韵特点及变化规律，在西江流域的粤方言中，基本上得到体现。如，古微母字，皆读同明母字，读为双唇鼻音声母m-；古疑母字一二等字，读为g；古溪母开口读为声母h；古蟹摄开口一二三等，效摄开口一二三等，均得到区分。古调类分化与广州方言基本一致，入声均得到了保留，多为三分，个别二分或四分。

历史、地理、民族、文化等因素，使西江流域的粤方言与以广州话为代表的珠三角粤方言在继承中原汉语的基础上产生了不同的变异，具有了区别于其他区域的明显特点。

（一）古语古音累世不变，汉越融汇有迹可循

西江流域的粤方言保留了更多的古汉语元素、南越语底层及语言演变迹象。如：

1. 怀集下坊话（怀城音）的以下几个特点令人关注：

（1）清塞音声母p、t和清塞擦音声母ts 在圆唇元音oe、o、u之前，多半发为浊塞音b、d和浊塞擦音dz。与封开粤方言保留了上古全浊塞音相似。

（2）古"从"、"心"、"邪"三母字发为舌尖边擦音声母θ。与封开及北流江次方言一致。可推知怀集粤方言乃从潇贺古道而来。

（3）声调数目为9，保留了完整的入声韵（阴入、中入、阳入）。

（4）古汉语遗留的单音词较广州话多。

如，鼎（煮粥铁锅）、箸（筷子）、安（放）、望（看）、屋（房子）、翼（翅膀）、罂（瓶子）等。

2. 两阳片（阳江市及所辖各市、县）有ɬ声母。粤西片（湛江市区及所辖廉江、吴川等市县，茂名市区和所辖化州、高州、信宜以及电白的部分乡镇。肇庆市所辖的封开、怀集、广宁），有ɬ声母，古日母字多读ȵ声母，部分地区（如化州）还有浊塞音b、d声母。

3. 粤方言邕浔片的南宁话、钦廉片的廉州话、勾漏片的玉林话、桂南平话的南宁平话等，古心母不读s，而读ɬ，贺州本地话等读f（其演变模式为：r——ɬ——θ——s），并保留大量百越语的常用口语词。

（二）族群迁徙繁复，语言"多层叠置"

不同历史时期繁复的族群迁徙与民族融合使西江文化史具有典型性，不同历史层面成分的多层次叠加和多元文化融合是西江文化的一大特色，这使西江流域的粤方言在漫长的差异整合过程中呈现出"多层叠置"特征。

下面以云浮白话"多层叠置"特征为例分析。

1. 秦汉至南北朝时期的汉越融合

（1）语音

①古心母在现代汉语方言中一般读s，而作为南越语语音特点的遗存，在相关的诸方言中多读ɬ。这在郁南西北片的平台话中得到体现。如，想[ɬɛŋ^{23}]、信（ɬɛn^{33}）。

②郁南平台话和罗定话中有舌面浊鼻音ȵ。与以百越语为底层的吴方言相似。如，议[ȵi^{23}]、而[ȵi^{21}]。

③保留了喉塞音声母ʔ。

郁南白话在开元音的开头有声母ʔ。如，个[ʔkɔ²³]、你[ʔni²³]。

云浮白话，零声母音节开头带有塞音声母ʔ的成分。如，矮[ʔɐi³⁵]、爱[ʔui³³]、安[ʔun⁵⁵]等。

（2）词汇

口语词不少与广州话相似，保留了许多古语词及点方言词语，但还有不少广州话没有的词语。

①百越语的底层。

如，猪六（猪栏、猪圈）——在傣语、泰语等常见；□[kʻe⁵⁵]（屎）——与泰语、水语、临高语同源。

②保留百越语底层的地名。

如，思磊（郁南村名。思，山村。"思磊"，意为"多石头的山村"）；思贺（信宜镇名。贺，听到声响的。"思贺"，意为"能听到声响的山村或村寨"）。

③古汉语书面语词。

如，箸笼（筷笼·新兴白话）、猪膏（猪油·新兴白话）、索（绳子·云城、新兴白话）、罂（瓶子·云浮白话）、饥（饿·云浮白话）等。

2. 隋唐时期的汉僚融合

（1）拥有了大量的"粤——壮"关系词。如，呢[ni⁵⁵]（这）、虾[ha⁵⁵]（欺负）、啱[ŋam⁵⁵]（刚刚）、痕[hɐn²¹]（痒）、晒[ɬai³³]（全部）等。（僚的后裔即仡佬族，语言属壮侗语族）

（2）云浮市地名、村名保留了壮侗语族的底层，如：都老、都有、都涝、都骑、罗沙、罗石、罗马、罗卜、六马、六源、六芒、六洞等。

（3）苗瑶语族对新兴白话的影响。

①与苗瑶语族有关的地名、村名。

以"云"（瑶语"村"义）为冠首字的地名、村名有19处；

以"峒"（垌、洞）为冠首字的地名、村名有50多处。

②苗瑶语族的倒装语序的渗透：

词：云盏（盏村）、云稠（稠村）、两仔爷（父子俩）等。

句：我去屋归。（我回屋。）

矮瓜贵过金瓜。（茄子比南瓜贵。）

3. 宋以降的多元融合

（1）罗定白话与广州话语音较接近。

如，罗定白话有广州话特有的圆唇声母"kw"、"k'w"；广州话的ei韵字，罗定白话也读ei韵；广州话的ou韵字，罗定白话绝大多数读ou韵；广州话的yn韵字，罗定白话也读yn韵。

（2）新派云浮白话已紧随广州话的变化而变化，两者差别很小。

（3）云浮白话独具特色的词语，如：

郁南白话：

佬人（成年男人）、夫驰（成年妇女）、婆打/姐打（外祖母）、沉醉（罗嗦）、剩更（更加）、嗰只（那个）、点蚊/申点（怎么、怎样）。

罗定白话：

泥尘（灰尘）、狗坑（沟渠）、脷前（舌头）、耍（玩耍）、粪凼（厕所）。

新兴白话：

阿朽（母亲）、不人（谁）、吉度（这里）、我呢[1]（我们）、典（游戏）。

云城白话：

刹鲮（打闪）、碰尘（灰尘）、猪牯（公猪）、哄（闻）、呢顶（这里）、边顶（哪里）、伊下（现在）、一只牛（一头牛）、一兜鱼（一条鱼）。

（4）受官话影响较广州话多。（下面试与广州话作比较）

示例	广州话	新兴白话	云城白话	罗定白话	郁南白话
菜	送	送	菜	送	菜
面	面	面条	面	面	面
脱	除	解	剥/脱	除	解
地方	定/定方	地方	定方	地方	pok[55]

（5）受客方言、闽方言影响的词语

如，马牯（公马·云浮白话，同客方言）、胡蝇（苍蝇·郁南白话，"胡"音同闽方言）、光窗（窗户·罗定白话，同客方言）、姐公（外祖父·罗定白话，同客方言）、一只人（一个人·云浮白话，同客方言）。

（6）词的"仔"尾较丰富，多用"名词+仔"表小称意义，少用变调表示小称意义。

如，蚊仔（蚊子·云城、新兴、罗定白话）、橘仔（橘·云城、新兴、罗定、郁南白话）、桃仔（桃子·云城、新兴白话）、雨仔（小雨·云城、罗定白话）、

路仔（小路·新兴、罗定白话）、贩仔（小贩·云城、新兴白话）。

二、北江流域

北江是珠江的三大支流之一，主要流经粤北地区。唐以降，岭南政治、经济、文化中心已东移广州，张九龄重修梅关古道，使之成为广州与中原之间的最佳通道。南雄珠玑巷成了岭北移民南下的中转站，唐宋以后，珠江三角洲的移民大多经此南下。今天，南雄珠玑巷成了广府民系的祖地。历史上，粤北地区是客家人的大本营，客方言自然是主流方言。但后来随着客家人的南下、西进，广府人的北上，尤其是20世纪20年代粤汉铁路通车，使粤北与省会广州联系紧密，粤方言的权威地位得以确立。抗战期间，粤北成了广州大批机构、人员的迁移地。客方言与粤方言此消彼长，北江流域的语言格局由微观到宏观，发生了重大的变化，成了粤方言通行的重要区域。

粤方言因铁路兴，因而在铁路沿线的交通、经济发达区域，粤方言与广州话接近程度很高。古有南雄梅关古道，今有京广铁路、京九高速等交通大动脉，语言格局在20世纪20年代才发生大调整，这使广府民系的祖地与中心地的语言基本同步发展。

如，粤北各粤方言点与广州话语音基本一致。

1. 古微母字与古明母字读双唇鼻音声母m-。如，微[mei²¹]、民[men²¹]。
2. 古精组声母和知、照组声母合并为一套塞擦音和擦音。或读舌尖音ts、ts'、s，或读舌叶音tʃ、tʃ'、ʃ。如，租[tsou⁵⁵]、除[ts'œy²¹]、输[sy⁵⁵]。
3. 古溪母字除读k'声母外，一部分开口字读h，一部分合口字读为f。如，刊[hɔn³⁵]、科[fɔ⁵⁵]。
4. 古止摄开口三等支、脂、之韵精组字和部分知、照组的字，大部分读 i 韵。如，资[tɕi⁵⁵]、思[ʃi⁵⁵]、迟[tʃ'i²¹]。
5. 有较丰富的圆唇音，œ（Ø）系列韵母。如，靴[hœ⁵⁵]、居[kœy⁵⁵]、姜[kœŋ⁵⁵]、却[k'œk⁵]。
6. 以ɐ为主要元音的系列韵母和以a为主要元音的系列韵母形成对立。
7. 大部分县市有9个声调，如，阳山、连山、连县、韶关、曲江、乐昌（老派）。调值与广州话大同小异。

词汇、语法、句式特点与广州话的差距更小。

但因粤北大多为山区地形，民族多元，移民复杂，北江流域的粤方言的内部差异较大。在偏僻的山区，则与广州话差异较大。粤北地区又是客家人的重要聚居地，北江流域的粤方言受客方言的影响也显而易见。

三、珠江三角洲区域

珠江三角洲是宋元以后南下移民的主要定居地，不少移民经珠玑巷中转至此。而后，一部分或西迁南下，或漂洋过海。这部分移民是广府民系的重要组成部分，又是对珠三角的繁荣、广府民系的形成与发展贡献卓著的核心部分。相当一部分广府人及海外华侨均自称是"珠玑后裔"，他们对岭南历史的影响深远。位于珠三角的广州，自古以来是岭南的政治、经济、文化中心，因而，珠三角不但是广府民系的中心地，也是粤方言的发展地和重要的通行地。尽管珠江三角洲区域的粤方言最接近广州话，但因移民的年代、源头、路径不同，珠江三角洲又是河网地带，便出现"十里不同俗，百里不同音"的情形，"不同一条水"，语言就有差别。该地区有代表性的次方言是广州话、台山话、石岐话、莞城话。广州西关话的语音是传统粤方言的标准音。

该区域粤方言的主要特点如下。

（一）传承发展，与时俱进

文化形态的差异决定了语言的差异，紧贴时代脉搏，传承与发展并行，是珠三角粤方言的显著特点。广府片是粤方言的中心地，广州、香港这两个世界名城，主导着粤方言的演变和发展。唐宋以降，广州话"粤语代表"的地位不可动摇。因此，珠三角的粤方言与西江流域的粤方言比较，融入了更多的吴方言、楚方言、客家方言、闽方言、湘方言以及外来语，中原汉语的演变影响更深。近百年来，由于政治、经济、文化等原因，香港粤语的影响越来越大，有超越广州话之势。两地的粤方言变化均在传承的基础上，因时因地而变，既传统又新潮。

1. 广府片粤方言语音的主要特点一脉相传

（1）古微母字和明母字今读双唇鼻音声母m-。如，敏（明）、摩（明）、马（明）、门（明）、吻（微）、尾（微）、武（微）、袜（微）的声母均为m-。

（2）古溪母字有部分今读声母f或h。如，科[fɔ^{55}]、宽[fun^{55}]、枯[fu^{55}]、轻[heŋ^{55}]、开[hɔi^{55}]、去[hoey^{33}]等。

（3）元音a在复元音韵母中有长短对立，即长元音a，短元音ɐ。如，拉[lai^{55}]、街[kai^{55}]、低[tei^{55}]、丽[lei^{22}]、包[pau^{55}]、闹[nau^{22}]、楼[lɐu^{21}]、狗[kɐu^{35}]、还[wan^{21}]、山[ʃan^{55}]、晕[wɐn^{21}]、奔[pɐn^{55}]、南[nam^{21}]、减[kam^{35}]、甘[kɐn^{55}]、心[ʃɐn^{55}]、生[ʃaŋ^{55}]、猛[maŋ^{13}]、朋[p'ɐŋ^{11}]、恒[hɐŋ^{11}]、答[tap^3]、杂[tʃap^2]、汁[tʃɐp^5]、辑[tʃ'ɐp^2]、达[tat^2]、八[pat^3]、突[tɐt^2]、吉[kɐt^5]。

（4）有oe-系列韵母。如，靴[hœ⁵⁵]、朵[tœ³⁵]、虚[hœy⁵⁵]、岁[ʃœy³³]、累[lœy²²]、春[tʃ'œn⁵⁵]、润[jœn²²]、香[hœŋ⁵⁵]、凉[lœŋ²¹]、卒[tʃœt⁵]、出[tʃ'œt⁵]、约[jœk³]、雀[tʃœk³]。

（5）保留了全部古鼻音韵尾-m、-n、-ŋ。如，参[tʃ'am⁵⁵]、饮[jɐm³⁵]、闪[ʃim³⁵]、奸[kan⁵⁵]、轩[hin⁵⁵]、远[jun¹³]、汉[hɔn³³]、宽[fun⁵⁵]、亲[tʃ'ɐn⁵⁵]、信[ʃœn³³]、耕[kaŋ⁵⁵]、工[kuŋ⁵⁵]、灯[tɐŋ⁵⁵]、玲[liŋ¹¹]、讲[kɔŋ³⁵]、听[t'ɛŋ⁵⁵]、响[hœŋ³⁵]。

（6）保留了全部古塞音韵尾-p、-t、-k。如，塔[t'ap³]、吸[k'ɐp⁵]、接[tʃip³]、发[fat³]、不[pɐt⁵]、热[jit²]、阔[fut³]、脱[t'yt³]、律[lœt²]、恶[ŋɔk³]、托[t'ɔk³]。

（7）声调为九个，即平、上、去各二分阴阳，入声三分为：阴入、中入、阳入。如，

调类	阴平	阴上	阴去	阳平	阳上	阳去	阴入	中入	阳入
调值	55或53	35	33	11或21	13	22	5	3	2
例字	诗	史	试	时	市	事	色	锡	食
	呼	苦	富	乎	妇	父	北	百	白
	威	委	畏	维	伟	卫	竹	作	昨
	虽	水	岁	谁	绪	瑞	急	鸽	及

2. 各地粤方言语音语汇因时因地而异

（1）广州的西关话

西关，广州的历史地名，特指广州城西面太平门以西的区域，是以上、下九路和第十甫路为中心的居民聚居区。西关的繁盛始于清政府对十三行特许的对外贸易政策。十三行，是清政府设立于广州的对外贸易专业商行。又称洋货行、洋行、外洋行、洋货十三行，此后十三行成了广州商贸发达的代名词。

清乾隆二十二年（1757年），清廷关闭漳州、宁波、云台山三处通商口

岸，仅留广州一地口岸，这就是历史上的"一口通商"。长达83年的"一口通商"，使广州成为清代中国的对外贸易中心，也造就了"十三行"的辉煌。

明清时期，广州对外贸易全属官营。"十三行"实际上是一个拥有商业特权和官商性质的团体，由多家商行、洋行组成，始建于粤海关设立的第二年（康熙二十五年，1686年）五月，垄断了广州对外贸易，是专门负责对外贸易的牙行，因最初有13家而得名。行商也叫洋商。在十三行街一带还有十三商馆，当时称为"十三夷馆"，由十三行商人修建，是十三行的一个重要组成部分。乾隆年间，十三行业务发展迅速。

十三行分工为：外洋行（专门办理外国商人来粤贸易事务）、本港行（专门办理暹罗贡使及商人贸易事务）、福潮行（专门办理福建商人、潮州商人的对外贸易事务）三种。主要作用有：包销外商运来的商品；代缴关税和各种现银；代替外商购买各种出口物资；对外商一切行动负保证监督之责；代替政府向外商传达政令，办理一切交涉事宜。最初13家商行是：怡和行、广利行、同文行、同兴行、天宝行、兴泰行、中和行、顺泰行、任和行、同顺行、义成行、东昌行、安昌行。十三夷馆由东向西排列是：义和行（荷兰）、集义行商馆（荷兰）、保和行（英国）、丰太行（英国）、隆顺行（英国）、瑞典行、帝国馆、宝顺行（美国）、广源行（美国）、中和行、高公行（法国）、吕宋行（西班牙）、黄旗行（丹麦）。它们供外商住宿、办理商务及存放货物之用，以三层西方建筑风格的小洋楼为主。

清乾隆——嘉庆年间，为十三行鼎盛期，最多达几十家。广州"一口通商"和十三行贸易垄断延续到道光二十二年（1842年），长达156年，浓墨重彩地写就了广州贸易发展史上辉煌的一页。

洋货十三行成为清代官设的对外贸易唯一特许商，广州成了这时期中国对外贸易的唯一口岸，十三行商馆区所在地——西关，便成了中外商贾云集、闻名于世的商贸中心。清初，岭南著名诗人屈大均的竹枝词"洋船争出是官商，十字门开向二洋。五丝八丝广缎好，银钱堆满十三行"，可说是当时十三行地区洋船云集、商贸兴盛、富甲一方的真实写照。发达的外贸带来了发达的服务业，西关成了百业兴旺之地，也成了中西方文化的交融地。康熙后期，十三行商业稳定下来后，大批广州本土居民，尤其是从事洋货贸易的中国商人，从城中和珠三角地区迁居十三行附近，其中尤以附近的南海、番禺、顺德为最，使西关成为本土居民最多、居住时间最长的区域，西关也就成了繁华的对外商贸区和最早的本地人聚居区。位于广州西关的"十三行"（现广州文化公园——海珠南一带），是一条极普通的马路，但它却曾经是繁盛百余年的中国对外贸易中心。历史上盛极一时的"十三行"曾名扬中外，它吸引了每位中外游客，也牵动着广州人的故土情结。

发达的外贸服务业与工商业，使西关迎来了文化、教育的繁荣，催生了中西合璧的西关文化，这种以中国文化为主体，熔西方文化于一炉的文化，是近代岭南都市文化的典型，堪称省城广州文化的代表，在广府民系，尤其是珠江三角洲地区，认同度高，对岭南、港澳及海外华人、华侨影响深远。

西关文化的载体——西关话，其语音也就成了广州话的标准音。西关话与广州城里话比较，突出的特点是：

①语音

其一，声母n、l绝大多数情况下均发l，如"你"lei^{13}="理"；"男"lam^{11}="蓝"；"难"lan^{11}="兰"；"聂"lip^2=猎。

其二，零声母的读音有下列两种情况：

a. 除少数叹词（如，"啊、阿、唉、呃"）、语气助词（如，"哦、唉"等）外，大多数零声母都发声母ŋ，如"欧"[ŋeu^{53}]="勾"；"扼"[ŋak^5]="呃"（骗）。

b. 少数零声母语素在不同的词语里有不同的发音：尤其是充当词头时，一般脱落为零声母。如，"亚—洲"[ŋa^{33}]≠"阿—姨"[a^{33}]，而在城里话，"亚、阿"二字都念a^{33}。

其三，tʃ、tʃ'、ʃ声母发音方法介于汉语拼音的z、c、s和j、q、x之间，发音部位较汉语拼音的z、c、s略后，接近j、q、x，发舌尖前音ts、ts'、s，如，"渣"[tsa^{55}]、"冲"[ts'uŋ^{55}]、"水"[soey^{35}]等。当这些声母与i韵母相拼时，i

韵母带有舌尖前音的色彩，如，"支"[tsi⁵⁵]、"雌"[tsʻi⁵⁵]、"事"[si²²]等。

我们诵读西关童谣，不难体会西关话的发音特点，如童谣《阿四》，对我们体会这条发音规律颇有帮助。

阿四，阿四，
掗条锁匙，
开个夹万，
掗两毫子，
买斤荔枝，
要爱黑叶，
唔爱槐枝。

这首西关童谣，模拟西关小姐及西关少奶奶的口吻，带有浓厚的西关生活气息，也颇得西关粤语的韵味。它充分反映了西关语音的特点：发衣韵时，上下齿咬合，舌面向上；ts、tsʻ、s的发音部位往往受后面韵母的影响而发生变化；a、ɐ分级等特点。

其四，变调。为了准确地表情达意，广州话与普通话一样，存在复杂的音变现象，其中又以西关话为最。不但一般能分辨上阴平和下阴平，还有各种变调和异读，如，高平变调、高升变调、文白两读和多音多义多词性的异读等，我们将在"粤方言的标准语——广州话"一节中详细介绍，在此不赘述。

②词汇

其一，保留了较多的古语词，这些古语词很多已成为西关话的基本词汇，用于日常生活的口语中。

如，髀[pei³⁵]：大腿。《广韵》卑履切。《说文》："股也。"

罂[ang⁵⁵]：陶瓷或玻璃的宽口瓶。《广韵》乌茎切。《说文》："缶也。"

溦[mei⁵⁵]：细小的水点。如"雨溦"（毛毛雨）、"口水溦"（唾沫星子）。《广韵》无非切。《说文》："小雨也。"

孱[ʃan¹¹]：体弱。《广韵》士山切，"孱劣貌"。古籍多用作懦弱。

腧[jy³⁵]：砖墙横切面的砖层数。"单腧墙"指单层砖墙，"双腧墙"指双层砖墙。《广韵》羊朱切。意义略转。《说文》："筑墙短版也。"

徛[kʻei¹³]：又作"企"，站立。《广韵》渠绮切，"立也"。

其二，一些少数民族语词的同源词，成了西关话的基本口语词，应为古百越语在粤方言形成过程中的遗存。

如，塔[tʻap³]：锁。（动词、名词）

掂[tim³³]：触碰。（动词）

虾[ha⁵⁵]：欺负。（动词）

曳[jei¹³]：调皮；差、劣。（形容词）

兜[teu⁵⁵]：个，用于人，稍带轻视。（量词）

痕[hen¹¹]：痒。（形容词）

其三，一批不同时期不同语种的外语音译词，成了西关话的常用词语，是历史的反映。

如，污糟[wu⁵⁵ tʃou⁵⁵]：肮脏。（波斯语）

邋遢[lat² tʻat³]：肮脏。（波斯语）

蛋挞[tan²² tʻat⁵]：一种西式点心。（egg tart，"挞"为英语"tart"之音译，意指馅料外露的馅饼。蛋挞即以蛋浆为馅料的"tart"。）

威也（wei⁵³ ja¹³）：钢丝绳。（wire rope 钢丝绳，英语）

巴闭[pa⁵⁵ pei³³]：咋咋呼呼；张大其事；闹腾。（babble 多嘴；含糊的话语；乱哄哄的嘈杂声。英语）

花臣[fa⁵⁵ ʃen³⁵]：花样；款式。（fashion 款式；方式；时髦。英语）

其四，西关话生动活泼，随着时代的发展，新词层出不穷，极具独创性。

如，水路：路程。因广州地处水网密布的珠江三角洲，历史上交通多以乘船为主。

水抱：救生圈。

心水：心意，想法。如，"叠埋心水"——专心致志。

饮胜：干杯。因避讳"干"而改为胜。

口齿：信用。如，有口齿——可靠，有信用。

为食猫：馋鬼。以馋嘴猫喻人。

西关因地处广州传统商业繁华地，物阜人丰，是岭南文化的兴盛地。受主流文化与语言影响大，同时汇聚了四乡的粤语词汇，语汇极其丰富，时代感强。逐潮流，融雅俗，既有书卷气，又不乏市民色彩和商业气息，生动活泼。

如，"若果"、"卒之"、"姑勿论"、"终须"、"于是乎"、"到其时"、"齐缉缉"（见传奇剧本《浣溪沙》）、"水尽鹅飞"（见《元曲》。俗：水静河飞）、见周公（见《论语》"吾不复梦见周公"）、叹世界（享受）、生猛、箩底橙、卖剩蔗、交吉（交出空屋）、"一盘水"（10000元）、"一支嘢"（1000元）、"一啪水"（100元）、"牛一"（生日）、"十一哥"（土包子）、"古月"（胡椒粉）、三六（狗肉）、"照杀"（按报价成交）、"大出血"（大亏本）等。

近60年来广州西关话的发展出现了两种趋势：

其一，推普工作的持续、深入进行，使广州话语音、词汇加快了向普通话靠拢的步伐，不少粤语的传统语汇被北方方言语汇所取代。

其二，改革开放30多年来，香港粤语对广州话产生了强势的影响，受香港粤语的影响，尤其是年轻人的用语，使用英语借词越来越多，以致老年人与年轻人用语似产生了代沟。

（2）香港粤语

香港地处珠江三角洲南端，位于珠江口东侧，与深圳相连，面朝南中国海。是继纽约、伦敦之后的世界第三大金融中心，也是亚洲第一大金融中心和重要的服务、航运中心。香港的历史，最早可以追溯到5000年前的新石器时代。秦汉至清宣宗道光二十一年（1841年）成为英国殖民地为止，香港一直在"广州府"的管辖区域内。1842年至1997年是英国的殖民地，1997年7月1日回归中国。历史的变迁，使香港从一个当年人口只有5000人的小渔村，演变为今天有"东方之珠"美誉的国际大都会。历史与地理诸因素使香港与广东,尤其是与珠江三角洲地缘、人缘、血缘、亲缘相连,居民同祖、同语、同文,经济、文化始终与珠江三角洲连为一体。

目前香港的法定语言(不称"官方语言")是中文和英文,政府的语文政策是"两文三语",即书面语为中文白话文和英文,口语通行广州话(香港人多称作广东话)、普通话和英语。香港的人口绝大多数为华人,大部分原籍广东,广州话便成为香港占绝对优势的交际语,也是大多数香港人的母语。非华裔人口则多以英语作交际语。

粤港澳三地都以广州话为本土方言,但因历史原因,三地语言的人文环境不同,各自又有着不同的发展与变异。早期广州话作为强势语言进入香港,成了商业领域和公共领域的交际语。本土的客家话领域逐渐收缩,现主要在新界传统的农村通用,潮州话的通用领域则更小更分散。1949年前的香港,由于粤、客混居,以锦田话为代表的香港粤语带有浓重的粤客混杂口音,现在只能从一些老年人那里才能听到。这期间挟经济优势的江浙人(以上海人为代表)避乱到港,扩大了吴方言对香港粤语的影响,如,"交关"、"大闸蟹"等词语便源于此。20世纪50~70年代,港澳与珠三角处于隔离状态,大规模移民停止,粤语在港澳和珠三角地区各自独立发展。省城广州长期以来是岭南地区的政治、经济、文化中心,是商业文化发展最早的地方,对香港有着强势的影响,语言也不例外,老派西关话至今仍较好地保留在香港粤语中。

1949年后,大量的内地移民来到香港,尤其是广州与珠江三角洲的移民大批到来,香港与广州的民间联系密切,广州话尤其是西关语音对香港粤语的影响迅速扩大,广州话与香港粤语几无差别。但由于1950年以后边界封锁,直至20世纪70年代,港澳与珠江三角洲处于隔离状态,大规模的移民停止,两地处于完全不同的人文环境中,粤方言便在粤港澳三地各自独立发展。广州话在"推普"的形势下,受普通话的影响日渐突显,其中又以语音和词汇最突出。如,娜,旧读[nɔ^{21}],现读[na^{21}]——普通话读(na^{51});抓,旧读[tʃau^{35}],现读[tʃa^{55}]——普通话读(zhua^{55})。大量的北方方言语汇进入广州话,反映新时代的新词语不断产生。一些常用的英语音译词被普通话词语所取代，如，"商店"取代"士多"（store）；"手杖"取代"士的"（stick）；"胶卷"取代"菲林"（film）；"邮票"取代"士担"（stamp）等，广州话与港澳粤语差异扩大。

20世纪80年代改革开放后，粤港澳趋于经济和空间一体化，港澳粤语随着港澳经济实力和港澳文学艺术北上，对珠江三角洲产生了巨大的影响，继而影响全省乃至全国。港澳粤语也一反常态，变被动为主动，强势影响着广州话，并乘势北上，不少常用词语进入了普通话的语汇，粤方言的发展也达到了历史高潮。粤港澳三地粤方言的差异日益缩小，正朝着语言整合的方向发展。

香港粤语在老派西关话的基础上，受英语的影响日益明显。主要变化如下。

其一，出现大量懒音。

①鼻音消失，声母n、l都读作l，声母ŋ脱落为零声母。这是在老派西关话的基础上的发展。

如，你[nei^{13}]读作[lei^{13}]；女[noey^{13}]读作[loey^{13}]；泥[nɐi^{21}]读作[lɐi^{21}]；我[ŋɔ^{13}]读作[ɔ^{13}]；牙[ŋa^{21}]读作[a^{21}]；颜[ŋan^{21}]读作[an^{21}]。

②w拗音消失，即把圆唇化声母kw读作k。

如，国[kwɔk^3]读作[kɔk^3]（角）；过[kwo^{33}]读作[ko^{33}]（个）。

③部分人的-t和-k、-n和-ng韵尾相混。

④第一调调值由53变成55。

其二，英语音译词的使用相当普遍。如：

杯葛（boycott）——（联合）抵制

科文（foreman）——地盘管工

逼力（brake）——煞车

啤令（bearing）——轴承

仄纸（cheque/check）——支票

听尼士（tennis）——网球

其三，随着社会的发展，人们的生活水平的提高和意识形态的转变，词语消长加快，消失的词以詈词最多。如：

削仔：相貌清瘦的青年男子。

亏柴：身体孱弱的人。

翻头婆：对再婚妇女的贬称。

本地状元：麻风病人。

老水鸭：老成世故的人。

多事古：麻烦很多的人。

其四，回归后，普通话得到迅速推广，出现了普通话词取代方言词的现象。如：

"扒手"取代"插手"；"冰雹"取代"雪珠"；

"身边"取代"身跟"；"有本事"取代"手硬"；

"外币"取代"西纸"；"猜谜语"取代"打估"；

"消化不良"取代"热痾"；"扁桃腺炎"取代"蛾喉"。

面对香港粤语发生的种种变化，尤其是被视为香港粤语"新潮"、"入时"之特色的懒音现象和大量外语音译词的使用，引起了语言学界对粤语健康发展的争论，并引起相关方面的关注。80年代以前，香港的大众媒体尽量避免在电台电视节目上出现懒音，今天，部分香港语言学家对懒音仍进行批评，并提出"正音"（即西关音）活动。随着粤港两地的人员往来交流频繁，回归后，两地关系更为密切，语言的发展变化互相影响越来越明显，香港粤语与广州话在粤方言区的相似度仍是最高的。

（3）澳门粤语

澳门地区的语言文化资源丰富，但官方、媒体以及社会广泛使用粤语。因广州在岭南的中心地位及100多年来大批的广府片民众移居澳门，使澳门人口发生了变化等原因，广州话取代了石岐话在澳门的通语地位。20世纪50年代始，主要接受香港粤语的影响，澳门粤语的外语借词多来自英语，来自葡语的借词并不多见。

20世纪50—70年代，澳门与香港一样，与珠江三角洲存在隔阂，粤方言的发展环境与香港类似。此时的香港经济腾飞，香港的经济、社会迅速现代化，对毗邻的澳门影响深刻。加之香港的电台、电视等大众传媒业在澳门占主导地位，香港粤语大量进入澳门，使港澳粤语同步发展，日趋一致。

粤方言在港澳地区是法定语言，也是主要的社会交际语和传媒用语。因粤方言以口语表达为主，书面表达基本上使用普通话。为了使粤方言表达更贴切，并方便电脑收录，香港的大众传媒及部分杂志，使用了大量的粤语固有词汇，并采用一套专用的粤语白话文书写系统。香港政府早年推出了一个澳门增补字符集，收录了扩增粤字约5000字，如"啲"、"嘅"、"㨃"、"揸"、"嘢"、"冚"等。最新一版的增补字符集中，进一步收录了一些所谓的"粗口字"，这一做法虽受到质疑，但却得到澳门政府的肯定，并表示收录"粗口字"可方便警方录取口供时使用。这些增补字符集，方便了大部分粤语口语的书写，无疑，对粤方言的发展不无裨益。

（4）东莞客粤杂居区的粤语

珠江三角洲地区，自古为南越地，但蓬勃发展，成为人口密集，经济、文化发达的岭南中心地，当在宋元以后。大批的南下移民是珠江三角洲辉煌的创造者，他们来自祖国的四面八方，移民的源头众多，使珠江三角洲的粤方言各方言点存在不小的差异。明清以后，客家民系与福佬民系纷纷迁入珠三角，尤其是清代康、雍、乾、嘉年间，朝廷实行"禁海"后又"复界"，在各地招致入垦沿海者，客家人加速向珠江三角洲扩散，沿海一些地区成为客粤杂居区，这些地区的粤方言渗入了不少客语因素。

如，东莞市，位于广东省中南部，珠江口东岸，东江下游的珠江三角洲，属广府文化区域。东莞市境内流行粤方言和客方言，以粤方言为主。粤方言区面积、人口均占全市的绝大部分，客方言主要通行在东南部与惠州、深圳相邻的丘陵地带，约占全市面积的18%。在32个镇区中，纯客方言镇仅樟木头，清溪、凤岗2个镇大部分讲客方言。①凤岗，古称塘沥洞。据史料记载：粤语系人口（又称本地人），其先祖多从江西迁到粤北南雄珠玑巷，再到珠江三角洲一带，后又逐迁到凤岗。在元明两朝到凤岗立村定居，已有近800年历史；客话系人，其先祖原多在福建和江西两省，后南迁到粤东地区，明末清初迁入凤岗立村定居，至今已有500多年的历史。②凤岗的原住民应为古南越人，"塘沥洞"这一古称及凤岗粤语有舌尖前清边擦音ɬ可为证。现凤岗人的祖先都是移民群体，广府人是首先迁入凤岗的移民，如，雁田村的邓氏先祖，便在唐朝元和元年（806年）从河南南阳迁江西吉水，再经南雄珠玑巷迁入凤岗立村定居，继而客家人多从梅县、惠阳地区陆续南迁而来，至今已多达206姓。客粤杂居是凤岗的一大特点。长期的杂居，使该地的粤方言受客方言的影响。一些口语词普遍有别于广州话，而与客话相同，如，一些口语词普遍有别于广州话，而与客话相同：狂（惊）、揞（执）、寻（搵）、耳吉（耳仔）、地豆（花生）、伶俐（干净）等。至于"港式粤语"对年轻人口语的影响亦显而易见，各地粤方言语汇因时因地而异由此可见一斑。

（二）多元荟萃，新颖活泼

珠江三角洲是东江、西江、北江的汇聚地，地处珠江的入海口，是河网地带。由于汇聚了八方移民，迎来多种文化的浸淫，近现代更成了东西方文化的碰撞地。该区域的粤语富于多元性：以广州话为代表，内部具有统一性，与广州话的共同特征是最多的，但也呈现出各自的特点。这些特点又反映了广府民系的精神特征，颇具典型性。

下面以四邑话为例分析。

四邑片：分布在江门市及所辖各县市（现称五邑——即原四邑加鹤山）。四邑话以台山话为代表，最明显的特征是：

1. 多元融合

（1）语音

四邑话的语音与广州话语音差异大，不乏独特之处。通过分析，不难看出其语音除具有粤方言语音的共性特点之外，客家语、吴语、赣语、闽语等融会的痕迹明显。

①古微、明、泥、疑母读作带鼻音色彩的浊音声母 $^mb-$、$^nd-$、$^ŋg-$。如，忙[$^mbɔŋ^{22}$]、闻[$^mbun^{22}$]、年[$^nden^{22}$]、牙[$^ŋga^{22}$]。

②古心母字读ɬ。如，酸[ɬɔn³³]。

③古精组字今读[t、t'、ɬ]，如，粗[t'u³³]、亲[t'en³³]、座[tu³¹]、髓[ɬɔi⁵⁵]。

④把来自中古透母、定母平声字和部分上声字读成喉擦音h-。

如：拖[ho³³]、题[hæi²²]、透[heu³³]、太[hai³³]、亭[hen¹¹]、艇[hiaŋ²¹]。

⑤古端母、定母（去声、入声和部分上声）字，零声母化。

如：打[a⁵⁵]、灯[aŋ³³]、斗[eu³³]、稻[au³¹]、第[ai³¹]、踱[ɔk²¹]。

（原因：应为四邑话仍保留中古汉语庄组字和精组字对立所致。）

⑥有浊擦音声母z-、v-，无j、w声母。

如：爷[ziɛ²²]、稳[væn⁴⁵]、违[væi²²]、芋[vu²¹]。

（v- 应由古帮母演变而来，吴语保留了浊擦音声母v-。）

⑦无y韵及œ韵。除台山有œn（t）、œŋ（-k）外，其余方言点均无。

⑧有介音i、u。如：车[ts'ia²³]、短[tun²³]、斜[t'ia²²]、签[t'iam³³]。

⑨除斗门、江门、新会话外，基本上没有长短元音a：与a的对立。如台山话：街[kai²¹]、鸡[kai³³]、挨[ai⁵⁵]、矮[ai⁵⁵]、罂[aŋ³³]、莺[aŋ³³]。

⑩声调均完整保留了阴入、中入、阳入三个调，其余有差别。除恩平话仅七个声调外（上声无阳上，去声无阴去），其余均为八个声调（去声无阴去），调值较低，阴平为：33。

⑪古清母平声字和去声字读同一个阴平调。如：新[sæn³³]、信[sæn³³]、穿[ts'in³³]、串[ts'in³³]、通[hɔŋ³³]、痛[hɔŋ³³]。

⑫变调：往往变为低调，有屈折的尾音变调，多有单音词变调成双音词。如：这儿[k'oi²¹⁵]、哪儿[nai²¹⁵]；我们[ŋɔi²¹]、你们[niek²¹]、他们[k'iek²¹]。

（2）语汇

①中原古汉语、吴语、赣语、闽语、客家话等语词融会。

示例	四邑话	广州话
太阳	日头（赣语、闽语、湘语、客家语：日头）	热头
月亮	月光（赣语、客家语：月光）	月光

（续表）

打雷	行雷（赣语：恨雷；闽语：陈雷）	行雷
下雨	落水（吴语、赣语、闽语、客家语：落雨）	落雨
刮风	起风（赣语、闽语、湘语、客家语：起风）	翻风
叔父	阿叔（吴语：阿叔）	阿叔

②外来语汇

●番+名词（或地名+名词）

如：番茄、番薯、番瓜、番帮、番鬼★（①洋人、②奇异）、半唐番（①中外混血儿、②杂交的物种）、荷兰豆、西洋菜、荷兰水（汽水）等。

（★此处"鬼"无鬼意。如，生鬼：活泼、风趣。四邑人称鬼为"点六"、"点七"）。

●汉语+英语（或译音和译意混合）

如："脱至pile"（光膀子、光身子）、"老缅（man）"（老人）、"老缅（man）婆"（老太婆）、"打搏盛（boxing）"（打拳）、"梳化（sofa）椅"（沙发）、"咖啡（coffee）茶"（咖啡）、"吉普（jeep）车"（吉普）、"唸（cap）帽"（鸭舌帽）、"泡打（ponder）粉"（酵母粉）等。

●英语借词

如：骨（good）：好，伟里骨（very good）：很好，骨波（good ball）：好球，市担（stamp）：邮票，市的（stick）：手杖。

2. 儒雅新颖

（1）修身谚语

如：有花自然香，唔使风吹扬（内敛、低调）

人生如做戏，一出又一出（恬淡、豁达）

未到六十六，唔好笑人脚指曲（善良、平和）

（2）詈语

阴功、折堕、杀你嘅头、杀错你嘅头（无人身攻击、株连家族之意，颇有法治意识）。

3. 音韵优美

（1）变调丰富（有曲折的尾音变调），使话语抑扬顿挫，语韵悠长，颇有低回浅唱之韵味。如：

①阳上升变调，调值 215。如，这儿[k'ɔi²¹⁵]、哪儿[nai²¹⁵]、鱼[ŋui²¹⁵]。

②人称代词单复数的变化，通过变调、变音等语音变化来表达。如，我们[ŋɔi²¹]、你们[niek²¹]、他们[k'iek²¹]。

（2）用词喜用ABAB式重叠结构（如，"恋床恋席"：①赖床，②在床上打滚；"憨似憨似"：傻傻的；"饱头饱头"：有点饱）。喜用对偶句，使语言音韵美，富于诗意。

4. 新颖活泼

（1）四邑片七个方言点（江门、新会、开平、恩平、台山、鹤山、斗门）一致而又有别于广州话的独特词汇较多。

如：落水（下雨）、禾雀（麻雀）、花稔（番石榴）、眼仁（眼珠子）、头毛（头发）、镬俐（镬铲）、收水（倒闭）、搜凉（乘凉）、交蚍（臭虫）、散使（零钱）、安人（家婆。又：安人，从宋代始，便是正从六品官诰命夫人的封号）、阿人（奶奶）、上味（盐）、窦口（住所）、水脚（盘缠）、捐血（献血）、该时（现在）、恁时（那时）、几何（怎样）、凭企（梯子）、地随（知道）、臀（屁股）、缴（擦）、邦（锄头）。

（2）美国华埠流行的四邑话常用词语趣致、传神，有明显的中美两国100多年来的历史印记。

如：纸（泛指法定文件）、入纸（向政府递申请书）、出纸（获准发下的证书、执照等）、旅行纸（旅游签证）、出世纸（出生证）、出世仔纸（指父亲在美国出生，其在中国出生的儿女所获得的美国相关证书）、籍民纸（美籍公民证书）、土生（华人在美国出生）、土纸（在美国出生的华人的出生证）、企柏（侍应）、花利（小费）、够钟（到点）、吃表（早退）、喊线

（电话）、钱八（美国二角五分的辅币。源于中国的用银时代，一元是七钱二分银，一元的四分之一是一钱八分，即二角五分）、出番/通事（翻译）、好泥（漂亮女子）、逗泥（不漂亮）、车偈（汽车引擎。"偈"，为"机器"二字的切音）。

5. 通用区域跨国界

由于早期到美国的华人多来自四邑，占当地华侨和华裔的50%以上，在20世纪六七十年代的美国华人社区便以四邑话作为沟通语言，而独具特色的"台山英语"则通行于五邑地区及美洲华侨社区。

粤方言区域特点研究的文化意义

粤方言的形成、演变、发展，与广府民系的诞生、成长密不可分。粤方言的生成演变史就是广府民系的生成史。通过粤方言区域特点的分析，对我们研究广府民系、珠江的历史文化等颇有启迪。

一、西江流域粤方言的分布格局及形态特征，是数千年来该地区人口流动、民族迁移、融合渐变累积而成。其间蕴涵着粤方言生成、演变的宝贵信息，尤以广信时期近400年的演变至为可贵。这一区域粤方言的特征，为我们研究南越族文化、南越族的演变、汉越融合、岭南各少数民族的迁徙、融合与发展，广府民系的结构等提供了宝贵的线索。是我们揭示广府文化源头密码，进一步研究其发展的重要依据。如，对云浮白话"多层叠置"特征的分析，将给我们展现一部：秦汉至南北朝时期的汉越融合——隋唐时期的汉僚融合——宋以降的多元融合的族群与文化的演变、发展史，对西江流域的历史、文化研究，对岭南的历史、文化研究，乃至对珠江历史、文化的研究，对中华民族历史、文化的研究都具有典型意义。

二、北江流域粤方言的分布格局及形态特征，是数千年来该地区人口流动、民族迁移、融合渐变累积及后期外因强势叠加导致宏观布局调整而成。其中又以后期的变化最典型。该区域的粤方言特点，保留了粤方言的发展及其规律的历史信息，为我们提供了语言格局微观调整与宏观调整的案例，我们通过对粤北各粤方言点的特征比较，可看到人流、物流、信息流，对语言的演变、融合、发展，对语言格局调整的决定性作用。为我们研究语言发展史、中国移民史、广东移民生存状态、广府民系的生成、广府客家两大民系的形成与特征提供了宝贵的参照，是我们研究广府文化形成、发展的重要节点。

三、珠江三角洲区域粤方言的分布格局及形态特征，是数千年来该地区人口流动、民族迁移、融合渐变累积而成。其间蕴涵着粤方言萌芽、发展的宝贵信息，尤以唐宋以降，粤方言的标准语——广州话的生成和发展至为重要。这一区域粤方言的特征，为我们研究粤方言的萌芽、发展、成熟及其规律与趋势提供了有力的支撑。同时反映了汉越各阶段融合、演变、发展，东西南北四方移民融合、共生，广府民系成长、壮大，广府、客家、潮汕三大民系磨合、相容，东西方文明碰撞、变异，广府文化海洋性特征的形成、彰显。为我们研究广东移民的路径，移民的生存状态，广府民系的结构，广府、客家、潮汕三大民系的特征与关系，提供了宝贵的资料。是我们研究南越文化，广府文化的形成、发展及其特征，中国海洋文化史，中国近现代文化史和华侨文化不可或缺的重要依据。

粤方言区域特点对广府文化建设的启示

粤方言是广府民系的交际工具，是广府文化的载体，是广府民系的认同标志。粤方言区域就是广府文化区域，粤方言的区域特征，传递了广府民系、广府文化生成、发展各阶段的信息，为我们研究广府文化提供了不可再生的依据，是我们建设广府文化的最好切入点。粤方言区域特点分析对广府文化建设的启示是深刻的。

一、广府文化区域要从历史层面和文化学的视角来界定。要科学、客观地追根寻源，多学科、全方位地研究广府民系的形成、发展与广府文化的性质、特征与价值。如，研究粤方言结构与广府文化结构、粤方言多元性与广府文化的特质、粤方言分布格局与民系及民族分布格局的关系、粤方言与岭南物质文明史、粤方言与岭南精神文明史、粤方言与岭南制度文明史、粤方言与国际交流、粤方言与华侨史等，不能被广府文化格局一时一地的微调所左右，做出以偏概全的结论；更不能被局部地区的某种利益所驱动，做出脱离文化意义的评判。

二、要重视文化的多元性和文化遗产的不可再生性。研究古南越族与辉煌的南越文化是珠江文化研究和海洋文化研究的重要组成部分。现存的文化遗产不可再生，物质的非物质的均如此。如，西江流域粤方言多层叠置特征的深刻内涵、北江流域粤方言特征的典型性、珠江三角洲区域粤方言特征的多元性和历史性等，我们若不珍惜，不加大研究的力度，宝贵的信息将会随时光的流逝而消失殆尽。

三、建设广府文化，要把握特征、遵循规律、掌握工具。

要把握特征。如，把握西江流域、北江流域、珠三角区域粤方言特征为我们研究建设广府文化提供的信息。

要遵循规律。如，通过各区域粤方言历时演变与共时演变的比较研究、分析，寻找规律，为建设广府文化寻求规律性的支持。

要掌握工具。粤方言是广府民系的交际工具，粤方言的健康发展与广府文化的健康发展息息相关，其中巩固、建设广州——"粤方言中心地"至为重要。如，做好语言规划，培养健康的粤语环境等。

四、要高瞻远瞩、统筹兼顾，形成合力。如，古广信（封开等地）与广州联手，广佛联手，珠玑巷与后珠玑巷（以良溪为代表）联手，珠三角联手，西江、北江、珠三角联手，珠江全流域联手，黄河、长江、珠江联手，海内海外联手、世界中华文化各领域联手。重视起源与中心（即"源头"与"潮头"）的研究。省内可以封开与广州为重点，沿珠江流域各方言点展开，形成多层次的立体研究格局。

五、不可忽视港澳台与海外中华文化板块

广东是全国最大的侨乡，旅外侨胞和港澳台同胞近3000万人。华侨历史悠久,华侨文化积淀深厚,是广东文化的重要组成部分。广府籍移民是第一批踏出国门的华人,移居美国距今已有200余年的历史,其中又以珠三角的广府移民为最。粤方言不仅是香港、澳门的法定语言,而且是世界各地华人社区的常用语,因而粤方言的影响遍及全球。可见粤方言通用范围之大,影响之深。作为海外华侨华人文化重要载体、连接海外华侨华人文化重要纽带的粤方言,其地位及价值不可小觑。同样,研究、建设广府文化,港澳台与海外中华文化板块为我们提供了广阔的空间,是不可或缺的重要组成部分。

注释

①《东莞年鉴》编委会:《东莞年鉴(2005)》,北京:中华书局出版社, 2005年版。

②仁焕林:《凤岗历史博物馆》,海口:南方出版社,2008年版。

(2011年6月28日写于广州云台里, 2011年8月8日发表于"封开:广府首府论坛——暨开发'广府文化'15周年庆典",修改于2012年3月25日)

广州加强粤方言中心地建设刍议

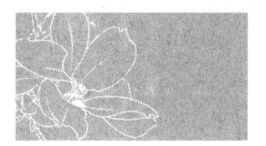

粤方言,又称"粤语"、"白话"、"广州话"、"广府话",是以广州话为代表的汉语七大方言之一。通行于广东大部、广西南部、海南省的部分地区、港澳地区及海外华侨、华人社区,使用人口7000多万。粤方言的英文为"Cantonese",不仅是香港、澳门的法定语言,而且是世界各地华人社区的常用语,因而粤方言的影响遍及全球。

粤方言有悠久的历史,源远流长,是保留古汉语元素最多的方言之一。粤方言的古汉语遗存丰富,古越语底色鲜明,次方言差异明显,外语语素的融汇显著,呈现出多元、兼容、开放、新颖、活泼等特点。粤方言形成发展于多元、兼容、开放的岭南文化圈,其演变与丰富多彩的岭南文化,尤其与岭南人的思维方式和行为方式,与岭南的思想理论和岭南的民俗文化的生成、发展、繁荣与传承息息相关。

粤方言是广府民系的母语，是广府文化的载体，是广府民系认同的标志。她承载着广府民系形成的宝贵信息，体现了广府民系的性格与特色。由于广府民系的生活地区自古便是岭南的政治、经济、文化中心，广府文化成了岭南文化的代表，粤方言便成了岭南文化的重要载体和岭南的通语，被冠以"粤语"之称，素有岭南文化的"活化石"之美誉。她保留了丰富的岭南历史、语言、文化等信息，是语言研究及文化研究的重要对象。粤方言的代表为广州话（以西关音为标准音的广州城里话），这是千百年历史的选择。今天，我们在建设广府人共同家园——广州时，加强建设粤方言中心地是义不容辞的责任。

一、广州话与粤方言的历时演变

众所周知，由于政治强势，岭南经历了秦汉、两晋、两宋南北朝时期汉人的三次大移民。三次大移民对广东的广府、客家、福佬三大民系的形成和粤方言、客家方言、闽方言的形成及分布格局关系密切。其中，以粤方言为通语的广府民系，其形成的历史最为久远。

语言对社会实际有着极强的依附性。历史上的政治核心区大多就是文化核心区，也大多就是语言核心区。作为岭南地区通用语的粤方言，其形成与发展，必须在一个统一的政治主体形成之后，具有一定的使用人口基数，在社会交际中起强势的作用，并伴随着政治核心区的发展而发展。因此，语言的演变，须从政治、经济、文化三大强势着手分析。广州话源远流长，其成为粤方言的代表，是由广州市自古以来的区域中心地位决定的，从广州话与粤方言的历时演变分析，可得到印证。

（一）先秦时期

回顾历史，"南越"一词，始见于秦汉史籍（《史记》称"南越"，《汉书》称"南粤"，"越"通"粤"）。西周时，南越已形成了一个族体，是江南地区百越的一支。"百越"（古越族）是我国生活于长江以南的古老民族之一（《汉书·地理志》："自交趾至会稽七八千里，百粤杂处，各有种姓。不尽少康之后也")。商周以来,南越与吴、越、楚经济文化交往密切,公元前862年(周夷王八年),楚君熊渠派人至广州设"楚庭"(庭,城郭义),广州便有了传说中最早的名字,距今已有2800多年的历史。彼时的南越未能形成一个统一的政治主体,仍处于部族形态,古越语(台语),融合了古吴、楚语(汉语)当在情理之中,但语言的融合是极有限的,不可能形成强势的通语。

东周至秦汉时期,汉族进入了部族区域共同语发展为汉族全民族语的历史阶段。春秋时代,列国争霸,战争频繁,外交活跃,由此而形成了各国士族间的共同交际语——"雅言"。春秋后期,虞夏商周旧族融合,通称中国。南北语言日趋接近,加上文化教育的发展,诵习《诗》、《书》风气渐行。此时汉语语法规范渐趋一致,这是共同语形成的重要标志。尽管各地语音、词语不尽相同,但汉语书面语的规范已形成,汉语已成为中国广大地区的区域共同语。

(二)秦汉时期

秦灭六国,统一文字,汉语得到进一步的发展。至汉代,强大的封建帝国建立,汉族的共同语开始形成。这个阶段,是岭南统一政治主体的形成期,也是粤语形成的重要时期,可分两个阶段进行分析。

1. 南越国时期

公元前223年,秦军60万灭楚后,驻军湘桂赣粤边界。继而由屠睢率50万大军南下征战,历经三年兵败身亡。公元前214年,始皇再派任嚣、赵佗率部南进,成就统一大业。设南海(今广东大部地区)、桂林(今广西大部地区)、象郡(今越南北部与广西一部分)三郡。任嚣为南海郡尉,统领三郡,赵佗为龙川县令,实施对岭南的统治,秦军就地留戍落籍。秦在完成了统一岭南的次年,又从中原地区迁徙了30万人到岭南戍守,与越人杂居。还输入大批铁制农具及牛马等生产资料,从而大大加快了中原的先进生产技术和文化知识在岭南的传播。这是岭南迎来的汉人第一次大移民,这种政治强势和人口强势,对粤地的通语——古粤语的形成影响深远。公元前204年,任嚣死,赵佗拥兵自立,建南越国,定都番禺(今广州),历时五世,共93年。"赵佗归汉"后,岭南正式列入中国版图。这个时期,岭南地区,存在着为数众多、大小不等、互不统属的南越族部落,生产落后。番禺虽是岭南的政治、文化中心,但珠三角地区早为古越族祖先的起源中心(香港黄地峒遗址的发现,可推算至4万年前),朝野势力均为越族称大。赵佗为赵国王室族人,立国后励精图治,保境安民,推行"和辑百越"的民族政策,丞相以下多用越人,鼓励越汉通婚,尊重越人风俗,赵佗本人也"椎髻箕踞",乐为"蛮夷大长"。并大力促进中原地区与岭南的经济、文化交流,推广中原先进的生产技术,促进了岭南地区的社会发展,也促进了中原汉语的传播,但此时并不具备形成通语的条件。《史记·南蛮西南夷列传》记载,西汉与东汉之交的广东仍是"言语各异,重译乃通"。可见,岭南通语的形成当在东汉以后。这个历史阶段,是岭南形成统一政治主体的早期阶段,也是以古越语、古楚语为底层,以中原汉语为主体的古粤语形成的奠基期。因此,广州话带着古粤语深深的胎记。

2. 州治古广信时期

公元前112年,汉武帝出兵平叛,灭南越国,在岭南设南海、苍梧、郁林、合浦、交趾、九真、日南、儋耳、珠崖九郡。由交趾部(东汉改称交州)统辖,交趾部治所设广信(今封开、梧州一带),历时300余年。广信取代番禺成为岭南的政治、文化中心。

回顾漫长的岭南发展史,不可否认,州治古广信时期,岭南300余年的政治、文化中心在古广信。"广信文化"时代,岭南迎来了文化发展史上第一个高潮期,这也是广府文化的第一个辉煌期。两汉是粤方言形成的早期阶段,"广信时期"的汉越民族语的融合,对粤方言的形成影响重大,以至今天西江流域的粤方言保留了更多的古汉语元素、南越语底层及语言演变迹象,其语音、词汇、语法的特点与以广州话为代表的珠江三角洲地区的粤方言较一致,尤其是广州话保留的中古音韵特点及变化规律,在西江流域的粤方言中,基本上得到体现。

从另一个角度分析,也说明了位于南海之滨的番禺(今广州),凭借拥有海上交通中心的优越条件,成为中国古代海上丝绸之路的始发港,是世界海上交通史上唯一的2000多年长盛不衰的大港,从来不失经济、文化重镇的地位,广州话的演变也从未落后于粤方言演变的步伐。

（三）唐宋以降

唐宋以降，是形成现代粤方言雏形的重要时期，也是岭南民系形成的重要时期，此时岭南政治、经济、文化的中心地及广府文化的中心城市是广州，现代粤方言的代表是广州话。无疑，广州是现代粤方言的中心地。

随着州治东移番禺，沿海经济日渐繁荣，尤其是唐朝梅关道开通后，北方南下的人流、物流多改为北取梅关道或东取海路进入岭南。唐朝时的广州，是当时闻名全世界的中国对外贸易第一大港。著名的"广州通海夷道"，从广州起航，越南海、印度洋、波斯湾、东非和欧洲，途经100多个国家和地区，全长共14000公里，是当时世界上最长的国际航线。外贸的繁荣，使波斯等外语语素融入了广州话，如"污糟"（肮脏）、"邋遢"（肮脏）等。

两宋时期的中原移民大规模南迁，使粤北、粤东、珠三角各地人口大增，也引发了珠三角的围垦热，据不完全统计，占广府民系60%左右的人口均为"珠玑后裔"，也就是说，60%左右的广府先民是唐宋以后经南雄珠玑巷南下岭南的。他们大多落籍于以广州为中心的珠江三角洲及其周边地区，这些地区影响粤方言演变的因素自然多而复杂，致使该地区粤语次方言特征差异较大。

明清时期的广东经济，进入了封建经济的繁荣期，海上丝路的始发港广州更是一枝独秀。发达的外贸，使广州话融入了更多的外语语素，尤其是英语音译词日渐增多。同时由于广州的岭南政治、经济、文化核心地位，与国内各地交往密切，广州话受中原汉语演变的影响也较明显，如，古浊声母已清化，其演变与官话方言及北京音系相近等。在语言已发展成熟的今天，经济强势促语言演变的例子并不鲜见。

如，广东毗邻港澳，早年的广州西关文化伴随着十三行的兴旺及广州的省城地位和影响，在近代开放大潮中尽领风骚，西关文化对港澳产生了深远的影响。广州话（西关话）先后在港澳取代了客家话与香山话，成为港澳两地的主要交际语及法定用语，众多的海外华侨、华人使用得最多的也是粤方言。改革开放，广东率先实行。港澳台同胞和海外华侨、华人的投资活动频繁，粤方言便随着经济强势大举北上,广州话反映改革开放的新造词,不少也风靡全国。在严格语言规范,大力"推普"的情况下,出现了"南文北上"的罕见现象。2005年版的《现代汉语词典》(中国科学院语言研究所编)比前收录了更多的粤语流行语和外来语便是一例。

综上,历时93年的南越国时期,都城广州是政治、经济、文化中心,对岭南通语的形成,贡献巨大。州治古广信时期,广州话演变的基本条件并无大变化。东汉末年,交州州治迁往番禺(今广州)后,其间岭南的最高行政治所,虽曾在梧州、肇庆、广州间推移,但汉代的广州已是海上丝绸之路的始发港,经济、文化发达,是闻名海内外的商业大都会,是岭南的区域中心,辐射力强,其地位无可替代,粤语中心地无疑是广州。因此,以广州话为蓝本分析,粤方言的形成可概括为:先秦时期,南越族语言主要受楚方言的影响,形成"南楚方言"——粤方言的雏形或前身,是开始接受汉语传播的阶段;南越国时期,以楚方言为主要特点的前期粤方言,更进一步接受中原汉语的影响;唐代,珠玑巷移民及贬官南下,促使粤方言接受中原汉语语音更加规范化和书面化的影响,是粤方言日趋成熟期;宋元时期,现代粤方言在广州及珠江三角洲地区基本成型。今天广州加强粤方言中心地的建设,是历史的延续,文化的传承。

二、广州话与粤方言的研究

粤方言渊源深厚,带着深深的历史烙印和鲜明的地方特色,蕴涵着丰富的岭南历史、文化信息。因此粤方言的研究是语言、文化、广府民系特征等研究的重大课题。岭南文化最大的特征莫过于传承与创新,这一特征在以广州话为代表的粤方言得到充分的体现。下面以广州话为例,试从社会功能与文化价值两方面进行分析。

(一)粤方言的社会功能

1. 汉语的岭南分支

语言是人类社会的产物,粤方言是汉语的分支,它不是一个单纯的统一体,而是在漫长的历史阶段,不同时期语言形式的融合、演变而形成的混合体。粤地历史悠久,地理环境独特,民族多元、文化多元,移民情况复杂。这就使粤方言既具有原住民——百越族语言的底层、古方言的源流,又具有不同历史时代共同语的烙印和变异。"方言在演化过程中虽会发生变异,但很难抛弃它从母语那里继承来的最基本的语音格局——'理想的语音系统'、最稳定的要素——基本词汇和最稳定的结构、语法的基本结构等"[①],粤方言也不例外。同时又因为在演化过程中,粤方言的变异不同于中原汉语,所以保留了大量的母语(古汉语)特点,使其成为研究古汉语的珍贵材料。如,粤方言保留了古微母m-的读法;保留了全部古鼻音韵尾-m、-n、-ŋ;有长短元音a、ɐ的对立;有九个调类,其中入声韵保留了全部古塞音韵尾-p、-t、-k;与《广韵》的语音系统(即《切韵》系统)完整对应,以致产生了"《广韵》是广东人之韵"一说。保留了较北方方言多的单音节古词,语法基本结构与现代汉语基本一致等。这些特征为粤方言的探源提供了有力的依据。

粤方言作为汉语的分支,其主要特点的传承性明显。

如,语音的主要特点一脉相传:

①古微母字和明母字今读双唇鼻音声母m-。如,敏(明)、摩(明)、马(明)、门(明)、吻(微)、尾(微)、武(微)、袜(微)的声母均为m-。

②古溪母字有部分今读声母f或h。如,科[fɔ^{55}]、宽[fun^{55}]、枯[fu^{55}]、轻[hɐŋ^{55}]、开[hɔi^{55}]、去[hoey^{33}]等。

③元音a在复元音韵母中有长短对立,即长元音a,短元音ɐ。如,减[kam^{35}]、甘[kɐn^{55}]、朋[p'ɐŋ^{41}]、汁[tʃɐp^{5}]、达[tat^{2}]、突[tɐt^{2}]。

④保留了全部古鼻音韵尾-m、-n、-ŋ。如,参[tʃ'am^{55}]、饮[jɐm^{35}]、轩[hin^{55}]、耕[kang^{55}]、工[kuŋ^{55}]、灯[tɐŋ^{55}]。

⑤保留了全部古塞音韵尾-p、-t、-k。如,塔[t'ap^{3}]、吸[k'ɐp^{5}]、发[fat^{3}]、不[pɐt^{5}]、恶[ŋɔk^{3}]、托[t'ɔk^{3}]。

⑥声调为九个,即平、上、去各二分阴阳,入声三分为:阴入、中入、阳

入。如：

调类	阴平	阴上	阴去	阳平	阳上	阳去	阴入	中入	阳入
调值	55或53	35	33	11或21	13	22	5	3	2
例字	诗	史	试	时	市	事	色	锡	食

2. 岭南文化的载体

文化形态的差异决定了语言的差异，紧贴时代脉搏，传承与发展并行。语言是文化的载体，文化是精神的反映。多元荟萃，新颖活泼是广州话的显著特点，这些特点又反映了岭南人，尤其是广府民系的精神特征。广州西关话就是一个鲜活的例子。

西关，广州的历史地名，特指广州城西面太平门以西的区域。是以上、下九路和第十甫路为中心的居民聚居区。西关的繁盛始于清政府对十三行特许的对外贸易政策。十三行，是清政府设立于广州的对外贸易专业商行。此后十三行成了广州商贸发达的代名词。发达的外贸服务业与工商业，使西关迎来了文化、教育的繁荣，催生了中西合璧的西关文化，这种以中国文化为主体，熔西方文化于一炉的文化，是近代岭南都市文化的典型，堪称省城广州文化的代表，在广府民系，尤其是珠江三角洲地区，认同度高，对岭南、港澳及海外华人、华侨影响深远。

西关文化的载体——西关话，也就成了广州话的代表。西关话突出的特点是：

（1）语音

其一，声母n、l绝大多数情况下均发l，如"你"lei^{13}="理"、"男"lam^{11}="蓝"、"难"lan^{11}="兰"、"聂"lip^2=猎。

其二，零声母的读音有下列两种情况：

a. 除少数叹词（如，"啊、阿、唉、呃"）、语气助词（如，"哦、唉"等）外，大多数零声母都发声母ŋ，如"欧"[ŋeu^{53}]="勾"、"扼"

[ŋak⁵]＝"呃"（骗）。

b. 少数零声母语素在不同的词语里有不同的发音：尤其是充当词头时，一般脱落为零声母。如，"亚—洲"[ŋa³³]≠"阿—姨"[a³³]，而在城里话，"亚、阿"二字都念a³³。

其三，tʃ、tʃ'、ʃ声母发音方法介于汉语拼音的z、c、s和j、q、x之间，发音部位较汉语拼音的z、c、s略后，接近j、q、x，发舌尖前音ts、ts'、s，如，"渣"[tsa⁵⁵]、"冲"[ts'uŋ⁵⁵]、"水"[soey³⁵]等。当这些声母与i韵母相拼时，i韵母带有舌尖前音的色彩，如，"支"[tsi⁵⁵]、"雌"[ts'i⁵⁵]、"事"[si²²]等。

其四，变调。为了准确地表情达意，广州话与普通话一样，存在复杂的音变现象，其中又以西关话为最。不但一般能分辨上阴平和下阴平，还有各种变调和异读，如，高平变调、高升变调、文白两读和多音多义多词性的异读等。

（2）词汇

其一，保留了较多的古语词，这些古语词很多已成为西关话的基本词汇，用于日常生活的口语中。如：

髀[pei³⁵]：大腿。《广韵》卑履切。《说文》："股也。"

罂[ang⁵⁵]：陶瓷或玻璃的宽口瓶。《广韵》乌茎切。《说文》："缶也。"

溦[mei⁵⁵]：细小的水点。如"雨溦"（毛毛雨）、"口水溦"（唾沫星子）。《广韵》无非切。《说文》："小雨也。"

孱[ʃan¹¹]：体弱。《广韵》士山切，"孱劣貌"。古籍多用作懦弱。

牏[jy³⁵]：砖墙横切面的砖层数。"单牏墙"指单层砖墙，"双牏墙"指双层砖墙。《广韵》羊朱切。意义略转。《说文》："筑墙短版也。"

徛[k'ei¹³]：又作"企"，站立。《广韵》渠绮切，"立也"。

其二，一些少数民族语词的同源词，成为西关话的基本口语词，应为古百越语在粤方言形成过程中的遗存。如：

搭[t'ap³]：锁。（动词、名词）

掂[tim³³]：触碰。（动词）

虾[ha⁵⁵]：欺负。（动词）

曳[jɐi¹³]：调皮；差、劣。（形容词）

兜[tɐu⁵⁵]：个，用于人，稍带轻视。（量词）

痕[hɐn¹¹]：痒。（形容词）

其三，一批不同时期不同语种的外语音译词，成了西关话的常用词语，是历史的反映。如：

污糟[wu⁵⁵ tʃou⁵⁵]：肮脏。（波斯语）

邋遢[lat² tʻat³]：肮脏。（波斯语）

蛋挞[tan²² tʻat⁵]：一种西式点心。（egg tart，"挞"为英语"tart"之音译，意指馅料外露的馅饼。蛋挞即以蛋浆为馅料的"tart"。）

威也（wei⁵³ ja¹³）：钢丝绳。（wire rope 钢丝绳，英语）

巴闭[pa⁵⁵ pei³³]：咋咋呼呼；张大其事；闹腾。（babble 多嘴；含糊的话语；乱哄哄的嘈杂声。英语）

花臣[fa⁵⁵ ʃen³⁵]：花样；款式。（fashion 款式；方式；时髦。英语）

其四，西关话生动活泼，随着时代的发展，新词层出不穷，极具独创性。如：

水路：路程。因广州地处水网密布的珠江三角洲，历史上交通多以乘船为主。

水抱：救生圈。

心水：心意，想法。如，"叠埋心水"——专心致志。

饮胜：干杯。因避讳"干"而改为"胜"。

口齿：信用。如，有口齿——可靠，有信用。

为食猫：馋鬼。以馋嘴猫喻人。

西关因地处广州传统商业繁华地，物阜人丰，是岭南文化的兴盛地。受主流文化与语言影响大，同时汇聚了四乡的粤语词汇，语汇极其丰富，时代感强。逐潮流，融雅俗，既有书卷气，又不乏市民色彩和商业气息，生动活泼。

如，"若果"、"卒之"、"姑勿论"、"终须"、"于是乎"、"到其时"、"齐缉缉"（见传奇剧本《浣溪沙》）、"水尽鹅飞"（见《元曲》。俗：水静河飞）、见周公（见《论语》"吾不复梦见周公"）、叹世界（享受）、生猛（活蹦乱跳的，充满生气活力的）、箩底橙（挑剩的货物。喻指没人要的，无用的）、卖剩蔗（义同"箩底橙"）、交吉（交出空屋）、"一盘水"（10000元）、"一支嘢"（1000元）、"一旧水"（100元）、"牛一"（生日）、"十一哥"（土包子）、"古月"（胡椒粉）、三六（狗肉）、"照杀"（按报价成交）、"大出血"（大亏本）等。

3. 凝聚广府民系的纽带

广府民系是岭南地区汉越相融起始最早、时间最长、融合的移民构成最复杂的民系，又是分布区域最广泛的民系。民间有道是"有阳光的地方就有中国人，有中国人的地方就有广府人"，确实，广府后裔遍布五洲四海。但是，千百年来，粤方言都是广府民系认同的标志。尽管粤方言有多个次方言，却无碍广州话的交际功能，广州话的粤方言代表地位不可动摇。广州区域中心地位，使广州话较其他粤语次方言更多地反映了汉语共时演变的特点，体现了粤方言历时演变的规律，在粤方言的演变中起着主导作用。超强的词汇吸收能力，使各次方言、外来语的词语源源不断地汇入，大大丰富了广州话的语汇，增加了广州话的亲和力，彰显着广府人的精神，得到广府民系的一致认同。无论在何时何地，以广州话为代表的粤方言总能唤起广府民系的亲情，是凝聚广府民系最直接的纽带。

（二）粤方言的文化价值

广府民系不但是中原汉人南下岭南时间早，批次多，移民源头多，移民途径复杂，分布区域广的族群，而且是与古越族融合时间最长的族群，其文化的古越族底色明显。不同的区域，因历史条件、自然条件与人文环境的差异，形成了语言的差异，使粤方言拥有若干个次方言；根据次方言的特征，我们又可进行粤方言片区的划分，如，广府片（粤海片）、四邑片、莞宝片、香山片、高雷片、两阳片等。对各次方言特征的分析，给我们提供了研究广府文化的宝贵信息。

悠久的历史文化积淀、多元的文化碰撞融合，使广府人不仅精英文化独具一格，民俗文化更是丰富多彩，极富个性。"广东是原生态文化的宝库"，这是对广东文化，更是对广府文化准确的评价。不同区域的广府民俗风情各尽其妙，各个粤方言点的粤语同样各自精彩，她们承载着广府民系的历史文化，传递着广府民系形成与发展的密码。

广府民系分布的主要地域——西江、北江流域及珠江三角洲，在广东是封建文化最早开发的地区。广府民系的核心区——两汉的"古广信"、南越国时期及汉唐以后的广州和珠三角地区，自古便是岭南政治、经济、文化最发达的地区。各种文化，尤其是东西方文化在此碰撞，催生了多元、开放、兼容、创新的广府文化，更哺育了自信开放、敢于冒险、勇于创新的广府人。岭南独特的自然条件和人文环境，使广府人具有"敢为天下人先"的宝贵性格。广府人沿江、滨海而居，对外贸易与文化交流长盛不衰。以广州为中心的珠三角地区，是岭南与中原、中国与海外经济、文化交流的中心地，是我国市场意识、公民意识最强的地区。长期繁荣的商贸活动，多样的生活方式，培养了广府人独特的个性。他们民风淳朴、视野宽广、开拓进取，中庸务实、兼容并包、求新求变；他们商品意识强，易于接受外来事物，最具开放性；他们最早受到近代西方先进文化思想的影响，得风气之先，敢于学习和借鉴西方文明。在近现代发展史上，广府人极具反抗性和斗争性，他们在各个历史关键节点发挥了举足轻重的作用，涌现了许多领潮争先的精英。不仅有开思想先河的思想家，如陈白沙、康有为、梁启超等，更有叱咤风云的政治家，如康有为、梁启超、孙中山，还拥有中国的许多"第一"，如第一个留学生容闳、第一个工程师詹天佑、第一个飞行员冯如等。移居海外的广府人为世界各地的开发与建设做出了杰出的贡献，如，拥有一批政治、经济、科技、文化、教育等各界的翘楚与侨领。在改革开放大潮中，广府人敢为天下先的个性及勇气，使珠三角的经济迅速崛起，成为人才汇聚中心，在全国起了示范性作用。广府人的衣食住行、生活方式，民俗文化，中西合璧的现象并不鲜见，如，迷人的粤乐、粤剧，蜚声海内外的岭南绘画、岭南建筑、岭南工艺和广州美食等，无不体现了广府人对异域文化大胆拿来，勇于创新的精神。广府文化的载体——粤方言则反映得更精彩。广府人有极高的语言天赋,各个历史时期均有切合时势、贴近生活的新造词,并乐于吸收外语词语来充实丰富自己的母语,即使是普通百姓也乐此不疲。因此,粤语独具特色的"常用词语"与"外语音译词"特别丰富。如,"搞掂"、"揾食"、"T恤"、"畸士"、"甫士"、"摩道"、"疏乎"、"炒更"、"埋单"、"无厘头"、"擦鞋"、"人气"、"案底"、"夹心阶层"、"人间蒸发"等等新词,不少是外语借词,既有意译又有音译,中西合璧,粤味浓郁,生动活泼,迅速走向全国。使粤方言外语借词的数量与形式之多为我国七大方言之最。

珠三角区域粤方言的分布格局及特征,是数千年来该地区人口流动、民族迁移、融合渐变累积而成。其间蕴涵着粤方言萌芽、发展的宝贵信息,尤以唐宋以降,粤方言的代表——广州话的生成和发展至为重要。这一区域粤方言的特征,为我们研究粤方言的萌芽、发展、成熟及其规律与趋势提供了有力的支撑。同时反映了汉越各阶段融合、演变、发展,东西南北四方移民融合、共生,广府民系成长、壮大,广府、客家、潮汕三大民系磨合、相容,东西方文明碰撞、变异,广府文化海洋性特征的形成、彰显。为我们研究广东移民的路径,移民的生存状态,广府民系的结构,广府、客家、潮汕三大民系的特征与关系,提供了宝贵的信息,是我们研究南越文化,广府文化的形成、发展及其特征,中国海洋文化史,中国近现代文化史和华侨文化不可或缺的重要依据,具有非凡的文化价值。

三、广州加强粤方言中心地建设的现实意义

今天,拥有2200多年建城史的广州是国家级的中心城市,岭南地区的政治、经济、文化中心,广府人的共同家园。广州话成为粤方言的代表历史悠久、约定俗成。在以文化论输赢的当下,广州加强粤方言中心地建设有着重要的现实意义。

(一)遵循语言发展规律,突显中心城市的地位

语言的发展过程就是一个不断分化、整合的过程。方言从汉民族共同语

分化出来,经过漫长的历史演变,由于地域、时间和各种文化因素的影响,在分化过程中,既继承了共同语的特征,又产生了许多变异,具有鲜明的地方特色。然而,方言受政治、经济、文化三大强势的制约,在共同语的强势影响下,又不断地整合,使之保持与共同语的密切关系,体现出特有的共时特征。袁家华等指出:"方言是共同语的继承和支裔,一个方言具有异于其他方言的某些语言特征,在历史时期往往从属于民族的统一标准"。方言中心地大多就是区域中心地,其语言最符合也最能反映语言这一发展规律,这也是一种语言的代表往往是该语言通行的中心地语言的缘故。

广州话是粤方言的代表正因为自古广州是岭南中心地,广州话的发展最具粤方言分化、整合的代表性,最能反映粤方言历时演变的规律和共时演变的特点。这使我们看到,粤方言求健康发展,更好地和普通话整合,反映广府地区社会、文化的发展,更好地为社会交际服务,营造良好的人文生态环境,使之循着语言发展的自然规律健康发展是关键。无疑,广州最具备使粤方言健康发展的条件,广州加强粤方言中心地建设,是国家中心城市、岭南文化中心地、广府文化中心地建设的必然。

(二)传承中华文化,发展文化多样性

在经济全球化的今天,世界已进入以文化论输赢的时代。世界各民族文化的关系是多元并存、共同繁荣。世界上每一种文化都具有其他文化所没有的特质和不可替代的功能,作为文化载体的语言具有同等性质。长期以来,世界语言的应用在探索"求同"和"存异"两个趋势的平衡中发展。联合国教科文组织向来十分重视语言教育与发展这个世界性的问题。早在1953年的一项报告中就指出,学校应该以学生的母语作为教学语言。在1977年召开的有关会议上,又以保护语言和文化多样性为主旨提出了许多相关建议和条文,并已在一些多民族国家或地区实施。保护多元文化是世界潮流,中华民族以历史悠久、文化多元著称于世,岭南文化是中华文化宝库的璀璨明珠。

民系历史的记录与认同、语言顺时渐变有其自身演变的自然规律。语言的应用循着自身的规律,在探索"求同"和"存异"两个趋势的平衡中发展,既符合语言作为交际工具约定俗成的特性，又可避免文化信息因语言突变引起的消亡。岭南文化的传承与发展，离不开粤方言。粤方言巨大的历史、文化价值与社会交际功能，决定了它在岭南文化建设中不可替代的作用。广州加强粤方言中心地建设，是建设岭南文化，传承中华文化，发展文化多样性的必需。

（三）从粤方言切入，研究广府文化

粤方言是广府民系的交际工具和认同标志。粤方言区域就是广府文化区域，粤方言的区域特征，传递了广府民系和广府文化生成、发展各阶段的信息，为我们研究广府文化提供了宝贵的启示和不可再生的依据。广州加强粤方言中心地的建设，将大大促进广府文化的研究与建设。

1. 以粤方言为切入点，科学地研究、建设广府文化

如，研究粤方言结构与广府文化结构、粤方言多元性与广府文化的特质、粤方言分布格局与民系及民族分布格局的关系、粤方言与岭南物质文明史、粤方言与岭南精神文明史、粤方言与岭南制度文明史、粤方言与国际交流、粤方言与华侨史等，可使我们科学、客观地追根寻源，多学科、全方位地研究广府民系的形成、发展与广府文化的性质、特征与价值，从历史层面和文化学的视角来界定广府文化区域；把握西江流域、北江流域、珠三角区域粤方言特征能为研究广府文化的多样性提供信息；通过各区域粤方言历时演变与共时演变的比较研究、分析，寻找规律，能为建设广府文化寻求规律性的支持。

2. 以粤方言为切入点，获得宝贵的历史文化信息

如，研究西江流域粤方言多层叠置特征的深刻内涵、北江流域粤方言特征的典型性、珠江三角洲区域粤方言特征的多元性和历史性等，可使我们获得文化多元性的启示和文化遗产不可再生性的宝贵信息；研究古南越族与辉煌的南越文化是岭南文化研究和海洋文化研究的重要组成部分，粤方言可为我们提供宝贵的信息。我们若不珍惜，不加大研究的力度，宝贵的历史文化信息将会随时光的流逝而消失殆尽。

3. 以粤方言为工具，加强民系的团结与发展

广东是全国最大的侨乡，旅外侨胞和港澳台同胞近3000万人。广府民系不

但是岭南三大民系中人口最多，又是旅居海外人口最多的民系。以粤方言为重要载体的华侨文化积淀深厚，是广东文化的重要组成部分。方言即乡音，是地方民俗、文化、情感的载体，民间多以方言维系民系的团结，如客家民系的古训："宁卖祖宗田，不卖祖宗言"，全国大多数地区也是以北方方言作为交际工具。同样，粤方言是连接海内外广府人的脐带。因此，发挥粤方言这一天然工具的作用，是加强广府民系的团结与发展的必然选择。

4. 开展规范化工作，促粤方言健康发展

语言要健康发展，除了自然淘汰的作用力外，规范化工作同等重要。由于我省未进行粤方言书面语规范化工作，所以粤方言书面表达混乱，近年来广州话的粤方言代表地位大有被香港粤语取代之势。书面语对语言的传承、发展起着重要的作用，粤方言的发展离不开书面语的规范和传播。岭南地方文化、民俗文化更离不开书面语的传承。然而广东的粤方言书面表达与方言文艺创作，大大落后于港澳地区。因此，大力扶持方言文艺创作，如粤剧、岭南曲艺等，鼓励文艺工作者深入生活，从群众语言这一文艺创作不竭的源泉吸取营养，让粤方言生动而又富于地方特色的语汇，融入文艺作品，丰富汉民族共同语的语汇，我们的文化将更繁荣。这些都有赖于粤方言书面语规范化工作的展开，更是广州建设粤方言中心地的重要任务。

5. 落实国家语言政策，促和谐社会建设

普通话是汉民族的共同语，大力推广普通话是国策，广东的"推普"成绩有目共睹。然而语言的工具性决定了我们不能也不应把方言放到普通话的对立面，如何处理好共同语与方言的关系，广东仍需努力。

岭南文化的传承与发展，离不开粤方言。教育对语言传承的重要性显而易见。周恩来总理在谈到"推普"工作时，明确强调"推普"并非消灭方言。在大力"推普"的前提下，对学生或特定的人群进行适当的方言教学，不仅是传承文化的需要，也有益于儿童的心智发展。对各种方言采取一视同仁的态度，是落实国家语言政策的体现，让粤方言循着语言的演变规律发展，更可避免因语言引起的社会矛盾。让"埋堆"和"扎堆"共存，"老点"和"忽悠"共精彩，我们的社会将更和谐。

  语言是人类创造的精神财富，是人们精神家园的基础。美国的一位学者把"一种语言"比作"一座卢浮宫"。我们相信在新时期，粤方言这座"卢浮宫"定能为中华文化增添光彩，为广州建设世界广府人的共同家园，为和谐社会建设发挥更积极的作用。

注释

  ①张公瑾、丁石庆主编：《文化语言学教程》，北京：教育科学出版社，2004年版。

（2013年8月4日于广州云台里，2013年11月12日发表于"首届世界广府人恳亲大会·广府文化论坛暨《广府文化大典》首发式"）

浅谈"广州学"的建立与广州加强粤方言中心地的建设

"地方学",国外称之为"地区学",这门跨自然科学与人文社会科学的综合性学科,既古老又年轻。在我国,以地方自然环境和人文环境为对象的研究,历史悠久,著述丰厚。如各地的地方志、地理志、游记,以及大量的区域自然、地理、人文等宝贵文献,是我国"地方学"研究的重要成果,更是中华历史文明的重要组成部分。幅员辽阔、民族众多、文明数千年的中国,正因有丰富多元的"地方学"成果支撑,文化才得以博大精深、丰富多彩、活色生香,惊艳世人。

改革开放后,随着社会经济的快速发展、文化建设的蓬勃兴起,出现了研究、保护、传承地方文化的热潮,大大促进了"地方学"的发展。继20世纪20~50年代形成"三大显学"——敦煌学、徽学、藏学后,近30年来,地方文化受到高度的重视。和全国一样，岭南对地方历史、政治、经济、地理、自然、科技、教育、语言、文化、艺术等的研究，广度和深度都达到了新的水平，成果丰硕。"地方学"的研究机构与社团不断诞生，如，"岭南文化研究中心"、"珠江文化研究会"、广东三大民系（广府、潮汕、客家）在各地的文化研究会，以及各类地方文化研究会不断成立，不少高校都设立了地方文化研究基地，开设了岭南文化课程。各学科的研究著作不断问世，形势喜人。

广州，千百年来是岭南地区的政治、经济、文化中心，历史文化积淀深厚。"广府文化"是岭南文化的杰出代表，遗产丰厚，影响深远。近年来，建立"广州学"已成学界共识。如，"广府学会"、"广府文化研究会"的成立等，是化迫切要求为行动的代表。今天，研究讨论"广州学"的建立正当其时。

一、敬畏历史，服务社会，开创未来

"地方学"，作为一门新兴的多学科交叉学科，兴起于20世纪60年代。"地区学"的奠基者——美国学者马纳斯·查特杰，在1963年出版的《经济发展的管理与地区学》一书中指出："地区学"是"研究人与物资环境的相互作用的过程和形态，以及适应物资环境的方式和能力的学科。它探讨的核心问题是空间或地区，即从政治、社会化经济的角度来研究地区的结构、职能和活动，并从中找出变化的规律，以不断地推动一个地区的社会化经济的发展"。"把地区（空间）作为一个固定的范围进行具体研究，以探索地区演变的过程，并预测未来发展的趋势"。冠之以"学"，必有科学的学科架构，其研究必须系统、综合、科学，也就是说，"地区学"的建立是一项多学科协作的综合性工程，"广州学"的建立也不例外。

近年来，岭南地方文化的研究发展迅速，为"广州学"的建立提供了宝贵的经验与启迪，使我们深刻地认识到：历史是人类社会发展的记录，文化是历史的支撑。历史前进的方向源于社会发展的规律，文化的生成与发展和社会的形态与发展关系紧密，独特的地域环境铸造了独特的文化性格与特质。历史文化的积淀是"地方学"的根基。作为"地方学"的"广州学"，必须以增强中华民族凝聚力为宗旨，对历史有敬畏之心，对社会有高度的责任感。其研究必须以科学求真的态度，对地方文化的多样性及多元性有敏锐的触角，把研究、传承地方学术思想、文化形态、文化传统、文化性格、文化精神为己任，坚持以史实为依据，服务社会，开创未来，摒弃形形色色的急功近利的浮躁之弊，力求根基深、方向准，有益于社会的发展，经得起历史的考验。

（一）深厚的岭南历史文化积淀是"广州学"建立的根基

中华民族是56个民族的综合体，其形成与发展，历经数千年。中华文化丰富多元，以多姿多彩著称于世。岭南自然环境与人文环境独特，千百多年来得"海上丝绸之路"文化的浸润，易于接受外来文化，不但历史悠久，而且文化灿烂。经过漫长的发展，岭南文化形成了多元兼容、开放进取、重商务实、中西融汇、求新求变的海洋文化特质，近现代以中西融汇、敢为人先独领风骚，当代则以开拓创新、领潮争先闻名于世，是特色鲜明、影响深远的地方文化，是中华文化的重要组成部分。

珠江是岭南与内陆沟通的重要航道，又是沟通内陆与"海上丝绸之路"港口的重要孔道，拥有2200多年建城史的广州位于珠江三角洲的中心，是"海上丝绸之路"的始发港。以广州为轴心，以西江为主线的南北商贸、文化交流活跃中心地带成型历史久远。广州成为岭南的政治、经济、文化中心是自然的选择，也是历史的必然。岭南文化的发展以及特质的形成，离不开广州的孕育与影响。

秦与南越国时期，岭南依赖于航运的商业贸易活跃。汉武帝时期，番禺（广州）是著名的"海上丝绸之路"始发港、繁荣的都会。两汉是岭南中原文化与南越本土文化快速融合期，儒文化的灌输与劝教，使岭南渐渐"邦俗从化"，"华风大变"。西汉的"三陈"、"四士"成就卓著，成为古文经学的代表人物，"并为列郡，雄长一州"（屈大均）。东汉番禺杨孚的《异物志》，是我国首部地区性物产志，具有较高的学术价值和开创性的贡献。得海路之便，岭南成为异域宗教的传播热土。东汉牟子的《理惑论》开启了佛教文化与中国文化的首度融合；安息国僧人安世高从海路抵达广州，开创了汉译佛教经典的历史。汉晋之际的道教传入及鲍靓与葛洪的南下、佛教在汉吴时期自东南亚和中原地区的同时输入及达摩在广州登岸，加深了道教与佛教在岭南的影响。这一时期，海外文化、异域宗教从合浦、徐闻、广州等地通过海路进入岭南，形成了百越文化和中原文化、海外文化融合之势，对岭南文化的开放兼容特色的形成影响至深。无疑，两汉的岭南文化汉越融合、古朴多元的特色鲜明。

隋唐两朝，是一个空前开放、包容的时代。唐时的岭南对外贸易长足发展，广州成为世界著名的"东方大港"。外来文化、宗教多从广州登陆。广州不但是佛教最早的传播地、佛教经典翻译最早的中心地之一，也是伊斯兰教最早自海路来华的登陆地之一。仪凤元年（676年），惠能大师在广州光孝寺，落发受戒，登坛说法。六祖惠能大师开创南宗禅，倡顿悟法门，对佛教进行了全面的改革，使外来的佛教"中国化"、"平民化"、"务实化"，是中国禅宗实际意义的创始人。六祖惠能以及中国佛教僧侣著述中唯一的"经"——《坛经》的诞生，标志着岭南佛教的成熟，更是岭南文化创新特质的有力明证。独特的地理条件和人文环境，提供了多种文化杂交的条件，在此背景下形成的中外交融的岭南文化，是以开放、兼容、多元、务实、重商为特征的多元一体的再生文化形态，充满了创新性、宽容性和海洋性。

历隋、唐、宋数代，广州"海上丝绸之路"已发展到空前繁荣的阶段，官方与私人的对外贸易发达，广州设立了市舶使专管外贸事务。其中最著名的"广州通海夷道"，途经100多个国家和地区，全长共14000公里，是当时世界上最长的国际航线。这条航线沟通了东西方政治、经济和文化的交流，扩大了中国在世界上的影响。这一历史阶段，随着"海上丝绸之路"的鼎盛，由中原传入的汉文化、通过"海上丝绸之路"与"西南丝绸之路"传入珠江流域的异国文化，与本土文化互相交流，互相融合，促进了岭南社会经济、科技文化的大发展。如，宋代余靖的《海潮图序》，是岭南最早研究海洋科学的论著、中国古代难得的一篇关于潮汐的海洋学术论文，对我国科学理论和海洋事业的发展有重要的贡献。

明代，岭南的社会经济迅猛发展，求真求新的思辨精神使岭南在中国哲学思想发展史上占有一席之地。如，新会的陈献章，主张学贵知疑、独立思考，创"江门学派"，上承周、程和朱熹，下启王守仁，开明儒"心学"先河，在明代思想史上起了承先启后的作用。明代后期，珠三角的农业生产商品化倾向日益明显，成为岭南最活跃、最具商品意识，最富有反传统精神的地区。明中叶至清，我国进入"禁海"阶段。清乾隆二十二年（1757年），广州进入长达83年的"一口通商"新阶段，开辟了北美洲航线、俄罗斯航线和大洋洲航线等。广州的外贸从十三行到公行，从总商制度到保商制度的发展过程中形成的一套管理体系，建立了中国具有代表性的外贸制度，使广州拥有"千年商都"之美誉。明末至清代，基督教（含天主教）先后从肇庆和广州第三次进入中国，揭开了"西学东渐"与"东学西渐"的序幕。广东近代工业的新兴产业，主要从珠三角一带兴起，经济的发达大大推动了文化的兴盛，广州成了近现代中西文化的碰撞地、先进文化的传播地。

优越的地理位置、发达的外贸业及华侨的反哺，使岭南成为最早睁开眼睛看世界的地方，是新思想、新文化的登陆地。鸦片战争至辛亥革命，岭南新思潮风起云涌，诞生了康有为、梁启超等维新图强的领袖与孙中山等伟大的革命家，岭南成了近现代思想、政治、文化革命的策源地。近现代岭南文化以中西融汇、敢为人先的特质独领风骚。当代的广东是改革开放的前沿地，岭南文化以开拓创新的特质领潮争先。

熔中原文化、南越文化、"海上丝绸之路"文化、华侨文化、海外文化等于一炉的岭南文化，以其自信开放、兼容并包，传承开拓、勇于创新，重商务实、面向海洋的特质成为我国海洋开放型文化的典型，广州文化则是杰出的代表。可见，深厚的岭南历史文化积淀是"广州学"建立的根基。

（二）增强文化自信，求实严谨，传承创新

文化特质是文化的生命。岭南文化的独特形态、特质、精神是悠久的历史、独特的自然环境与人文环境的塑造；岭南文化强大的生命力离不开传承与创新；岭南文化是中华文化博大精深、丰富多元、生机勃发的例证。只有充分认识到这点，才能在传承中华文化的大背景下珍视岭南文化；才能在张扬中华文化多元丰富的大背景下珍视岭南文化的特质，才能在弘扬中华文化的大背景下自信满满。

如果说，大量的典籍、地方志与文书档案，丰富的学人著述与极具特色的族谱，大量的甚至还处于原生态的物质的与非物质的文化遗产和宝贵的馆藏文物，以及多年来岭南文化研究的丰硕成果，为"广州学"的建立打下了坚实的基础。那么，在科学研究既不断地进行学科细化，又同时走向多学科交叉、综合的当下，发扬求实严谨的精神，多学科协作建构系统科学的学科架构，开展广泛扎实的研究，是"广州学"健康发展的保证，而增强文化自信力，传承创新，则是"广州学"服务社会，开创未来的必然。广州是国家的中心城市，是岭南文化的中心地。"广州学"的建立，是对广州2200多年来对中华民族、中华文化贡献的高度重视与肯定，是对岭南文化的高度重视与肯定，是使广州在新时期更好地发挥国家中心城市的作用，使岭南思想文化在新时期得以传承创新，更好地服务社会，开创未来的呼唤，是弘扬中华文化的重大工程。

二、加强建设粤方言中心地，是"广州学"建立的当务之需

语言是思维的外壳，是文化的载体。粤方言，又称"粤语"、"白话"、"广州话"、"广府话"，是汉语七大方言之一。通行于广东大部、广西南部、海南省的部分地区、港澳地区及海外华侨、华人社区，使用人口7000多万。粤方言不仅是香港、澳门的法定语言，而且是世界各地华人社区的常用语，粤方言的影响遍及世界。粤方言的代表为广州话（以西关音为标准音的广州城里话），这是千百年历史的选择。今天，我们在建立"广州学"之时，加强建设粤方言中心地是当务之需。

（一）粤方言的社会功能与文化价值

粤方言是汉语的主要分支，是岭南、港澳、海外华侨的重要交际工具，社

会功能不可小觑。

粤方言历史悠久，是保留古汉语元素最多的方言之一，也是语言研究及文化研究的重要对象。她是广府民系的母语，是广府文化的载体，是广府民系认同的标志。她承载着广府民系形成的宝贵信息，体现了广府民系的性格与特质。由于广府民系的生活地区自古便是岭南的政治、经济、文化中心，广府文化成了岭南文化的代表，粤方言便成了岭南文化的重要载体。她渊源深厚，带着深深的历史烙印和鲜明的地方特色，蕴涵着丰富的岭南历史、语言、文化等信息，素有岭南文化的"活化石"之美誉。

粤方言的古汉语遗存丰富，古越语底色鲜明，次方言差异明显，外语语素的融汇显著，形成发展于多元、兼容、开放的岭南文化圈，呈现出多元、兼容、开放、新颖、活泼等特点。其演变与丰富多彩的岭南文化，尤其与岭南人的思维方式、行为方式、思想理论、文化性格和民俗文化的生成、发展、繁荣与传承息息相关，其文化价值不可估量。

（二）广州加强粤方言中心地建设的现实意义

今天的广州，是国家的中心城市，岭南地区的政治、经济、文化中心，广府人的共同家园。广州话成为粤方言的代表历史悠久、约定俗成。广州加强粤方言中心地建设，有着重要的现实意义。

1. 遵循语言发展规律，突显中心城市的地位

语言的发展过程是一个不断分化、整合的过程。方言从汉民族共同语分化出来，经过漫长的历史演变，由于地域、时间和各种文化因素的影响，在分化过程中，既继承了共同语的特征，又产生了许多变异，具有鲜明的地方特色。然而，方言受政治、经济、文化三大强势的制约，在共同语的强势影响下，又不断地整合，使之保持与共同语的密切关系，体现出特有的共时特征。袁家华等指出："方言是共同语的继承和支裔，一个方言具有异于其他方言的某些语言特征，在历史时期往往从属于民族的统一标准"。方言中心地大多就是区域中心地，其语言最符合也最能反映语言这一发展规律，这也是一种语言的代表往往是该语言通行的中心地语言的缘故。

广州话是粤方言的代表正因为广州自古是岭南中心地，广州话的发展最具粤方言分化、整合的代表性，最能反映粤方言历时演变的规律和共时演变的特点。这使我们看到，粤方言求健康发展，更好地和普通话整合，反映广府地区社会、文化的发展，更好地为社会交际服务，营造良好的人文生态环境，使之循着语言发展的自然规律健康发展是关键。无疑，广州最具备使粤方言健康发展的条件，广州加强粤方言中心地建设，是国家中心城市、岭南文化中心地、广府文化中心地建设的必然，更是"广州学"建立之必需。

2. 传承中华文化，发展文化多样性

在经济全球化的今天，世界已进入以文化论输赢的时代。世界各民族文化的关系是多元并存、共同繁荣。世界上每一种文化都具有其他文化所没有的特质和不可替代的功能，作为文化载体的语言具有同等性质。长期以来，世界语言的应用在探索"求同"和"存异"两个趋势的平衡中发展。联合国教科文组织向来十分重视语言教育与发展这个世界性的问题。早在1953年的一项报告中就指出，学校应该以学生的母语作为教学语言。在1977年召开的有关会议上，又以保护语言和文化多样性为主旨提出了许多相关建议和条文，并已在一些多民族国家或地区实施。保护多元文化是世界潮流，中华民族以历史悠久、文化多元著称于世，岭南文化是中华文化宝库的璀璨明珠。

民系历史的记录与认同、语言顺时渐变有其自身演变的规律。语言的应用循着自身的规律，在探索"求同"和"存异"两个趋势的平衡中发展，既符合语言作为交际工具约定俗成的特性，又可避免文化信息因语言突变引起的消亡。岭南文化的传承与发展，离不开粤方言。粤方言巨大的历史、文化价值与社会交际功能，决定了它在岭南文化建设、在"广州学"建设中不可替代的作用。广州加强粤方言中心地建设，是建设岭南文化，传承中华文化，发展文化多样性的必需。

3. 从粤方言切入，研究广府文化

粤方言区域就是广府文化区域，粤方言的区域特征，传递了广府民系和广府文化生成、发展各阶段的信息，为我们研究广府文化提供了宝贵的启示和不可再生的依据。广州加强粤方言中心地的建设，将大大促进广府文化的研究与建设。

(1) 以粤方言为切入点，科学地研究、建设广府文化

粤方言是研究、建设广府文化的切入点。如，研究粤方言结构与广府文化结构、粤方言多元性与广府文化的特质、粤方言分布格局与民系及民族分布格局的关系、粤方言与岭南物质文明史、粤方言与岭南精神文明史、粤方言与岭南制度文明史、粤方言与国际交流、粤方言与华侨史等，可使我们科学、客观地追根寻源，多学科、全方位地研究广府民系的形成、发展与广府文化的性质、特征与价值，从历史层面和文化学的视角来界定广府文化区域；把握西江流域、北江流域、珠三角区域粤方言特征能为研究广府文化的多样性提供信息；通过各区域粤方言历时演变与共时演变的比较研究、分析，寻找规律，能为建设广府文化寻求规律性的支持。

(2) 以粤方言为切入点，获得宝贵的历史文化信息

语言是人类社会的产物，它不是一个单纯的统一体，而是在漫长的历史阶段，不同时期语言形式的融合、演变而形成的混合体。粤地历史悠久，地理环境独特，民族众多、文化多元，移民情况复杂。这就使粤方言既具有原住民——百越族语言的底层、古方言的源流，又具有不同历史时代共同语的烙印和变异，因而粤方言是研究岭南历史文化的切入点。如，研究西江流域粤方言多层叠置特征的深刻内涵、北江流域粤方言特征的典型性、珠江三角洲区域粤方言特征的多元性和历史性等，可使我们获得文化多元性的启示和文化遗产不可再生性的宝贵信息；研究古南越族与辉煌的南越文化是岭南文化研究和海洋文化研究的重要组成部分，粤方言可为我们提供宝贵的信息。我们若不珍惜，不加大研究的力度，宝贵的历史文化信息将会随时光的流逝而消失殆尽。

(3) 以粤方言为工具，加强民系的团结与发展

广东是全国最大的侨乡，旅外侨胞和港澳台同胞近3000万人。广府民系不但是岭南三大民系中人口最多，又是旅居海外人口最多的民系。以粤方言为重要载体的华侨文化积淀深厚，是广东文化的重要组成部分。方言即乡音，是地

方民俗、文化、情感的载体，民间多以方言维系民系的团结，如客家民系的古训："宁卖祖宗田，不卖祖宗言"，全国大多地区也是以北方方言作为交际工具。同样，粤方言是连接海内外广府人的脐带。因此，发挥粤方言这一天然工具的作用，是加强广府民系的团结与发展的必然选择。

（4）开展规范化工作，促粤方言健康发展

语言要健康发展，除了自然淘汰的作用力外，规范化工作同等重要。由于我省未进行粤方言书面语规范化工作，所以粤方言书面表达混乱，近年来广州话的粤方言代表地位大有被香港粤语取代之势。书面语对语言的传承、发展起着重要的作用，粤方言的发展离不开书面语的规范和传播。岭南地方文化、民俗文化更离不开书面语的传承。然而广东的粤方言书面表达与方言文艺创作，大大落后于港澳地区。因此，大力扶持方言文艺创作，如粤剧、岭南曲艺等，鼓励文艺工作者深入生活，从群众语言这一文艺创作不竭的源泉吸取营养，让粤方言生动而又富于地方特色的语汇，融入文艺作品，丰富汉民族共同语的语汇，我们的文化将更繁荣。这些都有赖于粤方言书面语规范化工作的展开，更是广州建设粤方言中心地的重要任务。

（5）落实国家语言政策，促和谐社会建设

普通话是汉民族的共同语，大力推广普通话是国策，广东的"推普"成绩有目共睹。然而语言的工具性以及约定俗成的特性决定了我们不能也不应把方言放到普通话的对立面，如何处理好共同语与方言的关系，广东，尤其是广州，仍需努力。

岭南文化的传承与发展，离不开粤方言。教育对语言传承的重要性显而易见。周恩来总理在谈到"推普"工作时，明确强调"推普"并非消灭方言。在大力"推普"的前提下，对学生或特定的人群进行适当的方言教学，不仅是传承文化的需要，也有益于儿童的心智发展。对各种方言采取一视同仁的态度，是落实国家语言政策的体现，让粤方言循着语言的演变规律发展，更可避免因语言引起的社会矛盾。让"埋堆"和"扎堆"共存，"老点"和"忽悠"共精彩，我们的社会将更和谐。

语言是人类创造的精神财富，是人们精神家园的基础。美国的一位学者把"一种语言"比作"一座卢浮宫"。在新的历史时期，粤方言这座"卢浮宫"定能为中华文化增添光彩，为广州建设世界广府人的共同家园，为和谐社会的建设，为"广州学"的建设发挥应有的作用。

　　　　　（2014年11月17日于广州云台里，2014年12月18日
　　　　　　发表于"2014年广州学与地方学论坛"）

金色的童年印记　甜美的岭南韵律（代序）

　　岭南文化承中原文化之根，继百越文化之风，近现代更集东南西北潮流之润泽，精彩纷呈。以广府、潮汕、客家三大文化为主体的岭南文化以其独特的魅力为世人所瞩目，其中尤以儿歌童谣令人陶醉。那是岭南人的情感载体，那是岭南岁月的忠实记录，那是岭南沃土的艳丽花朵，那是岭南文苑的奇珍瑰宝。不要问我从哪里来，只要有儿歌童谣的吟咏就有我的根，就有我的梦呓，就有我的追求，就有我的归宿。岭南人的纯真、情感、奋斗、追求尽显于稚趣灵动的儿歌童谣中，岭南文化的历史渊源和多姿多彩尽显于抑扬顿挫的儿歌童谣中，汉民族语言的和声美韵尽显于岭南的儿歌童谣中。

　　著名儿童文学家、学者、教授陈子典先生对岭南儿歌童谣情有独钟，十分珍爱，在大学教学与研究之余，收集、整理、评析、编辑广府、潮汕、客家三大方言体系的传统童谣，先后出版了《点虫虫》、《广东传统儿童歌谣选》、《鸡公仔》等。前不久，又由广东教育出版社配彩图出版了他编选注释的"粤语童谣精品丛书"。现在，又把近半生收集的传统童谣加以分类、注释、说明、评析，汇集成一本约800首的《岭南传统童谣》。该书分广府童谣、客家童谣、潮汕童谣三大部分，按内容分为催眠曲、顺口溜、绕口令、游戏歌、连锁调、问答歌、数数歌、谜语歌、滑稽歌、风俗歌、时令歌、动植物歌、生活歌、劳动歌、卫生歌、礼貌歌、戏谑歌、逗乐歌、劝诫歌、时政歌、广告歌等类。由于许多方言童谣经历了许多时代的变化，所以他还作了必要的注释与说明，让读者可以更好地唱诵与欣赏。

陈子典在《儿童文学阅读引论》中指出："儿歌童谣从母亲抚拍婴儿的吟唱始，伴随着儿童的嬉耍成长。儿歌童谣使孩子从感知到模仿，从诵唱到获得美感、明白事理、陶冶性情、培养良好的习惯。每个民族无不视儿歌童谣为最温淳的记忆，最纯美的生命。"为此，从20世纪70年代在幼儿师范教学开始，他就不断收集流传的儿歌童谣，他想保住这份宝贵的文化遗产。改革开放以来，岭南方言儿歌童谣因时光的流逝、人口结构的变化、儿童文学园地的荒芜及"方言危机"而境况令人担忧。在岭南方言儿歌童谣显现"逐渐消失"趋势的时候，陈子典先生的岭南方言儿歌童谣系列著作陆续面世，令人惊喜、欣慰。他对岭南三大民系的方言儿歌童谣倾注了真挚的爱，"花了半辈子时间"做收集、整理、研究、注释、改编、推广工作，把散落了的珍珠串成了珍贵的项链，是那么的耀眼夺目。本书对人们系统学习、研究岭南方言儿歌童谣和语言，提供了不可多得的珍贵资料。

儿歌童谣是对儿童进行情感熏陶、心智启迪、信息传递、语言训练的工具，具有浓烈的儿童生活情趣和地方特色。从内容上分，大体有游戏儿歌、教诲儿歌两大类，无论哪一类，大多与游戏相伴。语句简明易懂，音韵流畅，节奏轻快，情景相生。在方言儿歌童谣与我们渐行渐远之际，陈子典先生对岭南传统儿歌童谣的阐释、分类细致明确，并紧扣儿歌童谣的特点，再现作品的游戏情境，动静结合，情景相生，个性鲜明，重点突出。如《嗳姑乖，嗳姑大》和《月光光》，两者均为催眠曲，但对象年龄有差别，前者的对象为婴儿，后者的对象为幼儿。前者"说明"强调作品旋律的优美和谐与美感陶冶，后者"说明"则强调其生活气息与教育功能。顺口溜《鸡公仔，尾松松》和《鸡项仔》，两者联想与想象力均极为丰富。前者"说明"注意点出作品的愉悦感，后者"说明"则注意点出作品描述的中心。《呈沉剪》、《潜中指》等游戏歌，"说明"侧重于介绍游戏的组织，操作性强。这些精确的阐释，丝丝入扣，是对心灵的弹拨，使作品充满了生命力，使读者徜徉于金色的童年，沉醉于粉色的浪漫。

岭南儿歌童谣是传唱于岭南儿童之口的民间口头文学艺术，文化内涵丰富，是童年记忆的坐标，文化认同的标志和精神家园的小夜曲。岭南传统儿歌童谣的美，不仅美在童年的回忆、亲情的呼唤、理想的憧憬、人生的浪漫，更美在语言的抚慰。岭南三大方言均为汉语的分支，以汉语为主体，是不同时期不同地域古汉语与移居地原住民语言融汇的产物，有悠久的演变史，保留了我国语言演变的丰富信息，是研究语言的活化石，尤其是汉语古音韵的保留，均大大优于现代汉语。如，粤方言保留了古微母m-的读法；保留了全部古鼻音韵尾[-m、-n、-ŋ]和全部古塞音韵尾[-p、-t、-k]；有长短元音的对立；有九个调类，保留了完整的入声韵（阴入、中入、阳入）。这便使粤语传统儿歌童谣音韵优美，节奏丰富，生动活泼，表现力强。陈子典先生紧紧把握了岭南方言的美，在系列作品中，方言词语音义的阐释准确、详尽、生动、简明，把作品的主题美、内容美、音韵美表达得淋漓尽致，使读者随着朗朗的乡音重回母亲的怀抱，尽享融融的温馨。

陈子典先生的岭南传统儿歌童谣系列著作的珍贵与甜美是工业化、城市化进程中的心灵慰藉，是当代人的企盼，是对岭南文化建设的宝贵奉献。

让我们继承与发扬岭南这份珍贵的文化遗产吧！

（2011年2月14日初稿，2012年6月发表于《岭南传统童谣》）

童声粤韵咏岭南（代序）

　　岭南文化承中原文化之根，继百越文化之风，近现代更集东南西北潮流之润泽，精彩纷呈。以广府、客家、潮汕三大文化为主体的岭南文化以其独特的魅力为世人所瞩目，其中尤以儿歌童谣令人陶醉。那是岭南人的情感载体，那是岭南岁月的忠实记录，那是岭南沃土的艳丽花朵，那是岭南文苑的奇珍瑰宝。不要问我从哪里来，只要有儿歌童谣的吟咏就有我的根，就有我的梦呓，就有我的追求，就有我的归宿。岭南人的纯真、情感、奋斗、追求尽显于稚趣灵动的儿歌童谣中，岭南文化的历史渊源和多姿多彩尽显于抑扬顿挫的儿歌童谣中，汉民族语言的和声美韵尽显于岭南的儿歌童谣中。

　　著名儿童文学家、学者、教授陈子典先生对岭南儿歌童谣情有独钟，十分珍爱。在大学教学与研究之余，倾其半生经历，收集、整理、评析、编辑广府、客家、潮汕三大方言体系的传统童谣，并对其加以分类、注释、说明、评析，为人们系统学习、研究岭南方言的儿歌童谣和语言特点，积累和提供了大量不可多得的珍贵资料。令人欣喜的是，陈子典先生的岭南方言儿歌童谣系列著作陆续面世。这些作品在今天面临"方言危机"、岭南方言儿歌童谣显现"逐渐消失"的环境下，确实起到了挽救和促进传承的作用。我们深深地为陈子典先生的研究成果感到欣慰和自豪。

陈子典先生在《儿童文学阅读引论》中指出："儿歌童谣从母亲抚拍婴儿的吟唱始，伴随着儿童的嬉耍成长。儿歌童谣使孩子从感知到模仿，从诵唱到获得美感，明白事理、陶冶性情、培养良好的习惯。每个民族无不视儿歌童谣为最温淳的记忆，最纯美的生命。"

岭南传统儿歌童谣是传唱于岭南儿童之口的民间口头文学艺术，其文化内涵十分丰富，是童年记忆的坐标。因此，要在当今社会传播和继承岭南童谣，仅靠出版平面文字的图书是很难达到目的的。最近，我省专业有声读物出版社——广东大音音像出版社，投入资金，制作、出版一套有声版的《童谣雅韵——岭南童谣大典》，这是传统文化与现代科技相结合的工程，很有开拓性。在媒介充分繁荣的今天，用有声读物的形式，把传统的岭南童谣录制下来，给小朋友听、给热心的听众听、给尽心推广粤语的专业人士听，将妙不可言。

在陈子典先生的帮助下，这套收入了800余首作品的《童谣雅韵——岭南童谣大典》，经过整整一年的整理、录制和编辑工作，终于问世了。可以说迄今为止，如此大规模地、完整地用声音记录原生态的非物质文化内容尚属首次。因此，可以说这不仅是出版界的一项大工程，而且是非常有意义的文化传播工程。岭南三大方言各具特色，岭南三大民系的儿歌童谣各自精彩。这套有声版《童谣雅韵——岭南童谣大典》涵括了广府童谣、客家童谣、潮汕童谣三大部分，按内容分为催眠曲、顺口溜、绕口令、游戏歌、连锁调、问答歌、数数歌、谜语歌、滑稽歌、风俗歌、时令歌、动植物歌、生活歌、劳动歌、戏谑歌、逗乐歌、劝诫歌、时政歌、广告歌等类别。其中广府童谣收录了400余首,客家童谣收录了200余首、潮汕童谣收录了200余首,基本上比较完整地收录了南粤地区民间流传的传统童谣。由于许多方言童谣经历了漫长的时代变化,为帮助读者更好地吟诵、欣赏,配套书还作了必要的注释与说明。这套有声版《童谣雅韵——岭南童谣大典》,将一代代口耳相传的岭南童谣以新介质的形式,把文字变成声音,从平面到立体。通过挑选最合适的小演播员,经过培训,用最地道最标准的方言,把长久分散在岭南各地的零散不全的童谣录制下来,把它变成一个立体化的文化符号体系。通过幼童声情并茂的咏诵,使民间口耳相传的童谣,得以有声地记录,使枯燥抽象的文字版童谣,化作活泼灵动、亲切感人的乐音系统。对岭南文化的传承与开发,对乡土文学的教学与推广,对儿童情感的熏陶与教育,对游子思乡的满足与慰藉,对人们寻根的引导与追求极具现实意义。

岭南传统儿歌童谣的美,不仅美在童年的回忆、亲情的呼唤、理想的憧憬、人生的浪漫,更美在语言的抚慰。在方言儿歌童谣与我们渐行渐远之际,有声版《童谣雅韵——岭南童谣大典》的成功出版是粤地读者的福音,更是民间文学研究工作者的期盼。让我们一起来继承与发扬岭南这份珍贵的文化遗产吧!

(2013年10月20日于广州云台里,2013年12月发表于《岭南童谣大典·广府童谣》)

粤方言与诗歌欣赏

　　汉语方言，是某一地域的通语，俗称"地方话"，无论他们的差异有多大，其渊源都与汉语密切相连。不同的方言，有着不同的形成和演变史，因此，不同的方言承载着不同历史时期的语言、文化信息。汉语方言，又称"乡谈俚语"，是局部地区最通俗易懂、生动活泼的交际工具，是民俗最忠实的反映，是文艺创作的重要源泉。在方言区，用方言为辅助工具欣赏文艺作品，尤其是古典诗词、民歌民谣等地方文艺作品，不但会获得用共同语较难获得的珍贵信息，更利于读者联系生活积累和生活体验，透过文字符号更真切地领会诗人呈现的形象背后的意蕴，进行艺术再创造，提高审美活动的质量，获得美的享受。

　　粤方言是汉语的分支，有着悠久的历史，源远流长。因为在漫长的演化过程中，粤方言的变异不同于中原汉语，所以保留了大量的母语（古汉语）特点，使其成为保留古汉语元素最多的方言之一，这便为我们欣赏诗歌（尤其是古诗词和民歌民谣）提供了不可多得的帮助。

一、粤方言与古诗欣赏

粤方言保留了古微母m-的读法；保留了全部古鼻音韵尾-m、-n、-ŋ；有长短元音a、e的对立；有9个调类，其中入声韵保留了全部古塞音韵尾-p、-t、-k；与《广韵》的语音系统（即《切韵》系统）完整对应。保留了较北方方言多的单音节古词等。这些特征使粤方言成为研究古汉语的珍贵材料。今天，我们借助粤方言来进行古诗欣赏，通过较接近原音韵的吟诵，引发丰富的联想和想象，与作者产生共鸣，促进艺术境界的再创造；准确把握古诗凝练文字的丰富意蕴与情思，寻找言外之意、弦外之音，以达诗教之目的，同时也增进我们对古汉语音韵美妙之体会，使我们读出感情，读出韵味，悟出真谛。下面试以古诗8首为例做分析。

硕鼠（《诗经·魏风》）

硕鼠硕鼠，无食我黍！三岁贯女，莫我肯顾。逝将去女，适彼乐土。乐土乐土，爰得我所。

硕鼠硕鼠，无食我麦！三岁贯女，莫我肯德。逝将去女，适彼乐国。乐国乐国，爰得我直。

硕鼠硕鼠，无食我苗！三岁贯女，莫我肯劳。逝将去女，适彼乐郊。乐郊乐郊，谁之永号？

这首诗以喻刺政，委婉又形象，不但写出了奴隶们的痛苦和反抗，而且写出了奴隶们的追求和理想。其形式为"三章叠唱"，是《诗经》常用的形式（重章叠唱）。反复咏唱，强烈地抒发了作者心中的愤懑、反抗及追求。用粤语朗读能更好地领会该诗的情感表达。

第一章，第一句入声韵均衡间隔排列，使语调铿锵有力，四句用韵基本平仄相间，突出全诗强烈的抒情基调。

第二章，四句均押入声韵，节奏明快、情感激越，愤懑之情溢于言表，奴隶们在不堪忍受奴隶主剥削和压迫，准备远走逃亡的情感达到高潮。

第三章，节奏用韵如第一章，首尾呼应，形成回环，与奴隶们对自由和幸福的永恒追求相谐，极富感染力。

木兰诗 （北朝民歌）

唧唧复唧唧，木兰当户织。不闻机杼声，惟闻女叹息。

问女何所思，问女何所忆。女亦无所思，女亦无所忆。昨夜见军帖，可汗大点兵，军书十二卷，卷卷有爷名。阿爷无大儿，木兰无长兄，愿为市鞍马，从此替爷征。

东市买骏马，西市买鞍鞯，南市买辔头，北市买长鞭。旦辞爷娘去，暮宿黄河边，不闻爷娘唤女声，但闻黄河流水鸣溅溅。旦辞黄河去，暮至黑山头，不闻爷娘唤女声，但闻燕山胡骑鸣啾啾。

万里赴戎机，关山度若飞。朔气传金柝，寒光照铁衣。将军百战死，壮士十年归。

归来见天子，天子坐明堂。策勋十二转，赏赐百千强。可汗问所欲，木兰不用尚书郎；愿驰千里足，送儿还故乡。

爷娘闻女来，出郭相扶将；阿姊闻妹来，当户理红妆；小弟闻姊来，磨刀霍霍向猪羊。开我东阁门，坐我西阁床，脱我战时袍，著我旧时裳，当窗理云鬓，对镜帖花黄。出门看火伴，火伴皆惊忙：同行十二年，不知木兰是女郎。

雄兔脚扑朔，雌兔眼迷离；双兔傍地走，安能辨我是雄雌？

《木兰诗》是北方民歌的杰出代表作，与《古诗为焦仲卿妻作》一起，被誉为乐府民歌中的"双璧"。

全诗以"木兰是女郎"来构思木兰的传奇故事，满怀激情地赞美花木兰女扮男装,替父从军的豪情壮举,不爱功名富贵的优良品德。这首诗虽然是写战争题材,但着墨较多的却是生活场景和儿女情态,生活气息浓郁,风趣横生,兴味盎然。

这首诗长达330字,共14节,篇幅颇长。在四句为单位的基础上,穿插了"万里赴戎机……壮士十年归"、"爷娘闻女来……磨刀霍霍向猪羊"、"开我东阁门……对镜帖花黄" 3个以6句为一节的章节,全诗长短句错落,一共换了7个韵(即7种曲子),全诗多用循序铺排的方式,并用排比、对偶、复沓、顶真等句式,既渲染了气氛,强调了所叙述的情节,又使语言流畅富有韵味,诗的风格明朗刚健,质朴生动,"古质有逼汉魏处"(明·胡应麟)。

粤语完整地保留了中原古音韵,用粤语朗读能更好地品味诗歌浓郁的民歌风情,对全诗渗透北方民歌风韵的人物刻画、情感意蕴、音韵节奏增添真切的感受,进入情事如见、景物若画的境界。

春江花月夜　张若虚

春江潮水连海平,海上明月共潮生。
滟滟随波千万里,何处春江无月明。
江流宛转绕芳甸,月照花林皆似霰。
空里流霜不觉飞,汀上白沙看不见。
江天一色无纤尘,皎皎空中孤月轮。
江畔何人初见月?江月何年初照人?
人生代代无穷已,江月年年望相似。
不知江月待何人,但见长江送流水。
白云一片去悠悠,青枫浦上不胜愁。
谁家今夜扁舟子?何处相思明月楼?
可怜楼上月徘徊,应照离人妆镜台。
玉户帘中卷不去,捣衣砧上拂还来。
此时相望不相闻,愿逐月华流照君。

鸿雁长飞光不度，鱼龙潜跃水成文。
昨夜闲潭梦落花，可怜春半不还家。
江水流春去欲尽，江潭落月复西斜。
斜月沉沉藏海雾，碣石潇湘无限路。
不知乘月几人归，落月摇情满江树。

《春江花月夜》是一首富于南方民歌色彩与风调的抒情诗，作者通过江、月与春、夜、花、人的巧妙结合，融诗情、画意、哲理为一体，创造了一幅色美情浓、斑斓迷离的春江夜月图，营造了一个幽美而邈远的意境，反映了初唐士子有哀愁，却掩不住轻快；有叹息，却不至于沉重的精神世界。全诗成功运用了齐梁至唐初百年酝酿的新诗格律技巧，把读者引进了一个目眩五彩、浑然忘我的境界，堪称"诗中的诗，顶峰上的顶峰"（闻一多）之旷世佳作。

它的结构，以整齐为基调，以错杂显变化。全诗共36句，分为9组，4句一换韵，共换9韵。9个韵脚的平仄变化是：起首为平声庚韵，中间为仄声霰韵、平声真韵、仄声纸韵、平声尤韵、灰韵、文韵、麻韵，最后以仄声遇韵结束。阳辙韵与阴辙韵交互杂沓，高低音相间，随着韵脚的转换变化，平仄错落穿插，一唱三叹，前呼后应，既回环往复，又层出不穷，音乐节奏感强烈而优美。

全诗共252字，平声字占了157个。用粤语朗读这首平声字占优势的诗，可以感受到它那平稳悠长的基调，像欣赏小提琴奏出的小夜曲或梦幻曲，是那样的含蕴、隽永；可以感受到它那热烈、深沉的内在情感，伴随着自然、平和的节奏，声情与文情丝丝入扣，宛转流畅，气韵无穷。

辛夷坞　　王维

木末芙蓉花，山中发红萼。
涧户寂无人，纷纷开且落。

这首五言绝句是王维田园组诗《辋川集》20首中的第18首。描写了辛夷坞花开花落的春景，犹如一幅精美的绘画小品，耐人寻味。后两句的寂寞景况，透出诗人对时代、社会的寂寞感。

全诗共20个字，其中11个字为平声，6个字为入声，用粤语朗读起来，悠长的平声和短促的入声交错构成的节奏，犹如管弦乐和打击乐的和鸣，似乎闲寂的叹息声中传来木鱼声声，令人悟到丝丝禅意。

春望　杜甫

国破山河在，　城春草木深。
感时花溅泪，　恨别鸟惊心。
烽火连三月，　家书抵万金。
白头搔更短，　浑欲不胜簪。

这首五言律诗写于唐肃宗至德二年（757年）三月，时杜甫只身投奔肃宗，途中被叛军俘获，解往长安释后，羁居沦陷的长安。全篇围绕"望"字展开，前四句借景抒情，情随景生，景随情浓。诗人由远及近，由登高远眺到聚焦透视，感情由弱到强，情感和景色的交叉转换，含蓄而强烈地表达了诗人抑郁、感慨、忧愤之情。全诗情景交融，感情深沉浓郁，语言含蓄凝练，充分体现了杜诗"沉郁顿挫"的艺术风格。

粤语保留了全部古鼻音韵尾-m、-n、-ŋ；这首诗压"侵"韵字，用粤语能把收古鼻音韵尾-m的"深"、"心"、"金"、"簪"的古韵准确读出，音韵的回环往复凸显，一咏三叹，萦绕诗人心灵的忧愤，无法排遣的悲苦，表达得更真切、感人。

江雪　柳宗元

千山鸟飞绝，万径人踪灭。
孤舟蓑笠翁，独钓寒江雪。

这首托景言志的五言绝句，是柳宗元被贬永州后所作。作者用极洗练的文笔、夸张的手法，勾勒出一位渔翁在白雪茫茫的寒江上孤舟独钓的画面，艺术地概括了诗人当时的险恶处境，抒发诗人孤独郁闷的情怀，表现了诗人不向恶势力低头，不与恶势力同流合污的凛然无畏、顽强不屈、傲岸清高的精神风貌，历来为人们所称颂。

这首绝句仅20个字，却字字是景，声声是情。全诗押仄韵，其入声韵的使用别具匠心。用粤语朗读更能领略"绝"、"灭"、"雪"三个入声韵脚流露的坚强与斩截，使读者和诗人神合，与诗人的生命体验相契合，诗人那铁骨铮铮的风采，令人肃然起敬。

江南春　杜牧

千里莺啼绿映红，水村山郭酒旗风。
南朝四百八十寺，多少楼台烟雨中。

这首七言绝句，四句诗均为景语，一句一景。有声音，有色彩，有空间上的拓展，有时间上的追溯，颇具特色。在短短的28个字中，诗人以极具概括性的语言为我们描绘了一幅生动形象而又有气魄的江南春画卷。既写出了江南春景的色彩斑斓、婀娜多姿，也写出了它的广阔、深邃和迷蒙，透出了诗人的无限感慨及嘲讽之情，千百年来素负盛誉。

用粤语朗读，能把第三句中连用的3个入声字准确读出，领会作者借此传达感慨、讽刺的意味。

锦瑟　李商隐

锦瑟无端五十弦，一弦一柱思华年。
庄生晓梦迷蝴蝶，望帝春心托杜鹃。
沧海月明珠有泪，蓝田日暖玉生烟。
此情可待成追忆，只是当时已惘然。

本诗为李商隐脍炙人口的代表作,这首诗含意隐晦、意境朦胧,引起历代的纷纷揣测,可谓莫衷一是。

仕途的失意,生活中经历爱而不得和得而复失的悲哀,使诗人置身于感伤抑郁的包裹中,无以解脱。为排遣愁绪,使倾情佛老的李商隐与佛教的缘分更深,这种感情基调深深地影响了他的审美情趣,使他的诗作内容更多取向内心体验,逐渐形成一种哀怨悲伤、迷惘虚幻、抽象朦胧、禅悟自适而又文辞精丽典雅、语韵低回的诗风,《锦瑟》就是极具代表性的一篇。

这首诗的首联由幽怨悲凉的"锦瑟"起兴,点明"思华年"的主旨。在艺术上极富个性,运用了典故、比兴、象征手法,创造出明朗清丽、幽婉哀怆的艺术意境。

用粤语诵读,能得古音古韵传情之精妙,深谙诗人之心路历程。尤其是这首诗入声字的微妙作用,用粤音诵读才易细细体味。如,"思"、"梦"、"托"、"忆"几个动词平仄交错,音调跌宕落差大,语意沉痛之极,传情微妙之至,令人拍案叫绝。

二、粤语儿歌童谣欣赏

儿歌童谣从属于民歌,是儿童文学最古老最基本的体裁之一,我国《左传》中便有"卜偃引童谣"的记载。儿歌童谣从母亲抚拍乳儿的吟唱始,伴随着儿童的嬉耍成长。儿歌童谣使孩子从感知到模仿,从诵唱到获得美感、明白事理、陶冶性情、培养良好的习惯。每个民族无不视儿歌童谣为最温淳的记忆,最纯美的生命。儿歌童谣大多为口耳相传,与民风民俗、方言方音关系密切。儿歌童谣大多是以民风民俗为素材,以方言为载体,传唱于儿童之口的淳朴的民间口头文学艺术,地域性强,历史价值高,文化内涵丰富,是童年记忆的坐标,情感维系的红线,文化认同的标志,精神家园的小夜曲。

岭南得天时地利之便,拥人和之气,人杰地灵,文渊荟萃。岭南文化承中原文化之根,继百越文化之风,近现代更集东南西北潮流之润泽,精彩纷呈。以广府、潮汕、客家三大文化为主体的岭南文化以其独特的魅力为世人所瞩目,其中尤以广府、潮汕、客家三大民系的儿歌童谣令人陶醉。那是岭南人的情感载体,那是岭南岁月的忠实记录,那是岭南粤韵的妙曲华章,那是岭南文苑的奇珍瑰宝。不要问我从哪里来,只要有儿歌童谣的吟咏就有我的根,就有我的梦呓,就有我的追求,就有我的归宿。岭南人的纯真、情感、奋斗、追求尽显于稚趣灵动的儿歌童谣中,岭南文化的历史渊源和多姿多彩尽显于抑扬顿挫的儿歌童谣中,汉民族语言的和声美韵尽显于童声粤韵的儿歌童谣中。

儿歌童谣是对儿童进行情感熏陶、心智启迪、信息传递、语言训练的工具,具有浓烈的儿童生活情趣和地方特色。粤语童谣极其丰富,不但数量多,内容丰富,地方特色浓烈,而且时代感强,形式多样。从内容上分,大体有游戏儿歌、教诲儿歌两大类,细分还可分为催眠曲、顺口溜、绕口令、游戏歌、连锁调、问答歌、数数歌、谜语歌、滑稽歌、风俗歌、时令歌、动植物歌、生活歌、劳动歌、卫生歌、礼貌歌、戏谑歌、逗乐歌、劝诫歌、时政歌、广告歌等。无论哪一类,大多与游戏相伴。语句简明易懂,音韵流畅,节奏轻快,情景相生。

国学大师沈兼士早在1923年就指出:"歌谣是一种方言文学,歌谣里的词语多少都是带有地域性的。倘使研究歌谣而忽略了方言,歌谣中的意思、情趣、音调至少会有一部分的损失。所以研究方言可以说是研究歌谣的第一步基础工夫。"我们用方言朗诵、欣赏地方歌谣,尤其是欣赏儿歌童谣,使我们在获得文化信息之余,还能增加艺术再创造的启示,获得美的享受。下面试就粤方言与儿歌童谣欣赏举例分析。

嗳嗳嗳(催眠曲)

嗳嗳嗳,嗳嗳嗳,牯仔[①]快快䁖。
嗳嗳嗳,嗳嗳嗳,牯仔䁖入魂[②]。

注:①牯仔:对男婴幼儿的昵称。
　　②䁖入魂:熟睡,进入梦乡。

这首催眠曲，在珠江三角洲地区，尤其是农村耳熟能详。它以粤方言特有的抚儿催眠吟语"嗳"为主体，以母亲拍抚婴幼儿催眠的节拍为节奏，柔美舒缓，语言简洁，情意绵长。"嗳"的声母ng[ŋ]与韵母oi[ɔi]为粤方言所特有，"嗳"的反复运用，增加了该曲的回环美，不但使婴幼儿倍感爱意，甜美地进入梦乡，也突显了地方特色，吟唱该曲，使人置身于浓浓的亲情、乡情、母爱的怀抱里。

乖乖乖（催眠曲）

乖乖乖，乖乖乖，阿妈带你行花街。

花街又有鲜果卖，食完鲜果买花鞋。

这首催眠曲，以母亲的拍抚婴幼儿节奏起句，"花街"、"鲜果"、"花鞋"是该曲内容的主体，紧贴婴幼儿的生活，阳光、绚丽，极具岭南特色。

嗳姑乖，嗳姑大（催眠曲）

嗳姑乖，嗳姑大

嗳大个姑仔①嫁后街。

后街有鱼有肉卖，

又有红皮屐仔绣花鞋。

又有鲜花戴，

戴又戴唔晒。

摆落床头畀老鼠拉。

拉拉拉，

一拉拉到大新街②。

大新街又有个扯皮鞋③，

扯下开，又扯下埋④。

注：①姑仔：对女婴幼儿的昵称。
②大新街，位于越秀区南部的传统商贸区，是广州历史文化城区的一条老街。民国期间，以玉器牙雕工艺、皮件制品、弦索乐器等店铺为主。
③扯皮鞋：传统做鞋的工序，即手工缝制皮鞋时的拉线动作。
④扯下埋：拉一下，就缝合了。

这首充满童趣的催眠曲，广州生活气息浓厚。"姑仔"、"屐仔"、"绣花鞋"、"鲜花"、"大新街"、"扯皮鞋"等，是广州文化的符号，也是广州市儿童生活的美好印记，带有浓浓的民国时期的广州生活气息。全诗旋律优美和谐，给人以祥和、宁静、柔美的愉悦。

蝉仔喊（催眠曲）

蝉仔喊，早禾蓝，
阿妈去咗边①？阿妈去缫蚕②，
捰榨③蚕虫畀你食，你就唔好喊④。

注：①去咗边：去哪儿了？
②缫蚕：缫蚕丝。
③捰榨：抓一把。
④喊：哭。

这首催眠曲，带着浓浓的珠江三角洲鱼塘桑基的生活气息。成人把美丽的田园景色与辛勤的劳动融入曲中，绘声绘色，动静相宜，为幼儿展现了一幅美妙的田园画卷，使幼儿在美的熏陶中进入梦乡。全诗押am韵，充分体现了粤方言保留了古鼻音韵尾-m的韵味。

鸭仔下塘(恩平童谣)

鸭仔下塘恋水淋,梅花跌落菊花林。
今朝我娘唔吃饭,唱条歌仔解娘心。

广东四邑地区是宋代移民重要的聚居地,移民的整体文化素质较高,其中不乏士人望族。长期以来该地区尊师重教,英才辈出,学者如云,是我省乃至我国著名的雅文化带。这是一首该地区的乡间童谣,把春意勃发的动态、深闺怨妇的寂寞及孝子的体贴,表达得酣畅淋漓,颇得唐、宋诗词之风韵,民间的儒雅之风也可见一斑。并体现了粤方言保留了古鼻音韵尾-m的韵味。

爸爸去金山(台山童谣)

爸爸去金山①,平安多寄银。
有钱快快寄,全家靠着你。

注:①金山:这里指美国。

广东台山是我国著名的侨乡,乡人18世纪中后期,开始旅居南洋,19世纪初,开始旅居美洲。19世纪40~50年代,台山籍华侨成为美国、加拿大等国最早开发金矿、修建铁路和农业开发的劳工。但因当时这些国家对华工实行歧视政策,如,1882年颁布了《排华法案》,严控华人入境。迫使华工无法在美、加、澳安居乐业,只得回乡成家立室。他们把在海外积攒起来的血汗钱寄回家乡,养家糊口。出洋讨生活,只为换取一家人的温饱。这首童谣,唱出了对父亲承受离家重负出洋谋生的理解,唱出了幼童对父爱的渴望,唱出了侨眷对海外亲人的牵挂。既温馨又辛酸,是当时华侨家庭生活的真实写照。

燕鹊喜(台山童谣)

燕鹊喜,贺新年,

爹爹去金山赚钱，
赚得金银成万两，
返来起屋兼买田。

出洋讨生活，海外拼命挣钱，回乡娶妻成家、"立宅置田"，是当年台山华侨的最大心愿，也是当年台山的一种社会风气。当时台山的侨汇是全国侨乡最多的。大量的侨汇进入，不但促进了台山经济、文化的发展，而且彻底改变了台山的面貌。相当数额的侨汇被用于买地建房。台山有句俗语，说人们挣钱，"第一为个口，第二为个蜜（注：即房间）"。台山华侨为实现心愿而奋斗，使台山城乡遍布中西合璧的洋楼，成为中外闻名的一大景观。这首童谣，充满了台山人民对美好生活的企盼，也是台山华侨海外奋斗、侨眷隔海相望的写照。

阿四（西关童谣 一）
阿四，阿四，
挶条锁匙，
开个夹万，
挶两毫子，
买斤荔枝，
要爱黑叶，
唔爱槐枝。

阿四（西关童谣 二）
阿四，阿四，
揸条锁匙，
开个博士（box），
挶啲银纸，

去买草纸。

这是一组广州繁华商业之地——西关的童谣,充分反映了西关语音的特点:发衣韵时,上下齿咬合,舌面向上;[tʃ]、[tʃʻ]、[ʃ]的发音部位往往受后面韵母的影响而发生变化,发音方法介于汉语拼音的z、c、s和j、q、x之间,发音部位较汉语拼音的z、c、s略后,接近j、q、x,发舌尖前音[ts]、[tsʻ]、[s];[a]、[e]分级;入声韵使语句的顿挫感明显;外语音译词影响日常用语等特点,颇得西关粤语的韵味。当年西关富家小姐太太支使佣人的神态、语韵活灵活现,读来犹如置身粤讴风靡年代的西关大屋中。

月光光(连锁调)
月光光,照地堂,
年卅晚,摘槟榔,
槟榔香,摘子姜①,
子姜辣,买葡突②,
葡突苦,买猪肚,
猪肚肥,买牛皮,
牛皮薄,买菱角,
菱角尖,买马鞭,
马鞭长,顶屋梁,
屋梁高,买张刀,
刀切菜,买箩盖,
箩盖圆,买只船,
船沉底,浸嗦③两只番鬼仔④。
一个浮头,一个沉底,
一个摸茨菇⑤,一个摸马蹄⑥。

注：①子姜：嫩姜。

②葡突：苦瓜。

③浸嗦：淹着了。

④番鬼仔：西洋小孩儿。

⑤茨菰：即慈姑，淡水植物。自古别名甚多，最通用的名称为"芽菇"。是多年生草本植物，扁圆形的肉质球茎，皮、肉均呈黄白色，富含淀粉，风味独特，是春节期间应节的蔬菜类食品。

⑥马蹄：又称荸荠。属浅水性宿根草本植物，扁圆形的地下茎是蔬菜类的食品。

这是一首具有多个版本，富含教诲意义的连锁调，是粤语童谣的代表作之一。全诗以顶针的修辞手法，把"槟榔"、"子姜"、"葡突"、"菱角"、"茨菰"、"马蹄"等10多种岭南物品蝉联起来，地方特色浓郁，朗朗上口。最后两句，带有近代反西方列强侵略意识，是时代的烙印。随着历史的发展，最后两句也有了不同时代的版本。如，"……船沉底，吓亲两只番鬼仔，跳上基围返头睇。"或"……箩盖圆，买只船，船度有个番鬼仔，嘻嘻笑到好好睇。"

月光光（儿歌）

月光光，照地堂，

虾仔你乖乖瞓落床。

听朝阿爸要捕鱼虾咯，

阿嫲织网要织到天光。

哦哦哦……

虾仔你快高长大咯，

撑船撒网就更在行。

哦哦哦……

月光光，照地堂，
年卅晚，摘槟榔，
五谷丰收堆满仓咯，
老老嫩嫩喜洋洋。
哦哦哦……
虾仔你快啲睏埋眼咯，
一觉睏到大天光。
哦哦哦……

　　"但愿人长久，千里共婵娟。"皎洁的月亮，朦胧的月色，自古便是人们审美的对象，寄托了人们深深的思索、无尽的思念、美好的企盼与祝愿。连锁调催眠曲《月光光》，是岭南三大民系方言童谣共有的优秀代表作。不同的方言区，根据方言及人文特点，有不同的吟唱。《月光光》作为粤语童谣的优秀代表作，在粤方言区广为流传，不同的年代、不同的地域，便有不同的版本，也衍生了不同版本的儿歌，这是其中的一首。这首儿歌《月光光》，情景相生，意境优美隽永，一派岭南水乡田园丰年美景；曲调柔美悠扬，情深意浓，令人魂牵梦绕，确是来自家园的抚慰与呼唤，是对儿童进行美感教育的上乘之作。

骑牛牛（生活歌）
骑牛牛，
牛牛走，
牛牛响前①咪②回头，
若然③回头就打椤柚④。

注：①响前：在前边。
　　②咪：别，不要。

③若然：不然，如果不是这样。
④打椤柚：打屁股。

　　这首精练的生活歌，农村生活积累极丰富，是一幅颇具心灵感应的牧童图。前两句描绘了令人向往的田园画面，后两句是牧童的训牛语，拟人手法的运用，物我相融，既童稚又精当。全诗短短四句，用了5个动词，精确地描绘了肢体与心灵的活动。
　　"响前"、"咪"、"若然"、"打椤柚"等粤方言词语，增添了该诗的地方特色与无穷韵味。

螳蜞伏伏（生活歌）

螳蜞①伏伏，
伏喺我条金丝竹。
竹尾郁一郁②，
螳蜞飞到田边伏。
大牛细牛追到仆③。
细牛追唔到，起势咁喊④，
大牛叫肚痛，要揾火筒焗⑤。

注：①螳蜞：蜻蜓。
　　②郁：动。
　　③仆：摔倒。
　　④起势咁喊：一个劲儿地哭。
　　⑤要揾火筒焗：要找火筒来拔火罐。

　　这首童谣，细腻地描写了儿童捕蜻蜓的场景，为我们展现了岭南农村最具情趣的生活画面。"我"、"螳蜞"、"金丝竹"、"田边"、"大牛"、

"细牛"、"火筒"等，构成了一幅生气勃勃的五色岭南田野图。"伏"、"郁"、"飞"、"追"、"仆"、"喊"、"叫"、"揾"、"焗"等粤语动词准确地表达了各种动作的个性差别，表现力丰富，形象生动。全诗押入声韵ug[uk]，韵脚"伏fug[fuk]"、"竹zug[tʃuk]"、"郁yug[juk]"、"仆pug[p'uk]"、"焗gug[kuk]"，使全诗节奏鲜明，韵律感强，体现了粤方言保留了古塞音韵尾[-k]的韵味。

囟囟转（游戏歌）

囟囟转①，菊花园，
炒米饼，糯米团，
阿妈叫我睇②龙船。
我唔睇，睇鸡仔，
鸡仔大，捉去卖，
卖得几多钱？
卖得三百钱，
卖得钱来起③花园。

注：①囟囟转：团团转，即绕着圈子转。
　　②睇：看。
　　③起：修建。

这首童谣，是一首超越时代的粤语儿童游戏歌，是粤语童谣的优秀代表作。内容不但紧贴儿童的生活，而且富含人伦情怀。她伴随着儿童的传统转圈子游戏，代代传诵，是童年记忆的坐标，情感维系的红线，精神家园的小夜曲。

扒扒扒（游戏歌）

扒扒扒，

扒龙船。
龙船噏噏嘴①,
大家都好彩②;
龙船摆摆尾,
吓嚫③胆小鬼。

注：①噏噏嘴：嘴巴上下张合。
②好彩：好运气。
③吓嚫：吓着了。

这首游戏歌，以儿童的视角，对岭南著名的传统民俗文化活动——赛龙舟作了生动的描述，聚焦于龙舟的活动，写得集中细腻。反复吟诵，可从"嘴 zêu[tʃoey]"、"彩coi[tʃʻɔi]"、"尾méi[mei]"、"鬼guei[kwɐi]"的发音，体会粤方言声母z[tʃ]与c[tʃʻ]，韵母êu[oey]、oi[ɔi]、éi [ei]、ei[ɐi]的区别。

点虫虫（游戏歌）

点虫虫①,
虫虫飞,
飞到荔枝基。
荔枝熟,
摘满屋。
屋满红,
陪住个细蚊公②。

注：①点虫虫：原义指用手指轻碰一下小昆虫，这里指学语孩童的一种游戏，即边把着孩童小手的两只食指对碰，边唱该歌谣。
②细蚊公：小孩儿。

这首游戏歌,选取岭南农村荔熟时节为背景,内容集中,语言简洁,动作性强。中间"熟sug[ʃuk]"、"屋ngug[ŋuk]"两个入声韵脚,增强了歌谣的节奏感,使整首歌谣舒张有致,显现了粤方言保留了古塞音韵尾[-k]的魅力。

齐齐望过去（游戏歌）

齐齐望过去,清溪里有只青蛙想跳水;
齐齐望过去,小屋里有只猪仔真真趣;
有只鹩哥①,叽叽喳喳想驳嘴②;
齐齐望过去,山洞里有只狮子竟饮醉。
齐齐望过去,小屋里有只猫依③捉老鼠;
齐齐望过去,草堆里有只狗仔摆摆尾;
有只鸡仔,睇到草蜢④起势追;
齐齐望过去,公园里有只马骝⑤好得意;
齐齐望过去,公园里有只马骝好得意;
似晒你！

注：①鹩哥：八哥鸟。
②驳嘴：回嘴,此处有学舌义。
③猫依：小猫。
④草蜢：蚂蚱。
⑤马骝：猴子。

这首歌谣里的主角是深受幼儿喜爱的小动物,内容与幼儿读物相结合,小动物的特性描绘得活灵活现,强化了幼儿对小动物的认知。语言生动形象,动作性强,反复修辞手法的运用突出了"齐齐望过去",增加了歌谣的律动感与回环美,把歌谣推向高潮——"公园里有只马骝好得意,似晒你！"妙趣横生。这首歌谣可配合多种幼儿游戏,往往用于幼儿的对唱,可训练幼儿反应的灵敏度。小动物的粤语名称使歌谣的岭南韵味浓郁。

落雨大（风俗歌）
落雨大，水浸街，
阿哥担柴上街卖，
阿嫂出街着花鞋，
花鞋花袜花腰带，
珍珠蝴蝶两边排。

这首广州风情浓郁的童谣，是一轴色彩斑斓的老广州风情画。寥寥6句，写尽广州这座亚热带城市的独特气候、城市风貌、民俗风情，是一首主题美、内容美、意境美、音韵美的广州童谣代表作，她超越时代，广为传诵，抚触着一代代广州人的心灵。她的甜美，在工业化、城市化的今天，尤为可贵。现代音乐人为这首童谣谱写了不少优美的曲子，现代音乐元素的融入，使这首童谣更迷人。2010年11月12日至27日在广州举办的第16届亚运会，《落雨大》成为贯穿精美绝伦的开幕式与闭幕式的经典歌曲之一，令来自五大洲四大洋的观众心驰神往，陶醉不已。

龙舟舟（风俗歌）
龙舟舟，出街游，
姊妹行埋①莫打斗，
封封利是②扎龙头，
龙头龙尾添福寿，
喜气盈门哈哈笑，
合家欢乐无忧愁。

注：①行埋：走到一起。

②利是：俗称"红包"，象征吉利。

这首童谣借赛龙舟、封利是等岭南风俗，对儿童进行行为、礼貌教育，表达了人们对幸福美满生活的向往。据传该首童谣是旧时盲人到商铺行乞时唱的歌谣。

八月十五是中秋（风俗歌）

八月十五是中秋，
有人快活有人愁。
富人摆宴吹箫管，
穷人乞食在街头。
有钱人家楼上叹①，
穷苦之人地下㾵②。

注：①叹：享受。
②地下㾵：在地上受罪。㾵，蹲。

这首童谣通过描写旧社会中秋团圆之时，"朱门酒肉臭，路有冻死骨"的严重社会不公景象，揭示了剥削阶级与劳动人民水火两重天的社会现实，有深刻的社会批判意义。

廿三扫屋（风俗歌）

廿三①扫屋，
廿四磨谷，
廿五洗头，
廿六籴豆②，
廿七蒸酒洗瓮，

廿八整糍包粽,
廿九劏鸡煮肉,
初一③花花绿绿④。

注：①廿三：腊月廿三。后廿四至廿九类推。
②籴豆：买豆子。
③初一：大年初一。
④花花绿绿：以颜色借指大年初一的节日气氛。到处张灯结彩，人们衣着鲜艳，穿红戴绿，市面热闹非凡。

这首风俗歌，简洁明了地反映了粤方言地区人们欢庆中国民间最隆重的传统节日——春节的全过程。

卖懒二首（风俗歌）

（一）

卖懒，卖懒①，
卖到年卅晚②，
人懒我唔懒。

（二）

卖懒，卖懒，
卖到年卅晚；
卖穷，卖穷③，
卖畀猪婆龙；
卖衰，卖衰④，
卖畀大头龟。

注：①卖懒：卖掉身上的懒根。
②年卅晚：大年三十，除夕。
③卖穷：卖掉身上的穷困。
④卖衰：卖掉身上的霉气。

这首童谣，吟唱的是岭南粤方言地区，民间过春节的一种习俗：儿童在除夕迎春接福，唱此儿歌，把"懒、穷、衰"三劣根卖掉，以求大吉大利，反映了人们对美好未来的期盼。该首童谣既是风俗歌也是劝谕歌，教育儿童明辨是非，去恶扬善，培养勤劳的美德，对生活充满希望，对美好生活奋勇追求。

飞石仔（时政歌）

钩鼻佬①，正死仔②，
一入广东乱咁嚟③，
杀人放火以为威④。
点不知⑤，有嘢睇⑥，
遇到陈堂⑦就飞石仔，
打到佢爬喺地下要食泥。

注：①钩鼻佬：西洋人，这里指西方侵略者。
②死仔：该死的东西。
③乱咁嚟：胡作非为。
④威：威风。
⑤点不知：怎知道。
⑥有嘢睇：有精彩的东西看。
⑦陈堂：三元里抗击外国侵略者的村民。

这是一首歌颂鸦片战争时期，以三元里村民为代表的广州人民抗击外国侵略战斗的时政歌。全诗大量运用粤方言口语词，形象生动，通俗易懂，爱憎分明。三元里人民的抗英斗争，是近代中国人民第一次自发的大规模反侵略斗争，是近代中国人民反侵略斗争的第一面光辉旗帜。三元里人民与西方列强拼搏的斗争精神，极大地鼓舞了中国人民的斗志，这首童谣就是宝贵的印证。

跂跛跛[①]（时政歌）
跂跛跛，真好睇，
睇见刘二打番鬼[②]，
打到番鬼落海底。

注：①跂跛跛：儿童一种单脚跳的游戏。
②番鬼：西洋人，这里指西方侵略者。与"钩鼻佬"同。

这是一首歌颂黑旗军将领刘永福抗击外国侵略的时政歌。以儿童游戏起兴，以顶针修辞手法引入正题，可见当时中国人民同仇敌忾抗击外国侵略的高昂斗志。

卖羊咩（顺口溜）
卖羊咩[①]，买风车，
风车团团转，
阿哥扒龙船。
扒得快，好世界，
扒得摩[②]，要人拖。
拖唔快，气到眼都大。

注：①羊咩：羊。咩，羊的叫声。
②摩：慢。

这是一首生活气息浓厚的童谣，全诗以顶针修辞手法引入诗的主体，以谐音展开内容，赞扬了力争上游的精神。

卖羊卖咩（顺口溜）

卖羊卖咩，
卖到老鼠担遮①。
狗仔忙住去拉蛇，
蛇摆尾，似风车，
风车囫囫转，
番鬼扒龙船。
扒得快，好世界，
扒得摩，冇鼻哥②。

注：①担遮：打伞。
　　②冇鼻哥：没鼻子。

这首童谣与上一首内容相近，应为一首歌谣的不同版本。全诗岭南生活气息浓郁，前半部分以拟人、顶针的修辞手法，展开全诗的描写，既赞扬了竞争向上的精神，又不乏谐趣与童真。

萝卜头（顺口溜）

萝卜头，点豉油①，
点②得多，咸过头③，
点得少，淡谋谋④。
佢以为，好正斗⑤，
点不知，畀人踢椤柚⑥，
一踢踢到西门口。

注：①豉油：酱油。

②点：沾。

③咸过头：太咸。

④淡谋谋：太淡。

⑤好正斗：很正确，很权威。

⑥椤柚：屁股。踢椤柚：这里指遭排挤。

这首顺口溜，文字浅显，善用比喻，很生活化，但却饱含哲理。对儿童开拓思维、认识社会有启迪教育作用。全诗运用粤方言口语，以广州地名"西门口"入诗，地方特色鲜明。

肥仔二（顺口溜）

肥仔二，

卖豆豉，

卖到年初二，

执①封大利是。

注：①执：拾到。

这首顺口溜，简洁明了，内容单一，是对勤劳必有收获的一种演绎，是对勤劳的歌颂。对儿童有劝谕作用。

光头吹喇叭（顺口溜）

光头吹喇叭，

吹到半山芭①，

被人掌两巴。

返来报阿妈，

阿妈报阿爸,
阿爸报马打②。
马打食到叻沙③,
唔晓④讲红毛话⑤。

注: ①半山芭: 马来西亚吉隆坡的一地名。
②马打: 马来语的"警察"。
③叻沙: 又称喇沙,是在新加坡和马来西亚存在的峇峇文化(即华人马来人混合)的地道食品。
④唔晓: 不会
⑤红毛话: 洋话,一般指英语。

这是一首深受华侨文化浸淫的顺口溜,诗中不但描述了旅居大马华侨的生活,而且引用了"半山芭"、"马打"、"叻沙"、"红毛话"等华侨文化色彩鲜明的词语,使该童谣成了中外文化融合的作品、华侨文化的代表作。顶针手法的运用使该诗舒展自如,充满童真与谐趣。

西园菱角(顺口溜)

西园菱角两头尖,
菱角落塘卖八仙;
八仙散落珍珠粒,
珍珠跌落绣珠莲;
菱角红,还着绿,
金橘着青李着黄,
金橘大过菠萝汉,
今晚茨菰坐歌堂;
三更鼓,闩闸时,

龙眼过园偷荔枝；
菱角担枪来打你，
吓得油柑碌落地；
白榄听得嫌热气，
香橼煮错赖黄皮。

这首童谣是一首童话诗，故事情节生动。童谣的主人翁是多种为人所熟知的岭南蔬果，作者以拟人的手法，把这些蔬果人格化，让它们成为有血有肉有情感的人。蔬果们的言行丰富多彩，有声有色，性格鲜明，读来亲切感人、饶有情趣。如此丰富的内容，确是孩子认知、审美的好教材。

一二三，爬上山（数数歌）

一二三，爬上山；
四五六，食猪肉；
七八九，拍皮球；
伸出两只手，
十个手指头。

这首数数歌，把1~10分四组，分别与"爬"、"食"、"拍"、"伸"4个动词组合成句，把学数数与幼儿的日常生活相结合，使抽象的数数形象化，律动明快，易学易记。

乜嘢[①]无脚识上天（问答歌）

乜嘢无脚识[②]上天？
乜嘢无脚会落田[③]？
乜嘢无脚河中走？
乜嘢无脚妹身边？

火烟无脚识上天，
秧盘无脚会落田，
木船无脚河中走，
花篮无脚妹身边。

注：①乜嘢：什么。
②识：会。
③落田：下田。

这首问答歌，选材贴近幼儿的生活，内容丰富，趣味性强。问与答各成一节，一一对应，既造成悬念，又形成回环美。能激发幼儿的质疑和求知欲，培养幼儿细心观察的良好习惯。

捉鹿（绕口令）

屋笃①鹿独宿，
木独②陆叔，逐捉③屋笃鹿。

注：①屋笃：房屋的最里面。
②木独：性格呆板，反映不灵敏。
③逐捉：追逐捕捉。

这是一首粤语地区儿童练习入声韵的传统绕口令。全诗由14个不同调值而同押-ug[-uk]韵的粤语入声字巧妙地组合起来，构成了一幅动与静、呆滞与敏捷相映成趣的画面，情节完整。读来抑扬顿挫，节奏明快，充分体现了粤方言保留了古塞音韵尾-k的可贵。

施氏食狮史（西关绕口令）

石室诗士施氏，
嗜狮，誓食十狮。
施氏时时适市视狮。
十时，适十狮适市，
是时，适施氏适市，
视是十狮。
视矢势，使十狮逝世。
施氏拾十狮尸适石室，
石室湿，施氏使侍拭石室，
石室拭，施氏始试食十狮尸，
食时，始识是十狮尸，
实是十石狮尸。
试释是事。

这是一首在老广州西关颇为流行的绕口令，古塞音韵尾-p、-t、-k的入声韵与清擦音ʃ交错和鸣，全文共8个调值，读来抑扬顿挫，舒缓有致，加之颇富传奇色彩的故事情节，令人陶醉在犹如欣赏南国红豆——粤剧的愉悦中。

桂桂乖乖（西关绕口令）

妈妈去街街，
拉住乖桂桂。
妈妈要买鸡，
桂桂要买龟，
鸡大过龟，
龟细过鸡，
鸡平过龟，

龟贵过鸡。
鸡揿住龟,
龟咬住鸡。
妈妈拎住鸡鸡,
桂桂捧住龟龟。
妈妈赞乖乖桂桂,
桂桂话桂桂乖乖。

这首绕口令截取一个充满南国风情的生活画面,慈母稚子相伴逛街市,母亲细语温婉,稚子天真烂漫,场面温馨动人。语言动作性强,极富生活气息。韵脚是ai、ei交替使用,既充分体现了粤方言a、ɐ分级带来的丰富表现力,又使作品充满了回环美,使人沉浸于无尽的母爱之中。

(2007年7月15日初稿,2008年4月27日二稿,2012年10月5日三稿)

附录：新闻二则

"凤眼看广府"首场论坛亮点频出　专家激辩广府文化

2014年08月19日 18:55　来源：凤凰网广州站

2014年8月18日《凤眼看广府》栏目在广州启动，现场举行了主题为"广府文化的传承与创新"的首场广府文化论坛。主办方邀请了倪惠英、陈泽泓、郑佩瑗、饶原生四位资深广府文化专家，就当下广府文化推广困难、传承后继无人等问题进行探讨，为广府文化推广以及创新方向提出建议。（整理节选）

亮点一：广西人算不算广府人？

【导读】有一些资料说广西有一些地区属于广府地区，还有湛江都属于广府范围。很多人都会想我算不算是广府人，我是江门的是不是广府人，我在广西算不算是广府人，我在湛江算不算广府人。请问该如何界定？

陈泽泓：

大家有一个共同的认识就是讲粤语，讲广州话，讲白话这个族群，这些人形成一个群体。说到地域问题，首先，广府是一种地域文化，所以它有一定地域的问题，中心地区应该是珠江三角洲，然后向周边逐步扩散，逐步有一种文化突增，文化表现的扩散。因此，所有讲广府话、讲粤语、讲白话的地方应该有广东文化的表现，但是这个表现比较有特征的、集中的、典型性的就是珠江三角洲。

广府人、广府问题、广府文化有一个重要的条件就是认同自己是一种广府人的意识。我们广府文化特征有很多表现，其中最突出的融相性、开放性、务实性，广西地区等等这些地区它自己本身有一种认同感，本身有一种意识上是具有广府文化特征，这个才是我们说的广府文化。

饶原生：

一方面，从2000多年前当时古代帝王带着部队来到这里，本身文化的组成和它一路上的善变一直都是中原文化源源不断进入，广府文化实际上是一个移民文化的属性。移民文化从全世界的角度来看，它在思维上更加具有开放性、进取性，包括务实性。

另一方面，从它的地域特点，它本身地处岭南从中原大地靠近海洋，而且作为我们文化本身，出现这个平台之后，它也是因为这个区位的特性更加容易走出世界，不断跟世界交流。因此，我觉得广府文化具有移民文化、海洋文化那种广度，它更早睁开眼看世界。

陈泽泓：

广西人属不属于广府人，我觉得饶老师的回答应该是解答了这个问题。广府文化具有西安文化、海外文化和中原文化的特征。假如你住在广西，你要求它使用海外文化的观念,即使它是说白话的,那么就演变成了这个问题。

如果你从语言上说肯定是广府人,但是从观念上来看,住在广州地区珠江三角洲地区的人才是广府人,所以在观念上有一个差距。因此,广府文化有一个核心地区最主要的表现就是珠江三角洲。

饶原生:

我想补充一个有关文化的形成,珠江三角洲其实一直都是水乡交错的地方,因为这种水乡文化营造出来的,所以造成刚才说的务实、包容、进取的特征,实际上它跟水乡人家的生活环境是分不开的。

郑佩瑗:

刚才两位老师对问题作了精辟的分析。"广府"这个概念由来已久,但"广府民系"是个新概念,在学界可以从很多角度来界定,如从语言学、人类学、行政区域等等,这就会得出不同的结论。要自圆其说,获得共识还需努力。大家比较认同的是以语言来做广东三大民系的标志,广府民系就是以广府话为标志,广府话在学术界称为粤方言,也就是我们说的粤语、白话,粤语是岭南文化的载体,是岭南重要的交际工具,是广府民系认同的标志。它的下面还有许多次方言。譬如刚才你提到的江门,江门通行的四邑话是粤方言一个很重要的次方言,江门在珠三角区域,所以江门人理所当然是广府人。

除了语言这一认同标志之外,我们的确需要一个自身的认同,"民系",学术上也称为"亚民族",那么民系自身的认同很重要,主要是发现自己的认同感,认同感会受到很多方面的影响,包括语言文化、生活习惯、信仰等问题。广府民系主要由中原汉人南下的移民与南越族融合而成,时间非常长。从先秦开始,一直到宋元明清,这么长的时间,不同时期的移民,移民的源头是不同的,分布的区域也不同,形成的语言、风俗习惯也不尽相同。广府民系华侨众多,特别是近200多年来,大量移民海外,现在,广府人遍布世界各地。所以按地域来划分是否广府人,怎么分呢?我觉得是很难办的。

陈泽泓:

我直接回答你这个问题广西人属不属于广府人,我认为这个问题只有广西人自己能说，不是我们能够代替他们的说法。例如李嘉诚先生，他在香港居住的地方多过在潮州居住的地方，甚至我认为他讲粤语的时间会多过他说潮州话的时间，但是主要他自己可以说他潮州人，只有李先生可以说是哪里人。因此这个问题，不能够我们代替他们，广西人是不是广府人，应该由广西人他们自己来说。

倪惠英：

因为我是从事粤剧艺术的，所以我从粤剧的诞生来说广府文化。其实语言是很重要的载体，粤剧是一种很典型中原文化和我们岭南本地的民间艺术融合起来，然后相互融合产生的一种戏剧。联合国申报非物质文化遗产的时候，他们是这样写的，粤剧是粤族人粤语地区的文化代表。我比较赞成郑老师的观点，我们现在粤剧遍布全世界，但是中心地区当然是我们的珠江三角洲。

湛江地区的粤剧那种兴旺和繁荣是没有停止过的，湛江地区也属于广府人。有了广府的语言，可以不是广府地区，却是广府人。

亮点二：广府文化太低调缺乏宣传

【导读】广州是广府文化的核心，有着两千多年的历史，但大部分外来人来广州，看着广州人穿着随意、顾着赚钱，说广州很俗气、没文化，很多外地人来到广东说这里是文化的沙漠。

倪惠英：

广东人是很实在的，而且很务实，这个地域的人很纯朴，我们自己地域的人、自己对自己优秀的文化都知道。但广东人有一点就是不太善于总结自己的文化，所以有时候我们的文化慢慢会被遗忘。

陈泽泓：

我们是一个文化的城市，到现在为止，我们的文化没有很好地去传承下去。我们不是低调，是没有很好地宣传我们的文化，我们连开亚运会都没有很好地宣传我们的文化。说到文化的渊源和深度，人们都会说北京和山东。文化局公布中国64件禁止出国展出的国宝级文物，我们南越王博物馆就有两件，我们绝对可以跟山东、北京和南京相对比。

我们自己有文化，确实有很多文化，只是我们没有保护。包括光孝寺，是第一批重点文物保护单位，但是我们没有很好地保护。我们对自己的文化挖掘宣传不够。我自己总结广府文化就是开放化开展、务实。务实是我们广府文化最重要的特点，什么元素使我们务实，经济很重要，以经济发展为动力，造成有些东西不能冷静观察，看问题比较狭隘，实际来说就是有没有得到好处。广州人太现实了，就是因为这种错觉的观念认为我们没有文化。我们广州实际上是很有文化的，但是自己没有爱护好我们的文化，宣传好我们的文化。

郑佩瑗：

广州没有文化或很俗，这个结论绝对是错误的，错误有两点：第一，以偏概全。我们对任何地域的文化进行分析，从不同的角度都可以分出各种不同的文化形态，广府文化也一样，有民俗文化，也有精英文化。广府的精英文化对全国、对世界都产生了很大的影响。早在汉朝，苍梧"三陈四士"的古文经学的成就影响全国，近现代成就更大。精英也很多，有开思想先河的思想家如陈白沙、康有为、梁启超等，有叱咤风云的政治家如康有为、梁启超、孙中山等。影响大的还有广东音乐、粤剧、岭南画派、岭南建筑、岭南雕塑等。第二，广府地区海外贸易非常发达，文化非常多样。广府文化是商业性的、海洋性的文化。中国内陆地区基本上是内陆型农耕文化为主，如果他们从他们的文化视角来看我们的文化，就可能觉得怪异，就会得出不同的结论。

当然，我们也要找自身的原因。我们大家很认同"务实"、"发展"、"求新求变"，这是广府文化的特点，但是我觉得任何事情都有两面性，广府文化精髓的传承要注意处理好"务实"与"短视"、"发展"与"传承"、"求新求变"与"文化定力"的关系，不要花多眼乱。改革开放30多年，人口流动的规模是史无前例的，全国都面临文化重建的问题，我们一定要注意广府文化精髓的传承问题。

饶原生：

梅州、河源、潮州都有相应的博物馆，它整个的客家文化系都会有一套生成、移民迁徙路线，他们的语言、他们的饮食、他们的生产工具等等都会有一整套的梳理。但是恰恰来我们广州，我们真的是缺乏一种对文化的梳理、传播、展示，没能找到一个地方去展示好。

这个文化生成变迁要有一个系统的展示，目前很缺乏，所以现在我们要亡羊补牢，包括我们《凤眼看广府》都是怎样去抓紧去做补救的事情，希望能够更有系统可以梳理文化、更有力度去传播文化。

郑佩瑗：

刚才强调了广府文化的平民性，平民性实际上是商业文化的一个特点，它一定要通俗，一定要设法使所有人都能够接受，能够煽动人们有欲望去买这种东西。但是我们一定要注意到在这个平民性的基础上处理好"通俗"和"高雅"的关系，这个也涉及我们广府文化的精神、文化遗产的继承和发展。这些都是文化部门要做的很多工作，首先我们要有文化自信，我们不是没有文化，我们是有文化的，而且我们有很多很优秀的文化。

倪惠英：

不只是一个低调问题，而是我们不善于总结提升。实际上我们广府的形成，广东的这种文化，如凤凰卫视所介绍当时三大移民迁徙的历史，很多人未必看得到，很多人自己也不了解这些历史的。

陈泽泓：

报纸上说的是现在我们要怎么样爱护和发掘历史文化的问题。全中国全世界最早记录海上丝绸之路的历史文献是弘扬广东的文化。番禺人在汉朝的时候就能够在书籍里面记载海外国家，汉书地理所讲就是到了那个地方。所以我觉得我们需要发掘我们的文化的价值，希望我们用眼睛去看多一点背后的故事就是这个意思。

亮点三：黎子流"驳"嘉宾发展文化经济先行

【导读】在论坛上，有嘉宾提出，务实是广府文化最重要的特点，务实让广府人以经济发展为重，造成有些东西不能冷静观察，看问题比较狭隘，多考虑有没有得到好处。即广州人太现实了，导致被外地人认为没有文化。

对此，黎子流果断打断台上嘉宾发言，抢麦"反驳"指出，广府人必须"务实"。

黎子流：

第一，"务实就是低调，低调就是不够眼光"，我认为这个说法是不对的。低调务实是用行动实践来说明的，有没有文化影响力也要靠实践来检验。广东自改革开放以来人才辈出，珠海横琴岛新建的长隆旅游度假中心，全面落成后预计每年吸引超过2000万游客，董事长就是去年获得"广府十杰"称号的苏志刚先生。务实低调不等于不够眼光。

第二，广府文化的自我宣传目前还是很不够的。宣传广府文化可以有各种方式，但要强调一点，那就是"继承、发展、吸收、创新"。继承是首要前提。另外，作为宣传者自身，必须要熟悉广府文化，最起码要对当中的思想、特征、实体等有所了解。如果连自己都不了解，又怎样宣传呢？

第三，以经济建设为中心，是我们坚定不移的信念。自邓小平同志提出这条路线以来，整个国家发生了翻天覆地的变化。邓小平同志坚持"两个文明一起抓"，其中就包含了文化建设方面的内容。经济基础固然不可动摇，没有基础国家就会穷，穷就不是社会主义。但是，发展必须有文化作为支撑，作为动力，作为支柱。国民素质提高了，国家才能走向前进。

饶原生：

我认可，我希望我们的文化资源能适当保护，我赚一点就够了，将更多的资源留给后人，何必要把这些资源用尽呢？

亮点四：广府文化其实是最先进的文化

【导读】论坛嘉宾指出，在广府地区，有钱的跟没钱的、当官的跟平民百姓常在一起喝茶吃饭；这里没有阶级划分、没有贫富的巨大反差，人人都喜欢生活在这里，在这里生存压力小，是最适合居住的地方。人人都喜欢的文化就是最先进的文化。

倪惠英：

外省人来到广东之后都不愿意离开，很多从外面调过来的领导，他们退休之后都喜欢来到广州，最终都留在广州住。为什么？因为广东有一个最宜居的生存环境：它没有压迫感。在这里生活你会比较放松，广东人对于官本位、对于权力没有一种很刻意的追求。

我们去过很多地方演出，相对来说适宜居住的还是广州，广州的文化、人的心态，会使人整个生活比较悠闲，我觉得广东文化还是一种比较先进的文化。每个人都是找到自己的位置，我们一样可以到公园去唱粤曲，会寻找适合自己的生活方式。大家都生活得非常轻松和舒畅。我觉得在这一点上我们要有充分的自信。

饶原生：

很多的生活格言很明显地显示出我们的物质文明。比如说"天掉下来当被子盖"就是说什么都没有所谓的；又比如说"可以吃咸鱼的人就可以受得了渴"、"没有这么大的头就不要戴这么大的帽子"诸如此类的话，我们很多的生活总结是很实际的，我之所以喜欢这块土地，之所以在这里生活得这么开心，其实是有自己的一种生活哲理在指导着我们的生活。

郑佩瑗：

广府文化的一些特点源于广府人对人生的追求，对生活美的判断，是和内陆的农耕文化有所区别的，比如说不一定追求我要创多大的事业，而是追求"舒适"。我们去内陆旅游，看到有些地主的庄园是非常大的，而广东的地主、资本家很少有那么大的庄园。很多俗语很能说明问题，如，"仔大仔世界"，意思就是说，我把你（儿女）养大为止，今后就是你自己的事情了。"儿孙自有儿孙福"，子孙的生活是他们自己的事情。

广府文化应该说是中国商业性和公民意识最强的文化，广州的西关文化就是一个代表，公民意识非常强。不迷信权威，心态平和。比如对待一个非常富有的人，大家就会说，今天他非常富有，明天就不一定，所以不会嘲笑人家穷，也不会攀人家富，自己做自己的事情。更加不会有任何仇富的思想。非常注意维护自己的权益，不会迷信也不会跟风，追求公平的竞争。还有就是追求先进时尚的文化，这个是非常明显的。

黎子流：

我们不要忘记，在中国，包括广府，农耕文化是基础。刚才提到"桑基鱼塘"，那其实是先辈们在浅海中艰苦挖基而成。"桑基鱼塘"是一种良性循环的发展模式，也符合环保的理念。

粤语文化论坛精彩纷呈　从娃娃抓起刻不容缓

2014年12月22日 08:47　　来源：凤凰网广州

12月20日，由凤凰网广州站主办，广府文化产业发展促进会、广州地区旅游景区协会、孙中山大元帅府纪念馆协办的粤语文化论坛在孙中山大元帅府纪念馆举行。广东省人民政府文史研究馆馆员郑佩瑗、广州电视台潮爆粤语节目主持人饶原生、羊城网总编辑劳震宇担任主讲嘉宾，与观众共同探讨粤语文化的传承及推广问题。与会嘉宾对粤语逐渐被淡化表示忧虑，认为应从娃娃抓起，加强粤语文化建设。

专家忧虑粤语地位被淡化　呼吁从娃娃抓起推广标准粤语

粤语，广府人称为"白话"，据了解，1934年出版的《中华民国新地图语言区域图》明确广府地区方言称为"粤语"。作为汉语中的一种方言，粤语是汉语各大方言中较为独特的一种，被认为是广府文化的标志，有着源远流长的历史与不可替代的文化价值。

但近年来，由于全国大范围推广普通话，"广州话"作为标准粤语的地位逐渐被淡化。"我的孙子现在还在幼儿园，普通话学得好，连回到家都跟我讲普通话，粤语反而讲得少了。"郑佩瑗说。

她认为，粤语和普通话从不对立。国家需要稳定、有序的发展，必须要确立官方通用语。粤语推广需要顺应自然,旨在为青少年营造良好的方言氛围。

"尊重粤语自然发展规律,不要刻意推行更不要强行限制,应以粤语文化为切入点,挖掘广府文化内涵,加强广府民系的团结。"郑佩瑗在论坛上呼吁,广州历来为广府地区的经济、文化核心地区,必须要从娃娃抓起,在幼儿园、中小学推行广州话,推动粤语文化的发展。

"人人都爱讲普通话,并非人人只能讲普通话。"劳震宇认为,粤语与普通话并非小大的概念。语言体现文化价值观,社会应允许多元的价值观共存,才能促进民族的团结和社会的持续发展。

据数据统计,目前在全球约有1.2亿人使用粤语,在粤语核心地区广东省近4000万人使用粤语。饶原生认为,对外通商交往中,粤语使用更为普及,保留和推广粤语,可以更好地促进中国与海外华人的经济、文化交流。

新广州人要大胆地说 融入粤语环境

语言作为一种交流工具,在社会生活中担任重要地位;而语言能否被普遍使用是影响其能否成为主流的重要因素。广州历来是以纯粤语或以粤语为主交流的城市,新广州人及其后代如何能够真正融入城市当中,学习粤语是一种途径。与会嘉宾认为,新广州人应大胆地说粤语,融入粤语环境。

如何能够让自己及后代讲得一口流利的粤语?郑佩瑗认为,粤语九声六调,不同的变调表达了不同的语义,于是"正音"显得尤为重要。要学习粤语,首先要选择好的启蒙老师;其次要先学习书面语,再通过生活的交流充实生活词汇。

饶原生则认为,学习粤语贵在"敢",主动讲、用心听,学校要注重粤语环境培养。

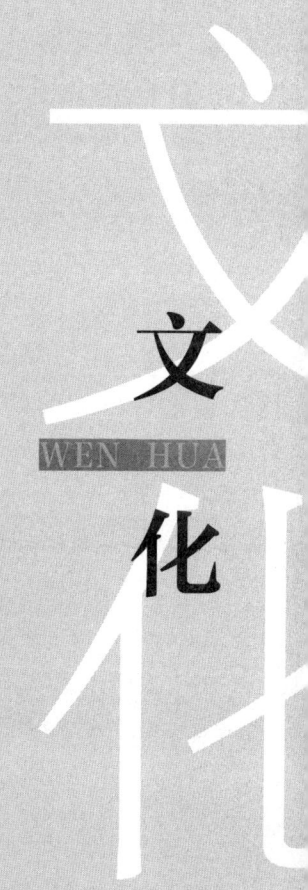

文化
WEN HUA

"珠玑后裔"与四邑文化

纵观中国漫长的移民史，其主流是南迁。不同年代的南迁移民，有着不同的入粤途径及生存形态，他们对岭南的开发与发展做出了不朽的贡献。其中影响最深刻的当属宋元以后的移民。岭南社会经济的发展、岭南文化的繁荣、广府民系的形成与发展，离不开宋元以后的移民，这是得到普遍认可的。这一时期的南下移民，不少均经陆路由粤北进入岭南。他们或落籍粤北，或以此中转继续南下，散发岭南及海外各地。因此，宋以降岭南主要的移民源地及移民中转站——粤北南雄珠玑巷便演变成一个迁移符号，成为广府人寻根的祖地。

广府人，即广府民系，是岭南三大民系之一，是中原汉族南下移民最早与百越族融合的族群，其文化的古越族底色明显。广府民系不但是中原汉族南下岭南批次多，移民源头多，移民途径复杂，分布区域广的族群，其中又以分布在以广州为中心，珠三角为主要区域及其周边地区的粤语族群为重要的组成部分。这部分广府人的族谱，多有关于祖地"南雄珠玑巷"的记载。他们现在无论身在国内或海外，均自称是"珠玑后裔"。这部分广府人，数量众，成就高，影响大，精英辈出，在珠江三角洲的大开发过程中起了不可替代的重要作用，对广府文化特质的形成至为关键。珠玑巷移民的传说载入了广府许多姓氏族谱中，相关的故事在珠江三角洲民间广泛流传，其中最具代表性的当数南宋罗贵率众南迁事件。罗贵南迁的终点——新会良溪，800年来，又成了南迁移民的中转站，这些移民的后人从这里，转散珠三角各地，继而漂洋过海，走向世界。

自20世纪90年代初，珠江文化研究会的学者们对南雄珠玑巷进行了多次深入调查研究。2006年10月学者们在对江门良溪进行侨乡文化的调研后，提出了"良溪——后珠玑巷"这一概念，黄伟宗教授在《"前后珠玑巷"的发现及其文化意义》一文做了详细的介绍。2007年11月6日，广东省人民政府参事室（文史馆）、中共江门市委宣传部、江门市蓬江区人民政府联合举办了"良溪——'后珠玑巷'学术论坛"，与会专家学者对"良溪——后珠玑巷"这一概念进行了多学科的论证。

根据方志记载，四邑是"珠玑移民"的一个重要居住地，如新会，"至宋度宗咸淳九年由南雄州珠玑巷迁至者约占全邑民族之六七焉"（《新会乡土志辑稿》）。如今，无论是四邑地区的广府人，还是海外的四邑籍华人、华侨，超过半数均为"珠玑后裔"，可见四邑的广府人大多为"珠玑后裔"，他们是四邑开发建设的主力军，是四邑文化的创造者。我们通过对良溪这一典型的分析，四邑文化的特质、"珠玑后裔"对广府文化的贡献便轮廓清晰了。

一、从罗贵传说看四邑文化的开拓进取

广东北有五岭横亘，南面大海，地理位置独特，少有战乱波及，自唐以来便是躲避战乱的理想之地。唐玄宗开元四年（716年），张九龄奉诏开凿大庾岭梅关新道，唐宋以后南下的移民多经此道，粤北便发展成岭南较发达的地区。尤以宋代以来，大量的北方移民由此进入岭南，使岭南人口快速增长。如嘉定之前，南雄州的户数是17366，嘉定年间（1208—1224年）则增长到了33639户。净增16273户，近乎一倍。而南雄州下辖的始兴县，淳熙间1366户，嘉定间则为2086户，也呈上升趋势。南雄珠玑巷成了唐宋时期中原及江南人南迁聚居发祥之地。几百年间迁民一批批南迁至此，又一批批南下而去。宋代，南雄有两次移民大迁徙，南下珠江流域。一次为南宋淳祐六年（1246年），因潮州王兴的义军转战广州，广州辖下各县人口剧减，后"诏徙保昌（即南雄县）民实广州"。另一次为南宋末元初德祐二年（1276年），元军挥戈南下，元将吕师夔攻陷南雄、韶州，宋守将曾逢龙、熊飞先后战死。为避兵燹，于北宋末年及其后移居南雄地区的北方士民，又继续顺北江南迁珠江三角洲。北宋至元初200多年间，南雄珠玑巷人陆续南迁到广州、南海、中山、顺德、番禺、东莞、新会等地，先后达130余次。其中宋绍兴元年（1131年）以罗贵为首的98家37姓大规模南迁为最。这两次移民人数多，规模大，时间长，分布广。南下广东的北方迁民，有相当一部分经粤北（"珠玑巷"成为代名词）到达珠江流域，逐渐融入广府民系，在珠江三角洲、西江和漠阳江流域成为广府民系的主体，广府地区各姓氏族谱大多把珠玑巷记载为祖居地。南雄珠玑巷成了一个重要的移民中转站，是学术界认可的中国三大移民源之一（另两个移民源：洪洞大槐树、麻城孝感乡）。而罗贵率众南迁新会良溪，后转散珠三角的英雄事迹在广府民系中广泛流传，珠玑巷南迁氏族无不感罗贵之恩德。

坐落于江门蓬江区棠下镇北面的良溪古村，原为新会县（市）所辖，2002年9月，新会撤市设区（1992年10月新会撤县设市），划入江门市，改称新会区，棠下镇划归江门市蓬江区管辖。良溪是南迁始祖罗贵率众南迁的终点站，珠三角地区的罗姓人大多归宗于此。罗贵率众南迁这一历史壮举所带来的姓氏文化和迁徙文化对岭南历史文化的发展产生了深远的影响。

英雄崇拜是人们生活理念、价值取向、理想追求的体现，是生存的需要。人类的英雄崇拜情结古而有之。汉人社会的宗族制度源远流长，宗族文化是汉族文化的最重要的柱石，民间社会以对天和祖先的崇拜为中心。一些西方人类学者认为，"民族（nation）是由一推想的共同祖先相联系的后代组成，他们有共同的地域、历史、语言、宗教以及生活方式；亚民族小于该民族但却和它相类似"。"亚民族"（亚族群），罗香林称之为"民系"。珠三角的广府民系对罗贵的英雄崇拜，有"宗族文化"的烙印，符合人类崇拜"推想的共同祖先"的需要，更是"珠玑移民"拓荒垦殖、创造新生活的需要，其重要意义是文化的认同，而文化是民系认同的标志。

罗贵南迁事件，广府地区各"家谱"、"族谱"多有记载。虽然南迁的年代、原因等差异较大，但基本事实是明确的。曾昭璇、曾宪伟、张永钊、曾宪珊的《珠玑巷人迁移路线研究》对此作了详细的论述。

罗贵是南宋初年的贡生，中原移民的7代传人，被广府人尊为"贵祖"。据《罗氏贵系源流》（良溪村委会编纂）记载："罗贵生于北宋哲宗元祐元年（1086年）。南宋高宗绍兴元年（1131年），因天灾地劫，粮食作物失收，加上人满之患，更增加了谋生的困难，因此贵祖与同里诸姓相议，有志南迁，举公为首领，向州县申报，取得通关文献。是年正月十六日，贵祖率36姓97家人从珠玑巷起程，于四月十六日到达冈州蓢底时，蒙土人龚应达接应，会同赴县立籍缴引，蒙批准增立图甲，以定户籍。"

南迁后，迁民在自然资源丰厚、生存条件恶劣的环境下，结草为庐，垦地种粮，围堤截水，勤耕苦作，历27代传人，将良溪建成聚居了罗、胡、叶、廖、谢等姓氏的著名古村落。今良溪的"核心"——良东、良中、良北三条自然村，就是罗贵为首的罗姓人逐步建立起来的。

罗贵南迁事件虽是一个移民个案，但却颇具代表性。其特点如下：

1. **文化心理的开放性**。罗贵率众南迁是有组织有计划的集体行动，而非单个族群行为。他率领33姓97户南迁，使我们看到宋以降的移民与广府民系的早期移民及其他民系的聚族移民有着质的变化，其文化特质是：对内开放，对外开放。罗贵并非族长，他带领的集体非单个族群，而是志同道合的异姓团体。他们提倡"异姓一家"、"世代相好，无伤害也"。罗贵因有勇有谋，倡义扶危，是能团结民众、同舟共济的组织者，众望所归，粤方言谚语"唔使问阿贵"（义：①大事由罗贵来决定——罗贵的绝对权威；②这事无须问罗贵——罗贵的宽容；③小事无须问罗贵——罗贵领导艺术的体现）可为佐证。后来罗贵被尊为"贵祖"当属自然。今天，广府民系的宗族观念浓厚，班辈分明，世系、家谱完善，根的情结浓厚，但其宗族家族制却不似客家民系紧密、封闭，从罗贵事件当有启发，这对广府文化的开放性研究极具意义。

  2. **组织行为的合法性**。罗贵事件反映宋以降移民的素质较高。事件的领导者是贡生，事件的性质是合法行为。他们文件齐备，得到出发地南雄及目的地冈州官府的支持，有异于广府民系先民的移居行为。

  罗贵率众南迁珠三角之前，进行了团集商议，以为南方"烟瘴地面，土广人稀，必有好处"。于是即"签名团词赴县陈告，准立文案、文引，仍赴府告准案结引，立号编甲"（《东莞英村罗氏族谱》手钞本），对迁入地是否有"势恶把持"先做了解，是有备而来。将所谓"路引"和官府公牍载入族谱，是为了争得入住权的合法化。入住权的确立，标志着"珠玑移民"对珠三角开发权合法化，这是岭南移民的一大进步，是移民文化的一大进步，对岭南文化的发展意义深远。

  3. **迁民性格的开拓性**。宋以降的移民大多为官府组织，虽然明初的移民有暴力胁迫特征，而宋代入粤移民却是为避战乱，自愿加入移民行列的，有流动自由。这便使"珠玑移民"具有较大的主动性与开拓性。

  据史料记载：宋代的珠江三角洲，许多地方还是浅海、沼泽和新生沙坦，九江、乐从、佛山、南海以下，到今中山横栏、沙茛、港口以上，顺德、番禺、南海和新会的许多地方及东江三角洲东莞等地都是宋以后成陆的。如唐宋时的江门北街、潮连、外海、东炮台、水南、滘北一带，除了几个小山头外，其余全为海洋。元明以来，西江带来的大量泥沙在这里淤积成坦，逐步变为陆地。明洪武三年（1370年），白石才有人定居。汉人大量移民到新会定居并从事开发性生产，是在宋代县境的东部、中部、中南部的冲积平原进入沙田大量浮生时期以后。罗贵率众移民珠三角是听说"南方烟瘴地面，土广人稀，田多山少，堪辟住址"。开发、利用自然条件与资源是文明和文化的基础。南迁后,"珠玑移民"不但给岭南带来了先进的文化、技术,而且在开发、利用自然条件与资源方面取得了丰硕的成果,促进了岭南农耕、渔猎文化与北方农耕文化的融合,使岭南成为新文化萌发的节点。珠江三角洲能勃发于宋,后来居上,得益于南下移民潮带来的人力、物力资源,得益于中原、江南的先进文化、技术,更得益于移民不畏艰险,勇于开拓的精神。

综上可见,宋以降移民的生存理念、生存方式、组织性质已发生了变化。罗贵的英雄传说,无论是文学记忆、历史记忆或是二者合一,其自信开放、开拓进取的文化内涵至为珍贵。

二、从社会形态看四邑文化的多元融合

广东地理位置优越,有悠久的经商史,是东西方文化的交汇点。得海洋文化熏陶之先,是最早睁开眼睛看世界的地方,是新思想、新文化的登陆地。近现代,更是思想、政治、文化革命的策源地。珠玑巷移民向珠江三角洲地区迁徙,唐至清初,从未间断,可谓源远流长。史称,珠江三角洲的衣冠士族,都是南雄珠玑古巷的南迁后裔,由珠江三角洲向海外拓殖的人士、家族,追根溯源,亦大都是南雄珠玑古巷的南迁后裔。据现存族谱查明,今新会县居民的祖先,有70%以上是来自南雄珠玑巷和崖海之战的宋军的幸存者。优越的地理位置、较高素质的移民源、特殊的历史背景等因素,使该地区后发之势明显,其文化也彰显着多元融合的魅力。

隋开皇十年(590年)新会建县后,县治会城镇就成为本县的商业中心。它位于西江、潭江下游,南濒南海。境内西江、潭江纵横,河运发达。沿江门水道、虎坑可进入西江河道,直通广州、佛山和广西梧州等地。沿潭江而上,可达开平三埠各地。出崖门可通港澳和全国沿海各港口。早在元代,就开设了到广州的定期客、货运班船——"内长河渡"。到清代,据康熙二十九年(1690年)《新会县志》记载,当时开往广州、佛山、香山等长航渡船已发展到29艘,短航渡船21艘。据清同治二年(1863年)编纂的《经政略》记载,当时新会已有驿铺多处,可直通省城和开平、新宁等地。清宣统二年(1910

年），新宁铁路新会路段动工兴建，民国二年（1913年）4月竣工。民国八年，建成新会第一条公路——江鹤公路的江门至杜阮段。至民国二十八年建成7条公路，在县境共长89.4公里。清光绪二十八年（1902年），县属江门镇被辟为对外通商口岸。据清光绪三十四年（1908年）编的《新会乡土志》载：本县输出商品，农产品以柑、橘、橙为大宗，加工产品以烟丝、葵扇、茶叶、蚕丝、夏布为大宗。输出商品，主要是出口香港转销世界各地。商业市场已颇具规模，江门镇很快就成为商业中心。商业文明使素有"新会北大门"之称的良溪古村落有了新的社会形态。到了近代，大量良溪人漂洋过海谋生发展，他们接受了华侨文化的"洗礼"，由来自岭北的先祖开基的良溪，不但有着深厚的中华传统文化底蕴，而且融入岭南土著文化和海洋文化元素，使良溪古村落的历史文化更多姿多彩。

进入良溪，可尽赏多元融合的文化风情。如，富有特色的良溪古村落，同台山、开平侨村的洋楼相比，给人以中原流风的强烈冲击；村东、北两端的两座别具特色的"镇东楼"、"镇北楼"（村民俗称炮楼），与"洋"气十足的开平、台山碉楼相比，更多的是显示出中原文化的"土气"，朴实无华，坚固实用；位于良东村的"节孝流芳"坊，建于清乾隆元年（1736年）。其建筑形制独具特色，对研究清代岭南建筑特点及地方伦理风俗有较高的历史文化价值；位于良北村的罗氏大宗祠，又称贵祖祠。是良溪人的"圣殿"，国内外罗氏的"麦加圣地"。建于清康熙四十六年（1707年），乾隆二十八年（1763年）重修，嘉庆七年（1802年）重建，咸丰元年（1851年）又进行一次较大重修。宗祠的形制与中原建筑一脉相承。祠内的对联，为这座古宗祠增添了浓浓的中华文化与书法艺术内涵，成为中原儒家文化忠孝节义进入岭南的一个见证，具有很高的建筑及历史文化价值。良溪的民俗风情与棠下镇其他村落大体相同，传统中透着新异。但因良溪是罗贵的祖居地、珠三角罗氏的发祥地，有罗氏大宗祠和始祖墓，祭扫始祖墓已成为良溪民俗文化的重要组成部分，村民兴高采烈，像过年一样热闹。至于五部堂祭祖祈福等活动、"洒洒水"诗联文化遗址的清幽及其传闻遗风，无不使来者沉浸于传统文化与岭南文化融合的神思遐想之中。

良溪是棠下镇重点侨乡之一。根据1998年的侨情调查，良溪旅外华侨华人有1702人，港澳台同胞1063人，旅外乡亲总数达2765人，比居家人口还要多。主要分布在新加坡、马来西亚、美国、加拿大、中国香港等地。其中不乏海外华侨华人的骄傲。如，饮誉南洋的罗其生（晚清时，罗其生在南洋开设的烟丝店，与丹灶朱广兰开设的烟丝店齐名）、香港罗兆宁父子有限公司及英联洋行董事长的罗兆宁等。爱国爱乡是华侨文化的核心内容。热心举办公益事业，造福广大桑梓，是华侨文化的集中表现形式之一。良溪旅外乡亲素有爱国爱乡优良传统。从20世纪二三十年代，华侨热心保卫家乡、造福家乡的各项活动，积极捐资建设公共设施、兴办医院、开办学校等，良溪迈开了现代发展的步伐，良溪文化融入了浓浓的海洋文化元素。

生存理念决定了生存形态，生存形态决定了文化形态。四邑地区的文化氛围、精神气象多元荟萃、色彩斑斓，同时又带有浓浓的侨乡特色。如，保留了古越语底层的地名，有古越族渊源的习俗，浓厚的中原宗族文化，移民的开拓精神，中西合璧的建筑，西方的宗教、文化、教育、体育活动等。多元融合的四邑文化是中原文化、南越文化与外来文化融合与发展的产物，彰显着自信开放、兼容并包的魅力。

三、四邑文化是广府文化的另一标志

广府民系是我国最大的移民族群，又是岭南移民历史最长、与土著越人融会最和谐、人口构成最多元的族群。广府民系人数多，分布区域广，经济、文化发达，从广府民系的发展看，宋代是发展的重要时期。秦汉以降，广府民系经历了漫长的历史演变，"南雄珠玑巷"是这个漫长历史演变的转折点，四邑文化是广府文化传承开拓的另一标志。

秦汉至唐，是岭南的缓慢发展期。唐代中期以后，中国古代的经济重心日渐南移，岭南的经济得到了大发展，广州这个"海上丝绸之路"的起点，不仅发展成全国三大商业城市之一（其余两个是：长安、洛阳），而且是世界著名

的商港。但此时的岭南地区仍地广人稀，经济、文化落后于中原，思想是以儒家的农耕思想为正统。

清代岭南著名学者屈大均曾指出，宋以前的岭南是"蛮荒"，宋以后的岭南是"神州"，宋代是岭南从"蛮荒"到"文明"的转折期。宋朝平南汉后，致力于恢复广东的经济，宋太祖开宝四年（971年）在广州设立市舶司，实行特殊政策，发展海外贸易，遂使广州成为"天子南库"。宋代，大量的士大夫被贬岭南，大量的士人避乱岭南，大量的移民也选择岭南，使岭南的人口大增，荒地得以开发，岭南的经济、文化得到了大发展，不再是"化外"之地。

南雄珠玑巷被大多数广府人奉为祖地。《广东通志》载："相传广州诸旺族俱发源于此（珠玑巷）"。黄慈博遗稿《珠玑巷民族南迁记》所载，有家谱族谱可查，先后在南雄珠玑巷南迁珠江三角洲一带的有76姓、166族。又据《南雄珠玑巷人南迁氏族谱志选集》所载，还有27姓，31族，合计为103姓，197族。具有800多年历史的古村良溪是罗贵南迁定居之地，被广府诸姓视为祖居，到此凭吊者无数，仅2007年清明期间，从珠三角各地、港澳海外回良溪祭奠罗贵的罗氏后裔便达40000人。南迁始祖罗贵是广府民系极富史诗色彩的英雄，深入探析，这种现象实为广府民系对新文化的认同。

"珠玑移民"大多来自于经济、文化、生产技术较发达的中原、江南地区，有丰富的水田种植经验。南迁后，他们因地制宜，创造性地改革农业耕作技术。据宋代人郑熊《番禺杂记》载："春插夏熟者，早稻也；夏种秋熟者，晚稻也。"宋代的珠三角地区已种上了双季稻。宋代大量的移民引发了珠三角的围垦热。"珠玑移民"到了珠三角安居后，对珠三角的地理环境有了更多认识，掌握了沿海低地和冲积与三角洲平原的特点与规律，发扬团结互助精神，联合当地原居民，广泛而大规模地修筑堤围、破塘、沟渠，并进行排灌、防洪、去卤等水利工程，保障了农业生产。早在宋、元期间，新会已开始修筑简陋围堤，抵御洪、潮，进行农业生产。明洪武二十九年（1396年）新会修筑天河、横江、周郡等3个大围；明代中叶，当地农民开始挖塘造基，抬高地势，实行池塘养鱼，基地植桑，桑叶育蚕，蚕屎回塘养鱼。新会一向有利用围堤种葵习惯，据调查，现属礼乐围内的外海龙溪围，清咸丰十年（1860年）成围后，堤坡上就种植蒲葵，刈葵收归公用。清同治年间，人们在耙冲修筑了3.3公里长的堤围，把784亩滩地围成了稻田。光绪二十八年（1902年），人们又在水南修筑了1.5公里长的堤围，使806亩河滩地变为耕地。也就是在这期间，江门北街的地势也高了起来，白石乡的村民便在上面种上了桑树，这片滩涂也便成了耕地。到了清末，新会全县已筑成能捍卫万亩以上的大围堤有天河、潮连、桂园、龙溪、百顷、大鳌等6条。有了堤围，土地得以充分开发利用，于是出现围田、沙田、基塘等土地利用类型。堤围的修筑，使农业向多种经营发展，著名的桑基鱼塘、果基鱼塘、蔗基鱼塘和杂基鱼塘等就此诞生。这一特殊人工地貌，作为一种新文化景观，是人类改造自然胜利的标志，也是经济转型的标志。

宋代广东稻作文化和北方旱作文化相结合，农业生产呈现多样，出现了随其"地土所宜，争以为业"的盛况。主要经济作物产品有甘蔗、水果、槟榔、花卉、香料、蒲葵、席草、桑蚕、塘鱼、蔬菜、茶叶、苎麻、棉等。这些作物的驯化、栽培、推广，产品加工、销售等所需要的许多技术手段和流通渠道，都离不开一定的社会文化背景，而它们的成功，正是文化进步和传播的结果。以进步的农业技术明显地改变农业土地利用面貌，创造了前所未有的物质文明是农业发展的又一大特点，宋代在广东一带已经普遍使用灌溉提水机械，如较多使用的用流水转动的筒车、水准、水碾等水力机械。大量的粮食和其他农副产品供应市场，在广东农业文化史上有特殊意义，使岭南迅速摆脱蛮荒、落后，走向文明与进步。广府民系开始了挑战传统、走向海洋的新征程。

伴随着生产的发展、经济形态的转变，广府文化迎来了重大的蜕变，进入了从传统到反传统，从农耕到商业，从内陆到海洋的蜕变。在此蜕变过程中形成的四邑文化，有着鲜明的传承创新特质。

新会教育历史悠久，人才辈出，素有"海滨邹鲁"之称。早在1500多年前，未建县先设郡，相应地促进了文化教育事业的发展。据史籍载，北宋庆历四年（1044年），已在会城马山麓建学宫，设县学，为学子课读之所。之后，书院不断建立。明代中期著名思想家、哲学家、教育家、诗人、书法家陈白沙，创下了开拓岭海、影响全国的"江门学派"，是封建时代，岭南唯一从祀孔庙的学者。他倡言兴学育人，学风大盛，因而坊、隅、乡间皆设社学。清代后期，"西学东渐，风气日开"。近代有资产阶级改良主义者、著名学者，戊戌维新运动领导者之一的梁启超，极力主张废科举、兴学堂，促使封建科举取士制度的结束，全国各地普遍创办新式学堂。该地区长期以来尊师重教，伴随着社会、经济、文化大发展，人才辈出，学者如云，尤其是近现代，不乏承前启后的领军人物，可谓名人功绩光耀千秋。南宋有"三世太守"：马持国、马晰骥、马宜祖；元、明两朝有"一里三贤"：张扪、黎贞、陈献章；民初有"民国两柱石"：代总统伍廷芳和司法院院长、外交部部长伍朝枢父子；不同时代的"新会文人三泰斗"：陈献章、梁启超、陈垣；现代的"一门三院士"：梁启超一门的梁思成、梁思永、梁思礼等，从这些领军人物，我们不难看到广府文化传承开拓蜕变的轨迹。

　　从珠玑巷史事可以看到，广府民系的形成，宋代是一个相当重要的时期。以罗贵率众履险南迁为代表的宋代移民，使广府民系进入了新的发展期，从而使四邑成为我国多种传统农耕文化、南越文化、西方文化（海洋文化）的碰撞地，中原文化、岭南文化和海外华人文化交流的中转站，迎来了广府文化的蜕变。四邑文化是这一碰撞节点上生成的新文化——海洋性的商业文化的萌芽，堪称广府文化传承开拓蜕变的记录，是广府文化传承开拓的另一标志。广府文化长期以来成为岭南文化的代表，是最"土著"的文化，又是传承开拓最典型的新文化。

四、四邑文化是我国海洋性商业文化的萌芽

　　根据《珠玑巷民族南迁记》的记载，分布在今珠三角广府人的211个氏族中，有191个氏族是从南雄迁入的，而其中又有187个是宋代经南雄迁入的，占了总数的98%。由于独特的生存理念和生存形态，"珠玑后裔"所创造的四邑文化，具备了商业文化的特质，是我国海洋性商业文化的萌芽。

1. 重商重利，勇于进取

黑格尔曾说过："人类在大海的无限里感到他自己底无限的时候，他们就被激起了勇气，要去超越那有限的一切。海邀请人类从事征服，从事掠夺，但是同时也鼓励人类从事商业与正当的利润。"滨海地带的族群有天然的条件通向外界，通向海洋，发展商业文化。广府地区地处南海之滨，土著的古南越人很早便开始向海洋拓展。

秦汉以降，中国的正统文化是重农抑商的中原农耕文化，而汉代的岭南人就已经"习于水斗，便于习舟"，很早就向海洋发展。据《汉书·地理志》载，秦汉时海上丝绸之路始发港在徐闻、合浦，这是由当时湘桂走廊交通地位和航海技术所限形成的。而此时的广州仍是南北货物集散中心地之一。

宋代珠江三角洲开始大规模围垦，良好的自然资源，中原的先进生产技术，"珠玑后裔"的自信开放及文化的多元荟萃，使广府地区商品经济初露头角。据史料记载：清末光绪年间，新会的葵扇、夏布、烟丝、蚕丝、茶叶已成为大宗输出商品，行销香港及内地各埠。到了明代，新会农业、手工业已有较大的发展。大宗的农副产品有稻谷、蒲葵、糖蔗、柑橘橙、香大蕉、荔枝、红烟、蚕桑、塘鱼、生猪、三鸟。手工业产品有葵扇、夏布、红烟丝、蚕丝、茶叶、红糖。明清两代，新会著名的土特产品葵扇、甜橙，先后列为"贡品"。清光绪三十年（1904年），江门北街建立海关后，新会外向型农业、手工业更有所发展。光绪三十四年（1908年），新会仅烟丝、茶叶、夏布、水果（以柑最多，橘次之）、葵扇、蚕丝5项，运出省港（以香港为主），共值白银480万元。

近现代的江门是五邑农副产品的集散地。据史料记载：康熙八年（1669年）复界后，人民得以休养生息，商业活动显著发展，康熙二十四年（1685年），粤海关在江门设立正税口，后改称江门常关。光绪二十八年（1902年），清政府又与英帝国主义签订了《中英续议通商行船条约》，辟江门为通商口岸，1904年3月7日，英国根据《中英行船通商续约》，在江门北街设立了海关，光绪三十年（1904年），通过江门口岸进出的船舶达13337艘次，载货量达40.5万吨，江门关征收关税达14.2万两。江门与佛山、顺德陈村、东莞石龙并列为广东四大商业重镇，成为珠江三角洲西部的商贸中心，外来的文化也逐渐渗透到江门这个商埠。

四邑地区又是全国著名的侨乡，地理位置优越，物产丰富，水陆交通便利，商贾云集，加之深厚的历史文化底蕴，在清末民初便陆续吸引了一批爱国爱乡的华侨回乡投资置业。据《江门市志》载：光绪二十三年（1897年），由新会大泽乡人吕永统与同乡华侨合资组成吕余庆堂，率先在东海里购置成片土地，始建住宅群，逐渐形成首个归侨、侨眷聚居点。至民国二十七年（1938年）这短短的41年内，江门共有归侨、侨眷和港澳同胞亲属聚居点共13处之多。20世纪二三十年代，江门长堤作为五邑重要的客运码头，旅馆、酒店、剧院、商店等配套设施也应运而生，迅速发展，许多海外华侨和各地商贾前来投资经商，一些外商也在江门开设商行，当时仅英、美、德、日等国批发经营石油、洋杂货等外国商号就有13家，长堤一带"华洋杂处，商旅辐辏"，时有"小广州"之称，江门的进出口额也因此在广东居于前列。多元经济使商贸活动成为一种重要的生产方式，赋予广府人重商的传统。这与中国传统的自然农业社会的一元经济，以农为本、重农抑商不同。广府文化以重商、开放、务实、兼容等商业文化和保留较多古越族文化为主要特质，并以此区别于其他民系文化。在内外贸易比较发达的大背景下，正统的中原文化、南越人渔猎采集的遗风、北方移民的图存求强精神，多样的生存方式与求生实践，经过长期的碰撞融合，逐渐孕育了重商、重利，勇于开拓，敢于拼搏的精神，形成了既保留较多的古越族文化，又重商、开放、务实、兼容等商业文化特质的广府文化。

2. 从容淡定，崇尚实业

偏安一隅的岭南，长期以来远离中国的政治、文化中心，自然条件优越，面向大海，有着与海外沟通的悠久历史，宋代的广州就是全国最大的贸易港之一。民风淳朴，越汉相处和谐，如，赵佗、冼夫人堪称楷模。生存环境改变了生存理念，加之北方移民是下行移民，对传统有较强的批判性，对政治有较强的远离心态。经过长期的融合，孕育了从容淡定、淡泊虚名、易退难进的文化精神。这种文化精神，为商业文化的培育提供了肥沃的土壤。在20世纪60年代前，新会工业以手工业为主，产品以葵扇著称。清末光绪年间，葵扇、夏布、烟丝、蚕丝、茶叶已成为大宗输出商品，行销香港及内地各埠；新会第一间用机械动力生产的工厂——同利米机是开办于清宣统二年（1910年）。辛亥革命后，全县陆续开办使用动力机械生产的有发电厂、造纸厂、糖厂等。新会是广东著名的侨乡，接受西方科学文明较早。清初新会已有西医传入。清末，三江赵鼎三创制木杂铁轮的织布机，利用汽力、畜力代替手工操作，新会县农务分会设有农事试验场。民国时期，先后建设了农林蓄殖场、农林推广处，拥有10亩苗圃地培育树苗等。人们谋生途径多、生存空间大，便笃学思辨，淡薄了正统的官本位思想。随着四邑华侨经济、文化的影响与促动，海洋性的商业文化得以萌芽，西方先进的工业文明得以传播。人们视野开阔，从容淡定，崇尚教育，崇尚科学，崇尚实业，蔚然成风。近现代的四邑可谓人杰地灵，创多个全国第一，是我省乃至我国著名的雅文化带。江门院士路所彰显的深厚的文化底蕴、华侨创办的实业就是明证。广东在近现代得以领风气之先，四邑文化功不可没。

3. 华侨反哺，中西融合

四邑地区是我国移民海外最早、华侨最多的地区。四邑人移居海外始于唐代，该地区毗邻港澳，人们把中国天主教、基督教（新教）的策源地澳门视作"门口路"。近现代的四邑更成为中西方文化的碰撞地，致使四邑文化以其鲜明的特质区别于其他民系文化，在全国独树一帜。广府文化最独特之处就在于其与海洋文明的"对接"，这"对接"的重要媒介是华侨。

广府籍移民美国距今有200余年的历史。19世纪后半叶，中国沿海地区主要是广东省珠江三角洲一带大批劳工背井离乡，远涉重洋，来到美国（洲）谋生。其中广东籍华工以四邑人最多。他们起初集中于加利福尼亚等西部各州，后来逐步分布于美国各地。迁入东亚地区的"珠玑后裔"，同样秉承中华优秀文化精神，富于开拓、冒险、勤俭、敬业，扎根发展后又转徙其他国家和地区，从而使广府籍"珠玑后裔"遍布全球。

五邑（现行政区划，在原四邑基础上加鹤山）侨乡面积为9288平方公里，现有人口390多万,海外华侨华人为215万多人,相当于侨乡人口的57%;如果再加上149万多五邑籍的港澳同胞,这个比例则高达96%。在215万五邑籍华侨华人中,有155万集中在美洲,占该侨乡海外移民总数的72%。尤其集中在美国和加拿大(132万),当地华侨华人社区中,不论从人口数量还是政治、经济实力,五邑籍华侨华人都居前列,所以五邑有"美国华侨之乡"、"加拿大华侨之乡"的称誉。

据《五邑华侨的磨难历史》记载:20世纪30年代,美洲的侨汇经常占全国侨汇总数的1/3或1/2,在美洲侨汇中来自美国的侨汇又占67%~76%。据研究,广东不少于90%的侨汇是用在养家糊口上,侨汇完全是侨乡的命根子,这个特点也正说明了时刻情系家乡的五邑籍华侨之多之广泛。长期持续不断的侨汇流入侨乡每一个华侨家庭,表现了海外赤子与家乡无法割断的紧密联系。

频繁的人员往来,紧密的经济联系,使五邑成了中西方文化多方面激烈碰撞融会之地,中外文化交融,深入到侨乡社会的各个角落,华侨文化对岭南文化产生了积极的反哺作用。如,各侨乡都有华侨出资开办的新式学校,各种图书室、医院、教堂等在侨村出现,西方的教育思想、西医的治疗方法和技术、西方教会的势力、西方的体育活动走进了侨乡,与此同时,也催生了新文化——我国海洋性商业文化的萌芽。

综上,"珠玑后裔"的兼容开放、勇于拼搏、开拓创新、放眼世界促进了珠三角的进步与文明,翻开了广府民系的新篇章,迎来了广府文化的蜕变。四邑文化是移民文化主动融合"土著"文化,吸收外来文化的产物。研究四邑文化,对研究岭南文化、中国文化,对文化建设、和谐社会建设、和谐广东建设意义重大。

(2009年4月13日修改稿《"后珠玑巷"文化刍议》,发表于2009年6月《广东女性职业教育论坛》;2012年6月24日修改稿《"珠玑后裔"与四邑文化》,发表于2012年7月25日"广府寻根·祖地珠玑"学术研讨会)

"客侨文化"研究对岭南民系研究的深远意义

　　文化是人类生活的反映,是人们社会实践的产物,是历史的积淀,是承托人们精神的框架。一个地区的文化形态必然是该地区人们长期生存状态的反映。我国历史悠久,幅员辽阔,民族众多,由于自然、社会、历史等因素,文化积淀深厚,文化形态异彩纷呈。

　　民系,又称"亚民族"、"次民族"、"族群",是指一个民族内部有互相认同的语言、文化、风俗等的亚文化群体。汉民族因为历史和环境的变迁,逐渐分化,形成了若干微有区别的亚文化群体。岭南的广府、潮汕、客家三大民系就是典型。

　　文化研究与民系研究关系密切,互动性强。广东省人民政府参事黄伟宗教授等专家学者通过深入调研,在《整合古今资源,开拓"客侨文化"——关于东莞市凤岗镇古今文化的调研报告》中提出了"客侨文化"这一概念及打造"客侨文化"这一议题，对岭南民系的研究意义深远。

一、"客侨文化"的特质

顾名思义，"客侨文化"，就是"客家文化"与"华侨文化"的融合体。下面，让我们从"客侨文化"的载体——凤岗客家及其文化形态着手分析，探源溯流，揭示"客侨文化"的特质。

1. 多元融合

据史料记载，我国东南沿海自古以来是古越人的分布区域，古代岭南是古南越人的居住地，考古发现证明岭南有丰富多彩的南越文化。古代岭南偏安一隅，地广人稀。千百年来，或因战争动乱，或因官职升迁，或因异地开发，或因游学经商……北方移民南迁不断，历史上的岭南经历了5次移民潮。今天的广东是中国最大的移民省，有着两千多年的移民史。不同的移民源地、移民年代、移民路径、移民聚居地的生态环境和人文环境等因素，使南迁移民与原住民经过漫长的历史融合，两宋以后形成了广府、潮汕、客家三大民系，三大民系都自称是中原移民的后裔。因而岭南文化也就涵盖了广府文化、潮汕文化、客家文化三种地域文化。岭南文化内涵丰富、形式多样、风格独特。近现代的岭南文化以其鲜明的海洋性与创新性辐射全国，在近现代中国现代化民主化的历史进程中发挥了巨大的作用。广东又是中国最大的侨乡，三大民系都有向海外移民的漫长历史，华侨文化积淀深厚。

广府民系的先民早于秦汉时期，大多于宋代，自北南下，唐以后多以南雄珠玑巷为中转地，迁居西江流域或珠江三角洲，再转散海内外各地，是移居岭南最早的民系。宋元时期，随着大批移民自闽入潮，闽文化自北而来，使潮汕地区全面开发，至明清时期，最终形成有鲜明特征的潮汕民系。

客家民系的先民自西晋末年大举南迁，他们由中原或沿汉水入长江迁向湖北、安徽、江苏、浙江一带，朝东由九江到鄱阳湖；或顺赣江进入赣南山区，朝南直至梅州的大埔。他们的迁徙并非如广府、潮汕两民系一步到位，而是几经辗转，历经千年，才最终形成了自己的"大本营"——今之赣南、闽西、粤东北三角地带。而后继续向南进一步迁移、散发，漂洋过海，从不止步，从不满足。最终成为一个特征显著，在世界上分布范围广、影响深的汉族民系。他们永远是"客"，永远前行。由于千百年来他们一直在大迁徙，历尽艰辛与磨难，而聚居地大多贫瘠闭塞，俗语云："逢山必有客，无客不住山"，恶劣的生存环境，培养了客家人吃苦耐劳、忍辱负重、开拓进取、自强不息的精神。尽管在漫长的迁徙中不可避免地与畲、瑶、古越等南方土著民族通婚、融合，但在岭南三大民系中，对汉文化的固守最执着，汉民族意识最强。也正因为客家民系的迁徙特性，使他们的"融合"力更强，"主客相融，变客为主"，海内外的客属皆如是，只是不同的区域，相融的族群不同而已。从中也可看出民系的认同，实质为文化的认同。

东莞市位于广东省中南部，珠江口东岸，东江下游的珠江三角洲，属广府文化区域。东莞市境内流行粤方言和客方言，以粤方言为主。粤方言区面积、人口均占全市的绝大部分，客方言主要通行在东南部与惠州、深圳相邻的丘陵地带，约占全市面积的18%。在32个镇区中，纯客方言镇仅樟木头，清溪、凤岗两个镇大部分讲客方言[①]。

凤岗，古称塘沥洞。据史料记载：粤语系人（又称本地人），其先祖多从江西迁到粤北南雄珠玑巷，再到珠江三角洲一带，后又逐迁到凤岗。在元明两朝到凤岗立村定居，已有近800年历史；客话系人，其先祖原多在福建和江西两省，后南迁到粤东地区，明末清初迁入凤岗立村定居，至今已有500多年的历史[②]。凤岗的原住民应为古南越人，"塘沥洞"这一古称及凤岗粤语有舌尖前清边擦音l可为证。现凤岗人的祖先都是移民群体，广府人是首先迁入凤岗的移民，如，雁田村的邓氏先祖，便在唐朝元和元年（806年）从河南南阳迁江西吉水，再经南雄珠玑巷迁入凤岗立村定居，继而客家人多从梅县、惠阳地区陆续南迁而来，至今已多达206姓。客粤杂居是凤岗的一大特点。长期的杂居，使东莞凤岗客家，成为"多元融合体"。

凤岗又得沿海和毗邻港澳的地缘优势，在近现代的历史背景下，清朝嘉庆年间，凤岗人开始陆续出洋谋生。鸦片战争后，为寻求活路，不少人被迫成为"契约华工"（俗称"卖猪仔"）迁移海外，经过100多年，现旅居海外的凤岗华侨遍布世界36个国家和地区，已超过4万人，是坚守本地人口的近2倍，凤岗成为东莞市的重点侨乡之一。移居各地的客侨又融会了居住地的文化，随着客侨对家乡的反哺，客家文化和华侨文化的融合给凤岗文化增添了浓墨重彩的一笔。由此可见，在客家文化的基础上，各路移民带来的各地域文化、原住民的南越文化、广府文化、毗邻的港澳文化，打上各旅居国色彩的华侨文化等，在此碰撞、融合，生成了独具魅力的凤岗客侨文化。"多元融合"成了凤岗客侨文化的最大亮点。

我们以油甘埔村为例：该村通用客家话，但村委辖区内除少数60岁以上的人外，大多数人会讲客家话、本地话（粤方言）和普通话，方言中外语借词多与粤方言同。如，衬衣——恤衫、球——波、父亲——爹哋、母亲——妈咪、再见——拜拜、小费——贴士、小店——士多等，可见西方文化及广府文化影响之深。

油甘埔村的民俗大多与广府民系大同小异，不少习俗深受广府民系影响，但因对客家传统的恪守，其民俗文化又不失客家风姿。如，婚嫁程序把"拜堂礼"放在成亲之后，堪称油甘埔客家民俗的一大特色。至于赛山歌、节庆舞麒麟、客家民居精致的雕饰等客家民俗文化早已是凤岗镇远近闻名的文化品牌了。

2. 和谐共生

"多元融合"迎来的就是"和谐共生"。

东莞凤岗应为客家民系的扩散地，凤岗客家先民从赣、闽、粤东北等客家民系成熟地经韩江、梅江、东江、陆路、海岸陆续南迁而来，与广府民系杂处一地，经历了漫长的磨合，形成了"和谐共生"的社会形态。东莞属广府文化圈，客家文化属弱势文化，客家民系在东莞生存发展势必自我调整，逐渐融入广府文化圈。在客粤杂居地，这种自我调整更明显。凤岗客家因能对文化传统执着固守，便能源远流长，活色生香；因能自我调节，便能融合，便会和谐共生。

　　500多年来，凤岗客家在凤岗与"本地人"杂处一地，不断地自我调节，适应新环境，也不断地为凤岗文化增添新鲜血液。在艰苦垦殖，共建家园的同时，凤岗客家改造了自然，改造了自己，也改造了他人。在磨合融会，求和共存的同时也迎来了新生。凤岗客家的海洋意识、商业理念、中西方文化交融的程度、语言演变、生活习俗、建筑风格、海外移民等均有别于内陆客家，广府文化的影响痕迹明显。如，凤岗的客家传统民居——"排屋"与"排屋楼"，其形制与珠江三角洲广府民居颇为相似，突破了聚族围居的格局，其精美的装饰既不失客家的传统又不乏西洋风韵。最具特色的当属"排屋楼"，多以一座炮楼和一栋排屋组成，而炮楼与排屋相通，可谓进可攻退可守，收放自如。这是客家民居建筑的风格和形式在滨海地区受广府文化与西洋文化影响的产物，是继著名的客家圆寨、围龙屋、走马楼、四角楼等，"多元融合"的发展，象征着其文化形态从"对内开放，对外封闭"走向"对内开放，对外开放"的嬗变。在多元融合的环境中，凤岗的广府民系同样深受客家文化的影响。如，一些口语词普遍有别于广州话，而与客话相同：狂（惊）、捡（执）、寻（揾）、耳吉（耳仔）、地豆（花生）、伶俐（干净）等。至于"港式粤语"对年轻人口语的影响亦显而易见。改革开放后，凤岗处于"桥头堡"的区位优势，中外人员流动更频繁，是新客家青睐之地，数十倍于本地户籍人口的外来人员从东西南北中汇聚于此，使凤岗的人口结构、文化形态大为丰富，多元融合，和谐共生更显优势，由此催生的凤岗文化是一种杂交后的新文化，其形态风格更显魅力。

　　3. 开拓进取

　　据史料记载：宋代的珠江三角洲，许多地方还是浅海、沼泽和新生沙坦，九江、乐从、佛山、南海以下，到今中山横栏、沙菵、港口以上，顺德、番禺、南海和新会的许多地方及东江三角洲东莞等地都是宋以后成陆的。大量的南下移民，不但给岭南带来了先进的文化、技术，而且在开发、利用自然条件与资源方面取得了丰硕的成果，促进了岭南农耕、渔猎文化与北方农耕文化的融合，使岭南成为新文化萌发的节点。珠江三角洲能勃发于宋，后来居上，得益于南下移民潮带来的人力、物力资源，得益于中原、江南的先进文化、技术，更得益于移民不畏艰险，勇于开拓的精神。凤岗客家在珠三角开发的高潮中，扮演了重要的角色，尤其是清代康、雍、乾、嘉年间，朝廷实行"禁海"后又"复界"，在各地招致入垦沿海者，客家人加速向珠江三角洲扩散。如，"清朝中期设立在黄洞廻龙庵的碑文记载，凤岗的立村定居第一批客家人的先祖为'十三位公'。他们应召从粤东地区南迁到凤岗开垦，至今已有300多年历史了"[3]。

凤岗客家发扬了客家民系的吃苦耐劳，勤劳俭朴，坚忍不拔，敢与天斗、与地斗、与外强势力斗的坚强不屈精神，以及对"乐土"执着的追求。如黄洞村极具特色的排屋横联"爰得我所"，体现了凤岗客家对凤岗生存环境的认可——这就是苦苦追求的"乐土"！同时也反映了客家民系千百年来对"乐土"的不懈追求。

凤岗客家在改造自然的同时，也造就了自己，开拓进取使他们获得了更大的生存空间和自由。面向大海的生存条件，与广府民系的融合，使他们的视野更开阔，文化具有鲜明的滨海特色：开放、包容、自信、开拓。勇于开拓的传统融入了新的内涵——海洋意识与商业意识，进取性更强。各种历史原因促使凤岗客家大批走向海外谋生，使凤岗成为东莞的著名侨乡。华侨文化对凤岗文化的影响毫不亚于广府、潮汕民系的侨乡，客家人走向世界，凤岗显然是个中转站。这与凤岗文化的开拓性密切相关。改革开放，广东成为前沿阵地，东莞的巨变举世瞩目。地处偏僻的凤岗发生了翻天覆地的变化。今天的凤岗，海纳百川，城市化、工业化、市场化远超内陆客家地区，这不仅是自然条件使然，更重要的是凤岗文化开拓进取性的体现。

十一届三中全会后，凤岗人在改革开放政策指引下，变革了生产关系，实行生产承包责任制，大力招商引资，兴办工业，发展市场经济，凤岗籍华侨（华人）、港澳同胞参与热情高涨。原属东莞山区镇的凤岗迅速崛起，先后创办了1000多家制衣、塑胶、五金、建材及高新技术电子、电脑等各种外资、合资、民营企业。工业的迅速发展，工业人口的迅猛增加，又带动和促进第三产业的迅速发展。

仅2005年，凤岗镇又新签"三来一补"和"三资"协议44宗，合同利用外资达5252万美元，实际利用外资9711万美元，全年协议增资403宗，金额1.0336亿美元，外贸出口总值为13.1238亿美元，其中"三资"企业出口值为6.8475亿美元，"三来一补"企业出口值6.2697亿美元。全镇完成"三来一补"工缴费9269万美元；完成"三资"产值110270万美元。到2005年底止，全镇实现工业总产值83.7亿元。实现各项税收总额5.9亿元，实现财政收入2.65亿元。各项存款余额77.1亿元，城乡居民存款余额50.8亿元；村组两级纯收入达3.6亿元；全年社会消费品零售总额9.9亿元。固定资产投资14.0亿元，同比增长23.3％。在2005年国家统计局公布的全国综合实力千强镇的测评结果中，凤岗名列第43名。而凤岗镇也成为东莞市知名的制造业重镇，经济增长和创汇排在全市、镇区的前十名④。

近两倍于凤岗本乡人口的凤岗籍华侨（华人），在旅居国披荆斩棘，奋勇开拓，积极参加旅居国的建设，促进了中西方的文化交流。为维护华侨权益，加强与旅居国人民的友谊与团结，贡献卓著。涌现了一批爱国爱乡的华侨知名人士，如彭祖绅、张友权、黄成松、张丰年、陈小姐等。20世纪90年代后期，旅居牙买加的黄洞村华侨、时任牙中友好协会会长黄成松先生陪同该国总督霍华德·库克一行访华期间，到凤岗黄洞村参观访问；2004年旅居苏里南的华侨张丰年（油甘埔村籍人），参加该国总统访华团。访问期间，陪该国总统专程到油甘埔村访问，为加强两国人民的友谊做出了贡献，为凤岗华侨史增光添彩。

今天，在新的历史发展时期，凤岗已为落实科学发展观，探索科学发展之路，提升文化软实力，建设文化强镇描绘新的蓝图，蓄势待发。艰苦奋斗，永不满足，不懈追求，凤岗客侨文化彰显着开拓进取的魅力。

4. 传承创新

多元融合，才能和谐共生；发扬传统，才能和而不同；一体多元，才能丰富多样；求新存异，才能传承创新。这是辩证的统一，是事物充满生机的体现，也是事物发展的规律。文化的发展，民系的发展、民族的发展莫过于此。

"客侨文化"的特质分析，使我们看到：传承才不会迷失自我，融合才能创新，世界才会和而不同，多样统一。这是凤岗"客侨文化"对岭南民系研究的启示，也是对民族研究、文化研究的启示。

广府、潮汕、客家三大民系的聚居地的特性不同（广府沿江而居、潮汕沿海而居、客家沿山而居），广府、潮汕、客家三种文化的地域特色鲜明。就个性而言，广府文化、潮汕文化的海洋性更强，客家文化对传统文化的固守更为人们所乐道。如，客家人坚守"宁卖祖宗田，不忘祖宗言"，客家方言，保留了较多的唐宋中原古音和古汉语词汇，客家的"耕读传家"、"崇文重教"的社会风尚和"崇先报本"的客家意识，团结互助、敬老尊贤的传统美德，严整宗教制度、热心续修家谱族谱的传统，爱国爱乡的赤子之情，客家人的风水观念和风水术以及对观音、关帝的崇拜，婚丧喜庆中的传统礼节礼仪以及许多民俗文化现象，无不是中原传统文化的传承与体现。凤岗客侨文化不但具有这些客家文化的个性，而且融会了广府文化及华侨文化的特色，自成一体，是一种融合后生成的新文化，是在传承基础上的创新。

重教兴文是客家民系的优良传统。这一传统在凤岗得到了发扬光大。再苦再累也要让子女受教育成为凤岗人的共识。从清朝中后期起，凤岗范围内较大的自然村，相继创办了55所书塾书院，对村民子女进行启蒙和文化教育。1790年岭南四大才子之一的宋湘，应凤岗上村知名乡绅张时行的邀请，到上村任教，其教学遗址——建成于清代乾隆后期的"纂香书室"及其亲笔题写的"纂香书室"墨迹保存至今。

重教兴学蔚然成风，使得凤岗文风兴盛，人才辈出。如凤岗的古建筑迴龙庵，是该镇自古乡邻聚集过节的地方。新发现的《黄洞迴龙庵石碑》记载："迴龙庵"重修于清乾隆年间，捐资者达170多姓氏；光绪年间又重修，海内外捐资者达683人。此外，尚有义建崇烈堂碑、遗爱堂春祀碑、遗爱堂崇祀碑等文物，记有遍布亚美各国的乡籍华侨（华人）捐款助学、助乡者姓名，已多达7000余人。据传，清朝中后期，四乡（包括樟木头、清溪、惠阳龙岗及宝安县观兰等地）文人学者，每年都定期云集到黄洞村的兴贤文社进行学术交流和探讨。这一举措，也相应推动凤岗文化教育事业的发展。据可查史料，清朝中后期，凤岗出了28个文武秀才。从民国期间到新中国成立后，凤岗先后涌现了一批知名的政治家，原子能、物理、电子、医学等专家学者和高级工程师，象棋宗师杨官璘更是乡亲们的骄傲。从2001年至2005年底止，凤岗人子女在校就读研究生、博士生及本科、大专生多达242人。

坚强不屈、敢于抵抗外强侵略，爱国爱乡是凤岗人的优良传统。几百年来生生不息。1899年，雁田乡村民在爱国人士的组织下，一马当先，成立抗英指挥部，组织和训练民团，支持香港民众的抗英斗争，痛击越过深圳河的英国殖民者，打破了英国殖民者的扩界计划。凤岗雁田被当朝的清政府封赐为"义乡"。抗日战争时期，凤岗地区是抗日游击队及其后东江纵队打击侵略者最活跃的地区之一。其中官井头村、黄洞村、排沙围、竹尾田村以及油甘埔村等，成为革命老区。凤岗人民英勇抗日，有30人为国捐躯，在凤岗的革命斗争史上增添了光辉的一页。

凤岗中西合璧风格的"徘屋"及"排屋楼"是客侨文化的一道独特风景，其建筑风格形式各异。可与开平碉楼比美的碉堡式"炮楼"，新中国成立前，尚有160多座，现保存完好仍有120座，数量之多为东莞市之冠，密度之大不亚于开平市，在全国实属罕见。无疑，这是凤岗人传承创新的硕果。而设备先进、布展精美的"凤岗历史博物馆"是全国罕见的镇级历史博物馆，更张扬着凤岗人传承创新的魅力。

凤岗人以传统为根基，开拓创新，使凤岗人无论何时何地，创举不断。改革开放30年来，凤岗的巨变令人艳羡，其间不乏惊世之举。如，雁田村敢于"吃螃蟹"，取得了资本运作的成功经验：早在1987年，村党支部高瞻远瞩，做出了建立自己的企业，形成自己的经济体系的决定。雁田人完全靠村民集资办起自己的经济实体，走出去，投资数亿元办实业，把雁田村经济推上加速发展的轨道。使雁田经济保持着年平均45%的增长速度，在完成从农业经济向工业经济转变后，逐步实现由劳动密集型产业向资金技术密集型产业的转变。2005年雁田村组两级净资产超两亿元，排名广东东莞全市村组第一，初步形成了多种经济形态并存的发展模式。3000雁田人与10多万外来人口共同创造了一座名满珠三角的文明富裕村，为保持发达地区村组集体经济和农民收入增强的良好势头，破解发达地区村组集体经济发展模式的难题，创新集体经济发展模式，再创农村村组经济做大做强的辉煌迈出了坚实的步伐，提供了有益的启示。

凤岗的文化随着经济的腾飞而推陈出新，繁花似锦。两年一届的艺术节，大力促进了广场文化、社区文化、企业文化、校园文化的建设，客家文化、侨乡文化、象棋文化、广场文化四大特色文化品牌的打造成绩喜人，2007年获得了东莞市文化建设先进镇的光荣称号。传承创新使凤岗实现了经济与文化齐头并进，城市与文化和谐发展。

二、"客侨文化"研究对岭南民系研究的启示

民系文化的载体是民系，"客侨文化"的载体是凤岗客家。凤岗客家是客家民系自中原到岭南，从山区到沿海，从闭塞到开放，从单一到多元发展进程的见证，是客家民系发展的必然，是岭南民系发展的记录。它的发展与广府、潮汕两民系的发展轨迹：从中原到岭南，从内陆到沿海，从闭塞到开放，从单一到多元基本一致。因此"客侨文化"的发展有指向性的意义，"客侨文化"的研究对岭南民系研究有着深远的意义。

1. 岭南各民系发展的共同轨迹：多元融合，传承创新

广东是个移民大省，"民系"是个动态的概念。千百年来，北方移民南下与岭南土著融合后，形成的广府、潮汕、客家三大民系，其形成、发展轨迹：北方移民南下——与土著融合（如，粤西的"汉人僚化"、"僚人汉化"；客家的汉与畲、瑶、古越的融合等）——形成新民系，是基本相似的。其文化的生成发展进程：中原文化——汉越相融（或汉畲相融，或汉瑶相融）——形成新文化：广府文化、潮汕文化、客家文化（统称岭南文化）。可见多元融合是

岭南文化发展的共同轨迹，是岭南文化的共性，只不过因融合的历史、元素、地域不同而形成各自鲜明的个性而已。岭南三大民系均为不同时期、不同地域，不同族群多元融合而生成的新民系。研究岭南文化及岭南民系，离开了这一共性的把握，将会舍本逐末。这也使我们看到，岭南三大民系均自称中原汉族的后裔，客家民系的一些观点：自称是中原汉族"衣冠士族"的后裔，而忽略了"多元融合"的实质。这种以静止的眼光来分析动态发展的事物，显然是主观片面的，是有碍文化研究、文化创新、民系研究、民系融合的。

2. 岭南各民系文化形态的演变：兼容开放

岭南三大民系的文化形态多姿多彩，有道是：广府喜江，客家乐山，潮汕亲海，这较生动地概括了三大民系由生存条件所形成的文化特性。然而随着社会的发展、自然生态环境和人文生态环境的变化，民系及其文化特征也在变化，随着社会的均衡发展，三大民系的个性差异将逐渐缩小。各民系文化形态的演变将会出现大体相同的路径：封闭——兼容——开放。而兼容开放，是各民系文化形态演变的共同道路，"融合创新"将是最终的归宿。凤岗的"客侨文化"就是一个明证。

3. 岭南民系研究对民族团结的意义

"民族"是一个历史范畴，有其发生、发展和消亡的过程。因此其内涵与"民系"一样，是动态的。"民族"是"人们在历史上形成的一个有共同语言、共同地域、共同经济生活以及表现于共同文化上的共同心理素质的稳定的共同体"，是长期历史形成的社会统一体。中国幅员辽阔，人口众多，是一个历史悠久的文明古国。中华民族是一个经过漫长历史演变而形成的由56个民族构成的社会统一体，自然有其动态的变化过程。"客侨文化"概念的提出，就是从动态的角度研究岭南民系及其文化的成果。我国的各民族当与"凤岗客家"一样，有其独特的演变发展过程，这一过程均离不开多元融合。这将启示我们，对民族的研究同样应更重视其发展变化动态过程的研究及其应用价值。如摒弃狭隘的血统论，重视各民族在历史过程中多元融合的客观现实，这将对民族团结贡献良多。

三、"客侨文化"研究对文化建设的启示

1. "客侨文化"概念与"跨界研究"

随着时代的进步，各领域的研究正朝着分科细化的方向发展，其结果是新的学科概念不断提出，新的独立分科不断出现，使研究向纵深发展，文化研究、民系研究也不例外。而新的独立分科得以出现则是"跨界研究"（跨学科领域研究）的成果。

岭南三大民系的形成时间大抵在两宋，三大民系的文化有着海洋文化的共性，又个性鲜明，近年来，三大民系的文化研究成果显著。其中"客家学"研究已有两个多世纪，现已是一门显学。但传统的岭南文化研究及民系研究，往往囿于广府、潮汕、客家三大领域的划分。

广东是中国最大的侨乡，华侨移民历史悠久，华侨文化积淀深厚。广东籍侨胞约2000万，占全国华侨华人的2/3，分布在世界100多个国家和地区。按行政区划计，广东地级市有80%为侨乡；按土地面积计，侨乡占全省总面积的72%；按人口计，归侨、侨眷人数达2000多万，侨乡人口约为全省总人口75%。特殊的地理、历史、人文背景造就了广东丰富多彩的华侨文化景观，无论是物质层面、精神层面还是制度层面，广东侨乡都深深地打上了华侨文化的烙印。华侨文化是中华文化的重要组成部分，是中西文化交流、融合的产物，除了具有区域文化（如岭南文化或广东文化）的共同特质，更富有创新性、边缘性。长期以来岭南文化研究，把华侨文化与广府文化、潮汕文化、客家文化三种地域文化并列，自成一个独立的领域。

但广府、潮汕、客家三大民系虽然个性鲜明，共性也相当突出，三大民系均与华侨关系密切，若囿于传统的分科研究，往往会作茧自缚。如，传统的华侨文化研究与广府文化、潮汕文化的关系较客家文化密切。但岭南的客家文化因地缘、人文诸因素，又有着海洋文化的共性，受华侨文化的影响不亚于广府、潮汕两民系，东莞凤岗文化就是一个共性与个性完美结合的典型。

凤岗的华侨人数多（现在海外的乡籍华人华侨，比本乡镇人口还多一倍以

上），分布区域广，与家乡关系密切；古今文化资源丰富；文化具有鲜明的滨海特色：开放、包容、自信、开拓，与广府文化的海洋特色一致，这和赣南、闽西南等内陆地区客家文化有着不少质的区别。"客侨文化"概念的提出，不仅准确地揭示了凤岗文化的特质，提出了新的分科概念，而且使客家文化与华侨文化的研究进入了跨界研究的阶段，是客家文化研究及华侨文化研究深入、拓展的必然，是文化研究分科细化的结果。

"跨界研究"就是把握事物"融合"的实质，多学科、跨领域地进行问题研究。岭南文化最大的特点便是"多元融合"，只有"融合"才有和谐，只有"融合"才有创新。没有"融合"就没有岭南文化。"客侨文化"的提出正切中"融合"的特质，是从岭南三大民系及其文化、华侨及华侨文化等多领域进行多学科的比较与论证的成果，是岭南文化研究及中华文化研究的拓展。"跨界研究"带来创新的局面，对文化研究及文化建设的应用价值不可小觑。

2. "客侨文化"研究与和谐社会建设

目前我国正处于人类历史上最大规模的城市化进程，在改革开放先行先试的珠江三角洲，"大量城市边缘传统聚落正在转变千百年来形成的生产生活方式，实现从社会结构、产业结构、空间形态乃至心理意识等等各个方面的翻天覆地的转变，完成从传统到现代、从乡村到城市的转型"⑤。凤岗的居民主要是源于北方不同时期的移民，以客家民系为主，广府民系次之，经过长期的磨合融会，和谐相处，文化相融。改革开放后，随着经济的飞速发展，大量的外来工进入（现有外来人口近40万，本镇户籍人口仅3万余人），加速了社会结构的变化，这在珠三角是很有代表性的。如何使队伍庞大的"新客家"融入新的社会环境，建设和谐社会，是沿海地区共同面临的极具挑战性的社会难题。"客侨文化"研究使我们看到只有融合才有出路。"新客家"和当年的"老客家"一样，来自五湖四海，"新客家"的处境，"老客家"容易理解，这为破解难题提供了帮助。发扬凤岗文化的优良传统，以宽广的胸怀、包容的心态、科学的态度，确立大中华文化观，提倡文化交流、融合，并扎扎实实地做工作，建设有利于和谐社会发展的新文化，从而增强凝聚力，增强"新客家"对广东文化的认同感,共同建设和谐社会,共同创建广东的新文化。这项工作的性质和"客侨文化"的特质是相通的。随着"客侨文化"的研究、建设,南北融合、主客融合、民系融合的经验不但贡献于岭南,贡献于全国,同时也谱写着中华民族的新篇章。

注释

①《东莞年鉴》编委会:《东莞年鉴(2005)》,北京:中华书局出版社,2005年版。

②仁焕林:《凤岗历史博物馆》,海口:南方出版社,2008年版。

③《凤岗概况》,凤岗镇综合性门户网站。

④同上。

⑤刘晖:《珠三角城市边缘传统聚落形态的城市化演进研究》。

(2009年9月24日于广州云台里,发表于2009年12月11日"中国首届客侨文化论坛")

关于建设凤岗中国客侨文化研创中心的建议①

一、提议缘由

1. 2009年12月11日,在凤岗成功举办的"中国首届客侨文化论坛"上,专家已充分论证了"客侨文化"这一概念及凤岗文化的定位为"客侨文化",为"中国客侨文化研创中心"的建设提供了有力的理论依据。经过一年的努力,凤岗打造"客侨文化"的工作成绩显著。2010年6月,凤岗的"客侨文化"被评选为"珠江文化星座"(首批共25个),媒体作了大量的报道,得到了社会的认同,为"中国客侨文化研创中心"的建设打下了良好的基础。

2. 凤岗经济发达,高度重视文化建设工作,是东莞的文化建设先进单位。且地处珠三角1小时生活圈,人才聚集力强。与广东省珠江文化研究会等省市级文化研究机构有密切的合作关系,可依托这些单位及珠三角的人才优势,联合粤港澳、国内外众多专家，形成一支力量雄厚的研创队伍。

3. 凤岗的华侨人数众多（现在海外的乡籍华人华侨，比本乡镇常住人口还多1倍），华侨分布区域广（分布在世界36个国家和地区），与家乡关系密切，古今文化资源丰富。文化具有鲜明的滨海特色：开放、包容、自信、开拓，与广府文化的海洋特色一致，这和内陆山区的客家文化有着不少质的区别，凤岗的"客侨文化"定位，突显了凤岗文化的特色和新意。在凤岗建设"中国客侨文化研创中心"的主客观条件成熟，认可度高。这项工作同时也为众多的海外客侨营造一个"家"；是对爱国爱乡的华侨的回报；是通过建设一个高级别的交流平台和研创基地，结一条连接全球"客侨"的纽带；对调动"客侨"建设家乡的积极性，增进全球华人的团结意义重大，必要性、迫切性突出。

4. 文化建设，要有纵观世界的视野，包揽天下贤才的气度，更要培养、建设一支强大的、高水平的本土文化研究、文学艺术创作、文化产业开发管理队伍。尤其在本土文化资源信息研究、艺术创作的情感归依等方面，本土文化队伍更具优势。凤岗有着优良的文化传统，文化活动多样，各种人才活跃，成绩斐然。通过"客侨文化研创中心"的建设，筑起研究交流的平台，创造人才培养的环境，整合本土人才资源，打造文化精品，培养优秀的本土文化工作者，建立一支高水平的科研、创作、管理队伍，提高凤岗的文化核心竞争力。

5. 充分开发凤岗历史文化资源，打造客侨文化品牌，建设客侨文化名镇，推动文化产业发展，全面提升文化软实力，是增强凤岗核心竞争力，落实《珠江三角洲地区改革发展规划纲要（2008—2020）》的重要举措。建设"客侨文化研创中心"，使之成为落实这一重要举措的助推器，为打造"客侨文化"品牌搭建平台，提供理论、人才支撑，从而提高凤岗的文化品位和人才聚集力，提高凤岗的知名度，推动凤岗的文化产业开发。如，可借助"客侨文化研创中心"的建设，在"珠江文化星座"的基础上，打造"岭南文化星座"等文化品牌，发展文化创意产业和旅游业。

6. 凤岗的居民主要是源于北方不同时期的移民，以客家民系为主，广府民系次之。长期以来,和谐相处,文化相融。改革开放后,随着经济的飞速发展,大量的外来工进入凤岗镇(现有外来人口近40万,本镇户籍人口仅3万余人),这在珠三角是很有代表性的。如何使这个庞大的"新客家"队伍融入新的社会环境,建设和谐社会,是沿海地区共同面临的极具挑战性的社会难题。"新客家"和当年的"老客家"一样,来自五湖四海,"新客家"的处境,"老客家"容易理解,这种文化心理为破解这一难题很有帮助。发扬凤岗文化的优良传统,以宽广的胸怀、包容的心态,科学的态度,确立大中华文化观,提倡文化交流、融合,并扎扎实实地做工作,才能建设有利于和谐社会发展的新文化,才能增强凝聚力,增强"新客家"对广东文化的认同感,有利于和谐社会的建设。而这种工作的性质和"客侨文化"的特质是相通的。"中国客侨文化研创中心"的建设,为新老客家的文化融合提供了平台,创造了机遇,为创造新的凤岗文化,总结积累外来工顺利融入广东社会的经验拓展了空间。

二、关于"中国客侨文化研创中心"的初步设想

(一)总体目标

把中心建设成为"中国客侨文化"的学术研究中心、文化教育中心、人才培养中心、信息资料中心、文化艺术创作中心、咨询服务中心和文化产业开发中心,使之成为凤岗文化发展的助推器。

(二)中心业务

1. 中国客侨文化研究部

(1)在上级主管部门领导下,组织研究制定凤岗文化事业发展的战略规划。将理论研究成果与实践应用相结合,为社会文化发展决策提供咨询及论证。

(2)借鉴国内外文化产业的理论与实践,紧密结合凤岗实际,从生产力经济学、产业经济学、文化学、社会学、法学等多学科角度,开展对文化产业的综合研究。

(3)制定并发布每年度课题研究指南。

（4）受理相关的研究项目的申报；组织专家对申报项目进行评审，对立项项目进行中期检查和项目验收。

（5）结合具体的研究领域举办各种形式的学术研讨会；定期编辑、出版、发行"中国客侨文化研创（暂拟）"（刊物）。

（6）主办并维护"中国客侨文化研创中心（暂拟）"网站。

（7）邀请专家学者来中心讲学，开办学术讲座；通过组织项目研究，与国内外有关学术机构和科研院所进行密切合作与交流。培养一支本土的文化研究队伍，提高凤岗的学术研究水平。

（8）组织和推动民间文化研究，进行民间文化田野调查，建设民间文化研究资料信息库，开展民间文化在文化创意产业、旅游产业等方面的应用研究工作，编撰民间文化研究刊物。通过调查和研究民间文化，弘扬人文与科学精神，充分发挥民间文化贴近民众，洞悉民情和资政佐治的功能，为党和政府决策服务，为社会主义精神文明建设服务，为繁荣发展哲学与人文社会科学做出贡献。

2. 中国客侨文艺创作部

（1）在上级主管部门领导下，组织研究制定凤岗文艺事业发展的规划。将理论研究成果与实践应用相结合，为凤岗文艺事业发展决策提供咨询及论证。

（2）制订并发布每年度文学艺术创作工作计划。

（3）受理相关的项目申报；组织专家对申报项目进行评审，对立项项目成果进行评估。

（4）办好"中国客侨文化研创（暂拟）"（刊物）及"中国客侨文化研创中心（暂拟）"（网站）的相关栏目，搭建客侨文化创作信息交流、作品发表宣传的平台。

（5）邀请专家学者、作家、艺术家等来中心讲学、交流，举办各种创作讲座和培训班，提高本土创作队伍的创作水平。通过组织多种研讨、交流、创作活动，密切与国内外有关的文学艺术机构、高校、科研院所、文学艺术社团进行合作与交流。激发情感，开阔视野，博采众长，争出精品，提高"客侨文化"的知名度。

（6）与镇政府、学校及基层组织配合，做好文化普及、提高的各项文化教育工作，培养一支本土的文艺创作队伍，提高凤岗的文化品位。

（7）打造客侨文化精品，为客侨文化产业开发服务。如，创作一批民俗风情的歌舞曲艺节目及与游客互动的节目，打造一部客侨文化色彩鲜明的史诗性的长演不衰的舞台剧，创作一批高水平的文学艺术作品等。

（8）开展省内外的艺术创作交流和合作，举办多种形式的艺术交流、文艺会演和作品评奖等活动。

3. 中国客侨文化开发部

（1）在上级主管部门领导下，组织研究制定凤岗文化产业开发的战略规划。将理论研究成果与实践应用相结合，为凤岗文化产业开发的决策提供咨询及论证。

（2）与相关政府部门合作，对凤岗及各地相关的文化资源、文化产业资助项目、文化企业进行评估，为实施文化产业资助政策提供决策依据。

（3）制定并发布每年度项目开发指南。

（4）受理相关的开发项目的申报，组织专家对申报项目进行评审，对立项项目进行中期检查和项目验收。

（5）在镇政府的领导下，参与各开发项目的创意设计、咨询规划、制作开发、建设管理的全过程。

（6）不定期举办文化产业典型案例分析会和研讨会，结合具体的开发项目举办各种形式的研讨、考察、交流活动。办好"中国客侨文化研创（暂拟）"（刊物）及"中国客侨文化研创中心（暂拟）"（网站）的相关栏目，构建文化产业的信息交流平台。

（7）以产业规划和实际需要为基础，选择重点项目，采用市场化运作方式，举行文化产业发展论坛。通过在全国范围内进行项目招标和聘请研究人员，组织全国相关专业研究人员，对客侨精品文化有关的重大理论与实践问题进行课题攻关，扩大凤岗客侨精品文化的知名度和影响力，打造客侨文化产业品牌。

（8）有计划地以文化资源评估、文化产业发展规划制定、文化产业发展指导、文化产业经营人才培训、文化产业信息服务、文化企业宣传等为主题，与国内外相关的机构和单位进行密切合作，聘请专家来中心开主题讲座，办培训班，组织项目研究、咨询及论证，培养文化产业开发、经营人才。

注释

①《东莞市凤岗镇人民政府邀请函》的参考议题5为："建设凤岗世界客侨文化研究中心"。本提议不提"世界客侨文化研究中心"的原因如下：

（1）概念不明确。"世界"修饰"客侨"？或修饰"客侨文化"？或修饰"研究中心"？若指前二者，则不必，因"侨"即侨居国外，"中国客侨"本身就是世界性的了，概念会更准确。若指第三者，"世界"这一概念的外延太大，要撑起一个世界性的研究机构，软硬件一时难以具备，但可朝这一方向发展。

（2）"研创中心"（又称"创研中心"）比"研究中心"涵盖更广，性质也不同。"研究中心"一般以基础理论研究为主，而"研创中心"一般以作品创作、产业开发为主，如，中国化妆艺术研创中心、新疆摄影研创中心、张大千画派艺术创研中心、中国作协创研部、江苏昆山美育创研中心（中央中国画研究院开设在江苏的分院）等。突出了作品创作和文化产业的开发，更符合"打造凤岗客侨文化名镇，充分开发凤岗历史文化资源，推动文化产业发展"（《东莞市凤岗镇人民政府邀请函》2010年9月28日）这一宗旨。

（2010年10月9日于广州云台里，发表于2010年10月23日"第二届（中国·凤岗）客侨文化论坛"）

 # 淡泊明志　宁静致远

——缅怀冼玉清先生

冼玉清先生是岭南著名的诗人、学者、文物鉴赏家、书画篆刻家、广东文献专家。她爱国爱乡、治学严谨、博学多才、著作等身，享有"不栉进士"、"岭南才女"之美誉，被尊称为"冼子"、"冼姑"。今天，她那"淡泊明志，宁静致远"的人生，尤显珍贵，堪为学子风范。在纪念冼玉清先生诞辰115周年之际，缅怀冼玉清先生，不啻于上了一堂生动的人生教育课，使我们更深刻地领会了"淡泊明志，宁静致远"的内涵。

一、胸怀凌云之志

冼玉清先生的人生，是平静寂寞的学术人生，是中国传统知识分子的人生。一个历经多个朝代更迭的弱女子，生活于中国历史上外患内乱交织、动荡剧烈、新旧交替的

年代,她继先贤之志,彰中华之风,不屈奋斗,傲然屹立,收获颇丰,赢得敬仰,是"淡泊明志,宁静致远"的最好注脚。

1. 淡泊名利,志存高远

"志向"与"名利"这对矛盾关系的处理,是人生的一大考验,冼玉清先生"淡泊以高远"的实践,揭示了这组矛盾质朴的内涵。

冼玉清先生出生于澳门富商家庭,生活条件优越,深得父母钟爱。自幼接受了系统的中国传统文化教育。12岁至17岁师从改良教育家陈子褒先生,打下了扎实的国学基础,步入了博大精深的学术殿堂。并深受陈子褒先生救国救民的爱国精神及教育思想的影响,立志为救国救民、为教育事业献身。她在1958年的"自传"中写道:"(陈子褒)他认为要救中国须从教育入手。我一生受他的影响最深——也立意救中国,也立意委身教育。"①

她视志向为生命,为实践志向,20世纪20年代她便誓言:"以事业为丈夫,以学校为家庭,以学生为儿女";"立志终身从事教育,牺牲个人幸福,以为人群谋幸福"。为此,她终身不嫁,潜心学术。她在1958年"自传"中写道:"我自己认为,一有家室,则家庭事务琐碎,不免分心,想全心全意做好教师,亦难免失贤妻之职,二者不可兼得。所以十六七岁我就立志决意独身不嫁。"②

她23岁便离开父母,只身到岭南大学附中、岭南大学求学,并半工半读,踏上了在广东求学、执教、研究的道路。她静以修身,俭以养德,自奉节俭,生活极其简朴。她经济充裕,却不事装扮,衣着朴素;她容貌清丽端庄,才华出众,不乏富贵之追求者,却不为所动;她生活道路不失坎坷,也不乏不公的待遇,却不能动摇为国为民、为教育、为学术奋斗的决心。

冼玉清先生毕生淡泊名利,志存高远。她极爱水仙花,爱其玉洁冰清,爱其逸韵幽香。品读她的《水仙花》,如晤其人。

约素含娟总自然,不矜香色不争妍。

自怜时世空清怨,别有遁逃托净禅。

绝俗孤标遗翠羽,高山情调托朱弦。

兰幽菊淡输清艳，独捧檀心洛水边。③

她力排种种诱惑与干扰，用勤勉的一生实践了自己的誓言，服务于祖国的文化教育事业，潜心学术研究，成为一代名师、学界女杰。

高悬于她客厅正中"碧琅玕馆"横匾两旁的杜诗："潇洒送日月，寂寞向时人。"是她一生的真实写照。无"淡泊"何以"高远"？无"高远"何需"淡泊"？"淡泊"乃"高远"之表，"高远"乃"淡泊"之本。志存高远者方能淡泊名利；淡泊名利者方为志存高远。

2. 坚忍不拔，矢志不渝

"坚忍"与"不渝"是"因"与"果"。但凡成功者，必能刚柔相济、坚忍不拔。冼玉清先生的"坚忍以不渝"，书写了学人坚强自信的人生。

冼玉清先生高远的人生志向、坚定的民族大义、爱国的崇高情操、专注的治学态度、求真的治学精神和特立独行的品格，使她赢得了成功，也为她带来了磨难、误解与干扰。

如果说富裕的家庭背景、优越的生活条件、丰厚的薪俸待遇与她近似于"苦行僧"生活的强烈对比所带来的误解，才华出众、清秀端庄，却奉行独身所带来的干扰，仍为常人所能堪的话，那么饱经战乱和朝代更迭的变迁，对人的磨难与灵魂的洗礼，便非常人所能从容面对。回顾冼玉清先生走过的路，无不令人油然而生敬意。

冼玉清先生在岭南大学时期，饱经抗日战争的磨难。1938年她随岭大迁移香港，1941年香港沦陷后又随学校转迁粤北曲江。其间日本人企图借她的名望，要挟她牵头成立"香港东亚文化协会"，以达粉饰太平之目的，她断然拒绝，并以诗明志："国愁千叠一身遥，肯被黄花笑折腰！"毅然返粤，继续教学。她在这一时期的代表作《流离百咏》中，发出了爱国学者坚忍不拔的时代强音。

在1958年的"自传"中，她回顾道："抗战期间，澳门是最繁荣安稳的。我老家在澳门，当时家人、亲戚、朋友都苦劝我不可随校入内地。因为校舍不好，环境卫生不好，医药缺乏，饮食起居都不习惯，何必舍弃温暖的家庭而去搏命呢？我认为我已经委身教育了，我必要尽国民责任，与员生同甘苦，遂毅然而去。其间不知经过多少艰苦，如失行李，走兵、走险等。但卒之得到胜利，几年辛苦又有什么问题呢？归来之后，家人认为我的命是执回来的，因为我的身体一向是很脆弱的。"④

20世纪50年代，社会发生了翻天覆地的变化，冼玉清先生对新社会的到来充满了憧憬。1950年仲冬她与陈寅恪同游漱珠冈时和诗《漱珠冈探梅次陈寅恪韵》：

骚怀惘惘对寒梅，劫罅恁谁讯落开。
铁干肯因春气暖，孤根犹倚岭云裁。
苔碑有字留残篆，药灶无烟剩冷灰。
谁信两周花甲后，有人思古又登台。⑤

诗中冼玉清先生以寒梅自比，情感曲折回荡，抒发了她坚定的信念与乐观的情怀。

然而静以修身，少于人际往来，沉迷于文史典籍，痴迷于中国传统文化的冼玉清，经受了时代的洗礼，受到了很大的冲击。

1952年岭南大学并入中大后，频繁的政治运动，改变了她平静的生活，她在思想改造中作检讨："我向往'贤人君子'的人格，讲究旧道德、旧礼教、旧文学，讲话常引经据典……这些都是封建保守思想。"⑥"1955年底，借着批判胡适资产阶级唯心论、批判胡风反革命集团及肃反运动，中山大学以思想保守、不肯参加政治学习为由，将冼玉清作退休处理。"⑦同年香港大学及香港崇基学院等院校的校长，均以月薪高达港币3000多元聘请她赴港执教，但均被婉拒。

冼玉清先生的家人全在港澳，当她获准往港澳探亲治病期间，婉拒了亲属返澳养老的建议，坚持留穗终老。

正是这种民族大义、坚忍不拔、矢志不渝，使冼玉清先生战胜了千难万险，迎来了胜利的曙光。并能坦然面对新时代的考验，进入了又一个创作和研究的高峰期，迎来了事业的辉煌。

二、不辞诗意人生

"宠辱不惊，闲看庭前花开花落；去留无意，漫随天外云卷云舒。（《菜根谭·闲适》）"

可说是冼玉清先生诗意人生的写照。只有具备了真善美的高尚品质，才能淡泊明志，宁静致远，才能不辞诗意人生。

1. 真

真，乃言行一致、光明磊落、真切热诚。

冼玉清先生一生坚忍不拔、矢志不渝，用整个人生历程诠释了"言行一致"，也以在各个关键的历史时期的言行诠释了"光明磊落"。

无论在何时何地，她都襟怀坦荡，真切热诚。她为学术奉献了一生并奉行独身是人尽皆知的。一个大家闺秀，面对别人对她婚恋态度的质疑，她不但坦然大度，并以诗明志："香饵自投鱼自远，笑他终日举竿忙。"是多么的从容潇洒、幽默风趣啊！当秦牧直入话题询问独身的缘由时，她平静地回答："啊！是这样的。我年轻时候决定献身学术，像我这样的人，一结婚了，必定是个贤妻良母，这就很难治学了。左思右想之后，就决定终生不结婚了。这在我是作出了牺牲的，不要说别的，岭南大学欺负我独身，他们说我没有负担，长期给我的工资只是 half pay（支付半薪）。"[⑧]又是多么的坦诚、豁达啊！

诗文如其人，她的诗文同样以热情真切、清新脱俗著称。作为一名成就卓著的女诗人，她一生与诗结伴，以诗咏志、以诗抒怀、以诗记事、以诗呐喊，真情洋溢，清秀自然。"淡雅疏朗，秀骨亭亭，不假雕饰，自饶雅趣，足以推见素抱矣。"这是陈三立的评价，可谓精确矣。

2. 善

善，乃心志淳朴，真诚宽厚、助人为乐。

冼玉清先生淡泊名利，悲天悯人，忧时伤物、敦品励学。为高远的志向，放弃了世人追逐的财富和唾手可得的家庭幸福，迎接磨难与考验。为国家和人民的利益，不计个人得失，一生奉献无数，甚至以德报怨，用行动篆写了一个大写的"善"。

她一生自奉节俭，常为人误解。一件旧丝棉长袍，穿了20多年，打了补丁仍不舍丢弃，但她一生乐善好施，慷慨捐赠。学生有困难，她伸援手。小至帮忙解决食宿，大至一次性出资500元，帮助著名音乐家冼星海赴法留学。同事有困难，她及时帮助。1950年抗美援朝时，冼玉清先生曾认捐了一大笔钱。父亲去世时留给她双份遗产，她分文未动。"1963年，她向广东省委统战部申请赴澳门、香港治病。在香港时，她将自己的财产作了处理，将其中的大部分近40万港元捐给国内统战部门，并声明'此款是已出之物，如何用途，由你们支配，总要用得适当就好了。但此事只系围内人知道便了。切不可宣传，更不可嘉奖。'"⑨

我国公共图书馆的古籍善本收藏，主要来源于有识人士的无私捐赠。冼玉清先生曾言："欲人民之爱国，必须使其知本国历史地理之可爱，而对于本乡本土尤甚。所以言史学者，对于乡邦文献，特为重视也。"冼玉清先生对国家图书馆、中山图书馆的古籍收藏工作热心、积极，做了大量的工作，对我国图书馆事业贡献良多。如，1956年4月，由冼玉清先生牵线，香港藏书家、前中山大学教授黄荫普将存放在广州的1774种5019册图书赠送给中山图书馆（其中广东文献就有944种3717册）；1958年，她协助北京图书馆（今中国国家图书馆）在香港购买广东藏书家莫伯骥五十万卷楼的古籍善本；60年代初，她与北京图书馆馆长等三人，受国家委托成功以30万元港币购回了3000本流失澳门的珍贵藏书，其中不少已是孤本等，可谓善莫大焉。

3. 美

美，乃气质高雅，品位高洁，境界高远。

冼玉清先生理想远大，情操高尚，学识渊博，待人处事热情真诚，举止沉稳大方，堪称秀于外慧于中的"岭南才女"，是美的化身。

"贤人君子"的人格是冼玉清先生一生的追求。"我自不花蜂不惹，拂云筛月闲情写。清凉世界忘熏炙，静翠幽香自潇洒。"⑩冼玉清先生这几句在《种竹歌》里的诗句无疑是自画像。她心灵洁净、志趣高洁、淡看名利、淡看世俗。在纷繁复杂的尘世间，拥有一份属于自己的潇洒和宁静，无论顺境或逆境，均透着一种清新洁净的美。

请看看当年的学生黄天骥教授，对冼玉清先生请他吃莲子时的音容笑貌的描述："冼老师把碟子放在桌上，坐下来，眯着眼，从瓶子里很小心地把莲子倒出了一颗。又笑眯眯地把碟子移到我的面前，说：'尝尝吧！'"⑪

请听听已67岁高龄时的她，仍一头扎在图书馆顽强钻研时，图书馆工作人员的诉说："这老太婆在书库一蹲就是半天，下午闭馆时还不愿出来。如果不高声呼唤，她就要在书库过夜，看她怎受得了！"

请听听1963年她患乳腺癌住院时，医护人员的诉说："她把病房当作书房，仍然埋头写作，这不利于医病。"对这类注意休息的劝说，她一概笑而置之，书写到最后。

冼玉清先生的美不仅美在她的大家风范，而更美在真和善，美在她那"淡泊与宁静"的人生态度外化成的纯真、优雅、脱俗、顽强，这是诗意的美，永恒的美。

缅怀冼玉清先生，能使我们充分认识真善美的深刻内涵，拥有诗意人生。

淡泊是傲岸，淡泊也蕴涵着平和，它是志向高远，威武不屈，富贵不淫，心无杂尘，超越眼前得失的窘困而达高远的境界，饱览春色。宁静是静悟，宁静超脱市井的喧嚣，它是凝神安适，不慕荣利，宠辱不惊，潜心苦学，冷静地观察世事的变化以至高瞻远瞩，明察秋毫。因而"淡泊宁静"能使人通过思考得到灵魂的自由和永恒；能使人加强修养，严于律己，保持清心寡欲，经得起各种诱惑的考验，成功登顶，成为一个高尚的人，有益于人民的人。

冼玉清先生的一生，是"淡泊宁静"的一生，她志趣高洁、学识精深。她集诗人、画家、学者、文史考证专家、金石考证专家、文物鉴藏家于一身，功昭学林，令世人敬仰。冼玉清先生的人生，是猛士奋斗的人生，是超凡脱俗的诗意人生。今天缅怀冼玉清先生，使我们更透彻地审视人生，对传承中华民族优秀传统文化，弘扬民族精神，荡涤私欲与浮躁，倡天下为公，意义深远。

注释

①周义主编：《冼玉清研究论文集》，香港：中国评论学术出版社，2007年版。

②同上。

③冼玉清撰、陈永正编订：《碧琅玕馆诗钞》，广州：广东人民出版社，2008年版，第30-31页。

④周义主编：《冼玉清研究论文集》，香港：中国评论学术出版社，2007年版。

⑤冼玉清撰、陈永正编订：《碧琅玕馆诗钞》，广州：广东人民出版社，2008年版，第76页。

⑥周义主编：《冼玉清研究论文集》，香港：中国评论学术出版社，2007年版。

⑦百度百科baike.baidu.com/view/931696.htm 2010-6-18

⑧周义主编：《冼玉清研究论文集》，香港：中国评论学术出版社，2007年版。

⑨百度百科baike.baidu.com/view/931696.htm 2010-6-18

⑩冼玉清撰、陈永正编订：《碧琅玕馆诗钞》，广州：广东人民出版社，2008年版，第4-5页。

⑪周义主编：《冼玉清研究论文集》，香港：中国评论学术出版社，2007年版。

（2010年11月11日于广州云台里，发表于2010年12月27日"纪念冼玉清先生诞辰115周年学术研讨会"）

从"孔教会"到"孔子学院"看陈焕章

自汉武帝独尊儒术以来,儒学成为封建社会正统思想的哲学依据。孔子的学说经过2500多年"在为道屡迁,为变所适中演变发展"①,逐渐成为中华传统文化的主流,奠定了中华传统文化的基本方向,成为中华民族的主导意识形态。对孔子的演绎也具有了多重性,或被政治化,或被学术化,或被世俗化,全方位进入了中国社会。孔学思想蕴含着中华民族丰富的人文精神,对中华民族的核心价值观、民族精神、道德情操和民族心理影响深远。孔学在各个历史关键节点,均备受关注,往往成为聚焦点。在各个时期,对中国的历史发展有着重要的影响。

清末民初是封建帝制崩溃、中华民族走向现代化的历史转折期。发生在这一时期的"孔教运动"规模巨大,影响深远。陈焕章是我国思想界的重要人物、影响海内外的学者,是康有为孔教观的忠实践行者,是"孔教会"的主力骨干、"孔教学院"的创始人。回顾这个时期孔学的兴衰,深入研究具体事件的背景、缘由及经验教训,从"孔教会"到"孔子学院"看孔学思想的传承与发展,对孔学精髓的传承,历史地评价陈焕章的孔学思想与实践,对中华传统文化的继承、弘扬和发展不无裨益。

一、从"孔教会"看陈焕章孔学思想的借鉴意义

近代是中国社会的急速转型期。鸦片战争爆发,西方列强的坚船利炮打开了国门,中国的有识之士纷纷寻求救国的良策,出现了百家争鸣的大好形势。向西方学习,"师夷长技以制夷"渐成主流,西学东渐蔚然成风。中国传统的君主专制及其依据——儒学受到了强大的冲击。辛亥革命推翻了清王朝,终结了我国2000多年的封建帝制,1912年1月1日中华民国成立,中国社会进入了一个新纪元。帝制的终结,使2000多年来,作为封建统治的哲学思想依据的儒学失去了作为社会秩序的合法性地位,标志着制度化儒学的彻底解体,孔子不可避免地被推到风口浪尖上。

这一时期,我国的政治、经济、军事、文化、宗教均面临着西方的强势入侵,东西方文化的碰撞交锋与政治、经济、军事交锋一样愈趋激烈。在这一时期的政治、思想、文化博弈中,围绕着儒学的重新制度化展开了一场激烈的斗争。在这场斗争中,康有为、陈焕章等"国教派"虽以失败告终,但他们与"孔教会",在历史上留下了不可忽略的印记,有着积极的历史意义,值得今人重新审视。

"孔教会"真正的精神领袖是康有为,他面对国亡教微,信仰缺位,基督教传入,奋起反击。他推动戊戌变法运动,尊"儒学"为"儒教",试图使儒学宗教化。他坚信道德建设和政治改革的一致性,坚持从儒学的意义中去寻求社会秩序的合法性,使儒学成为变法的合法性依据。"1895年,康有为在'公车上书'时建言立'道学'一科,用一种新的制度化的方式来保证儒家思想的传播和影响力,以挽救'人心之坏',抵御'异教'的诱惑。具体的举措包括

设孔庙,奖励去海外传播儒家'教义'。"②民国初立,康有为便提出了"虚君共和"的设想,他认为"虚君"应为孔子后裔,孔子的诞辰应为纪元之始。他致力于将儒家学说改造为可以适应现代社会的国教——"孔教",并从孔教保持民族认同和文化认同的角度,对"孔教"的合法性进行了论证。

康有为的政见得到了陈焕章、林琴南、辜鸿铭等保守派的呼应。1912年10月7日,"孔教会"在上海成立。陈焕章、沈增植、梁鼎芬、陈三立等为发起人。康有为任会长,陈焕章任总干事。陈焕章是"孔教会"的主要组织者和领导者,是"孔教"理论建构的核心人物。

他致力于对儒学的宗教性及儒学有别于其他宗教等关键问题进行论证,与基于科学主义者及信仰自由者展开论战,并以基督教的教义和仪式为基准构建"孔教",主张以西方的教会体制来使儒学重新制度化。他在《孔教会序》中说:孔教会"以讲习学问为体,以救济社会为用。……宗祀孔子以配上帝,诵读经传以学圣人。"开始有组织地开展"尊孔读经"宣传活动,吹响了民初尊孔复古潮流的第一声号角。陈焕章又是孔教观矢志不渝的实践者,1913年他任《孔教会》杂志的总编辑,同年8月,与严复、梁启超等联名致书国会,请定孔教为国教,允许信仰自由,后被聘为袁世凯总统府顾问,并创"孔教会"于山东曲阜,与"孔教会"其他人士一道发起了规模巨大的"国教运动"。1919年,在北京发起建"孔教总会"会堂。至1919年五四新文化运动,"国教运动"以失败告终。1923年陈焕章在京创立"孔教大学",任校长。1926年,赴东南各国传扬孔教,1927年应纽约世界和平联合会邀请赴瑞士日内瓦参加世界宗教和平大会,被大会推举为副会长。1929年,从欧非讲学返香港,创办"孔教学院",自任院长,每周亲作专题讲学。以弘扬孔道及兴学育才为宗旨,设立孔教中学(后易名为大成学校),并以宗教形式弘扬儒学,揭开了香港教育史的重要一页,以弘扬孔教终其一生。

今天我们重温历史,冷静审视"国教运动"的缘起、过程与结局,全面研究"反孔派"与"尊孔派"的论战,特别是以陈独秀、李大钊、郭沫若为代表的接受唯物史观的思想家关于孔学的研究成果,和以康有为、陈焕章为代表的"国教派"关于倡导尊孔复古的论述，不难发现，他们的"反"与"尊"的对象均为政治化的孔子，他们辩论的实质均围绕着以儒学为主的传统文化能否在新体制下存在的命题而展开，并非围绕"孔教是否宗教？"这一核心命题展开。他们对孔学或褒或贬，实则是处于民初这一政体变更、社会转型期，不同政见者对传统文化的不同认知，对以儒学为主的传统文化的政治属性的思考。接受唯物史观的思想家对政治化的孔子持批判的态度，他们着力于清理封建主义的思想糟粕，努力为民主主义革命扫清思想障碍，就必然会反思孔学的社会基础及其政治依附。但是，他们并没有全盘否定孔学的价值，相反，在诠释孔学方面，付出了相当大的努力。如郭沫若对孔学"以人民为本位"的思想充分肯定道："孔子的基本立场既是顺应着当时的社会变革的潮流的，因而他的思想和言论也就可以获得清算的标准。大体上他是站在代表人民利益的方面的，他很想积极地利用文化的力量来增进人民的幸福。"③并对孔子的思想核心"仁"进行了考证，给以高度评价，认为："仁的含义是克己而为人的利他的行为。简单一句话，就是'仁者爱人'。""他的'仁道'实在是为大众的行为。"④是顺应奴隶解放潮流的人道主义思想，具有进步的历史意义。同时，郭沫若对"孔子实事求是的学习态度、注重教化的礼乐思想、'不语怪力乱神'的怀疑精神等等，都表示充分的肯定。"⑤

可见，当年的"国教运动"大论战，双方均未全盘否定孔学，因为孔学思想"继承了正统的中国文化，传承了中国民族文化的主脉，传承了中华民族精神，这一文化主流成为中国民族文化的象征。"⑥孔子精神与中华民族精神不可分，有着不可替代的民族凝聚力。至于20世纪极左思潮泛滥时期，全盘否定孔学，更是政治运动所致。孔学研究纠缠于政治斗争，往往容易各执一端，远离了学术研究与文化传承的价值。

"孔教会"是特殊历史时期的产物，陈焕章是特殊历史时期思想界的重要人物、颇有成就的孔学研究者，是"孔教学院"的创始人。今天我们冷静全面地审视"孔教会"与陈焕章的孔学思想，有着宝贵的历史借鉴意义。

1. "孔教会"在当时有一定的社会现实意义。康有为与陈焕章对孔学的研究与诠释作了大量的工作，强调了孔学作为中华文化精粹之代表及其对道德重建、安邦兴国的功用，是对孔学"修齐治平"思想的继承和发展。

康有为与陈焕章充分认识到孔子在中国历史上的独特地位。他们对积极倡导"孔教"的社会政治目的是直言不讳的：一为变法维新，建"小康大同"社会；二为敦化民心，治国兴邦；三为抵御西方文化的入侵。

尽管这场"国教运动"与民初的帝制复辟运动纠缠在一起，但"国教派"并不等同于"复辟派"，陈焕章是反对帝制的，他们之间的关系仅为互相借力罢了。"国教运动"的思想家试图以"保教"为手段来"保国"，体现了鲜明的文化民族主义。

列文森的分析颇为中肯："康有为比那些仅仅只注意到儒教与中国之间的政治和历史关系的人，更深刻地意识到了二者之间的这种思想和文化的关系。由于他相信法律和哲学不足以约束那些任性的民众，因此，他真正的希望通过定国教来增进人们的美德。"孔教会的人认为："儒教是中国的特有的国性，剥夺了它，国家将会灭亡，民族也不会继续存在。"⑦

2. "孔教会"及"孔教学院"为失去制度化体制保护后的儒学创立了实体组织，对孔学在海内外的研究、发展、传播、推广发挥了积极作用。并由此对中华文化在海内外的传播，对增强中华民族的凝聚力，对加强我国与世界的文化交流，增进我国和世界各国（特别是受汉文化影响深远的东方诸国）人民的友谊，贡献良多。

如，"孔教"是否宗教？至今仍是世界热点议题，"孔教会"、"孔教学院"在台湾、香港等地仍以实体存在。这对提高以儒学为代表的中华文化在世界的关注度，扩大中华文化的传播与影响颇有贡献。

3. 陈焕章以严谨的治学成果，向世界传播了孔学，传播了中国文化。

陈焕章从清末最后一次科举考试的进士到肇庆府第一位博士，可谓学贯中西，他的专业研究成果，对扩大中华文化在海外的传播成就卓著。他在1911年获得哥伦比亚大学哲学博士学位的博士论文《孔子及其学派的经济原理》（作者自定书名为《孔门理财学》），以西方经济观点，宣传中国古代儒家经济思想。"是第一部系统总结中国古代经济思想的优秀著作,也是本世纪早期中国学者在西方刊行的第一部中国经济思想名著,还是国人在西方刊行的各种经济学科论著中的最早一部名著。"⑧"不但使西方认识到中国儒家经济思想的意义,而且美国新政农业立法直接借鉴了陈焕章对中国古代常平仓制度的总结,为解决美国农业经济萧条奠定了基础,为世界解决长期农业问题提供了宝贵经验。"⑨

4. 陈焕章既注重理论构建,又重践行,并开了以在海外办"孔教学院"的方式来传播儒学的先河,有着深远的社会意义。如,香港孔教学院的"'仁、义、礼、智、信'为核心的基本教义,孔子整理并阐释的古代经典,连同《论语》,成为孔教的经典"⑩等,客观上,使儒学在海外广泛传播有了教育实体支撑,扩大了以儒学为代表的中华文化对世界的影响,对后世有积极的启示作用。

5. 陈焕章是清末民初富有爱国情怀、思想保守的中国传统知识分子,历史的局限和时代的局限明显。他对中国社会的变革判断失误,对旧的社会体制批判不彻底,以抱残守缺的态度来应对。他致力于"孔教"的理论建构,目的是把孔子政治化。他把"保教"作为"保国"的手段,体现了鲜明的文化民族主义,但却与民初的民主主义相矛盾,把"孔教"立为"国教",却与信仰自由相矛盾,把属于"人文化"的儒学人为地塑造成"神文化",却与中国传统的儒文化相矛盾,导致批判声四起,以失败告终。

6. 陈焕章思维方法、研究方法的局限影响了他对孔学的研究。他注意从东西方文化的比较、融合去思考问题,从中寻求新思想、新方法,进而寻求"保种"、"保国"的良方。但研究问题多用简单的比附,难免失之于肤浅甚至牵强附会,如,用基督教的范式来套儒学等。

二、从"孔子学院"看陈焕章孔学思想的现实意义

陈焕章在"国教运动"失败后,矢志不渝,坚持实践,选择了办学的形式来弘扬孔教儒学,培养人才,扩大影响。今天,他创办的香港"孔教学院",

在弘扬儒学,"将孔子思想树立为中华民族的精神轴心,提高中华民族道德素质,推动祖国和平统一大业,促进世界和平"[11]做出了贡献。陈焕章的办学实践对后人有着深刻的启发。

21世纪,中华民族迎来了大发展的历史机遇,"振兴中华,和平崛起"的伟业取得了举世瞩目的成就,文化建设受到了高度的重视。在民族文化与民族精神面临着巨大挑战的今天,我们需要以孔学精髓为代表的中华文化的传承与发展。向世界传播中华文化,弘扬中华精神,树立中华形象,我们同样需要以孔学精髓为代表的中华文化的传承与发展。2007年,"孔子学院"应运而生。

"孔子学院,即孔子学堂(Confucius Institute),它并非一般意义上的大学,而是推广汉语和传播中国文化与国学的教育和文化交流机构,是一个非营利性的社会公益机构,一般都是下设在国外的大学和研究院之类的教育机构里。孔子学院最重要的一项工作就是给世界各地的汉语学习者提供规范、权威的现代汉语教材;提供最正规、最主要的汉语教学渠道。……孔子是中国传统文化的代表人物,选择孔子作为汉语教学品牌是中国传统文化复兴的标志。……它秉承孔子'和为贵'、'和而不同'的理念,推动中国文化与世界各国文化的交流与融合,以建设一个持久和平、共同繁荣的和谐世界为宗旨。"[12]

"截至2009年11月,全球已建立282所孔子学院和272个孔子课堂,共计554所,分布在88个国家(地区)。孔子学院设在84国共282所,其中,亚洲27国70所,非洲15国21所,欧洲29国94所,美洲11国87所,大洋洲2国10所。孔子课堂设在28国(缅甸、马里、巴哈马、突尼斯只有孔子课堂,没有孔子学院)共272个,其中,亚洲10国27个,非洲4国4个,欧洲7国34个,美洲6国205个,大洋洲1国2个。各地孔子学院充分利用自身优势,开展丰富多彩的教学和文化活动,逐步形成了各具特色的办学模式,成为各国学习汉语言文化、了解当代中国的重要场所,受到当地社会各界的热烈欢迎。"[13]

一言以蔽之,"孔子学院"的创建,是满足世界了解中国的需要,是中华传统文化复兴的需要,是中国"和平崛起"的需要,是建设持久和平、共同繁荣的和谐世界的需要。此刻，孔学又一次被时代赋予代表中华传统文化的重任。

我们从亚洲、欧洲、美洲、非洲、大洋洲遴选几所孔子学院/孔子课堂为代表，从其2009/2010年的教学、文化活动情况看海外孔子学院/孔子课堂的社会现实意义。（以下信息来源：国家汉办/孔子学院总部www.hanban.edu.cn）

1. 韩国又松大学孔子学院

教学活动：

（1）幼儿汉语教育。

（2）小学生汉语教育。

（3）公司汉语培训。

文化活动：

（1）中华传统文化展示类活动：①推拿针灸特讲。②太极拳特讲。③中国画特讲。④中国元素文艺演出。⑤皮影戏特讲。

（2）中国文化实地体验类活动：①举行中韩小学生共同庆祝中华人民共和国60华诞暨韩国小学生中国文化体验活动（活动于7月29日—8月4日举行。韩国小学生一行30人先后到了四川成都、江苏南京两个城市进行访问、交流以及文化体验等活动）。②举行又松大学孔子学院"四川大学汉语研修"活动。活动于是8月8日至8月13日举行。组织24名社会人士赴成都参加此次活动，让他们零距离了解中国，体验中国文化。

2. 爱尔兰都柏林大学孔子学院

教学活动：

（1）开设汉语课程。

（2）开设中国文化推广课程包括中国学＋商学学位课程、中学汉语和中国文化课程以及晚间汉语和中国文化课程。

文化活动：

（1）在都柏林大学礼堂（O'Reilly Hall）隆重举办春节晚会。

（2）举办"体验中国行"活动。

（3）举办2009年庆祝中华人民共和国成立60周年暨庆祝中爱建交30周年大型民乐演奏会。

（4）都柏林大学孔子学院冠名主办"第二届孔子杯足球争霸赛"。

（5）举办中国文化体验活动。

3. 加拿大滑铁卢大学孔子学院

教学活动：

（1）为本校大学生和社区开设各种类型的非学分汉语课程及文化课程。

（2）协助滑铁卢大学东亚系开设中级汉语和中国文学的学分课程。

（3）协助周边其他3所大学及学院开设汉语学分课程。

（4）成功组织每年暑期赴华进修汉语的学分转换课程。

文化活动：

（1）组织中国春节庆祝文艺活动。

（2）主办安大略省大学生"汉语桥"竞赛活动以及当地华人学校的中文竞赛活动。

（3）编写出版《中国文学选读》中英文双语教材。

（4）翻译出版《2008中国文情报告》。

（5）为加拿大多所大学提供建立孔子学院信息咨询。

（6）为社区提供翻译，协助来访代表团。

（7）协办东亚节活动，组织中国艺术家表演，邀请中国外交官讲演。

（8）邀请中国副总领事张美芳来滑大讲专业课，介绍"中国与世界经济危机"。

（9）举办每月两次的中国电影之夜。

（10）纪念白求恩医生逝世70周年，组织邀请加拿大专家学者讲演活动。

（11）为来访中国代表团举办讲座，介绍加拿大华人移民史。

（12）为大学生举办讲座，介绍中国教育制度。

（13）在多伦多"亚裔月"活动中赞助中国文学的朗读活动。

（14）为加拿大化学界举办中国工业公司文化讲座。

（15）举办"沿着丝绸之路：中国历史、艺术、文学、社会及文化"学术研讨会。

4. 墨西哥国立自治大学孔子学院

教学活动：

（1）常规教学活动：汉语综合课、汉语语音课、中国文化讲座。

（2）举办"全墨西哥汉语教师培训班"。

文化活动：

（1）举办中国文化节。

（2）举办西藏图片展。

（3）举办中国文化系列讲座。

（4）加盟墨西哥城孔子学院国庆活动。

（5）加盟墨华人商会国庆活动。

（6）举办中国60周年成果图片展。

（7）举办汉语教材及中国文化书展。

（8）迎接北京语言大学学生艺术团交流演出（2010年3月3日至10日）。

5. 澳大利亚西澳大利亚大学孔子学院

教学活动：

（1）每年孔子学院定期举办4期汉语学习班（每期开办10周时间）。

（2）专业汉语教师为个人或小班专设特色课程，以适应不同学员的时间和学习需要。

文化活动：

（1）举办春节公开讲座。

（2）举办国画班。

（3）举办2009年"汉语桥"大赛预赛外大学生组的选拔赛。（选手来自南澳、昆士兰、西澳及堪培拉）。

（4）举办2009年香港电影节（与香港澳洲商会合办）。

（5）举办2009年大洋洲地区孔子学院联席会议。

（6）参加西澳大利亚大学"2009开放日"。

（7）庆祝中华人民共和国60华诞：宴会与文化音乐会。

（8）参加西澳大利亚大学"2009年Language Fair"。

（9）举办书法班。

（10）举办2009年西澳普通话演讲比赛。

6. 美国芝加哥孔子学院

教学活动：

（1）负责芝加哥公立学校系统中43所学校的中文项目以及近12000名学生的协调工作。

（2）为全芝加哥以及北伊州地区从幼儿班到16年级的中文教师提供各种专题培训和讲座。

（3）为成年人开设初级、中级以及高级汉语课程。

（4）为成年人开设中国历史、文化和商务课程及讲座。

（5）开设免费面向公众的中国语言文化教学资源中心。

（6）组织教师和学生赴中国学习的项目。

（7）为AP中文训练和需要技术设备的讲座提供计算机中心。

（8）为其他对中文项目感兴趣的学区提供咨询和宣传。

（9）接待来自美国国内以及世界各国的教育代表团。

（10）接待来自中国的美术家、艺术家。把中国美术和艺术介绍给芝加哥各公立和私立学校。

（11）为各商业、外交和教育团体作去中国前的中国国情介绍。

文化活动：

（1）举办2009年全美中文年会。

（2）举办美国中西部学生中文演讲比赛。

（3）组织中国杂技表演——庆祝2009年春节。

（4）举行芝加哥亚裔月庆祝活动。

（5）组织中国剪纸示范讲解。

7. 美国达拉斯德州大学孔子学院

孔子沙龙系列活动第15期（孔子沙龙学术研讨）：由达拉斯德州大学孔子学院院长顾明东教授主持。主题是"和谐"思想。内容包括《论语·学而》、《论语·子路》、《孟子·公孙丑下》、《荀子·乐论》、《中庸》、《礼记·经解》和《乐记》等儒家经典中的"和谐"思想论段，《老子》和《庄子·天道》等道家经典中的"和谐"思想论段，以及西方经典中的"和谐"思想论段。

8. 美国马里兰大学孔子学院

下设Paint Branch小学孔子课堂：将该小学的期末社区日命名为"中国日"。"中国日"当天有许多家长放下工作前来参加活动，希望借此机会感受自己孩子们的学习氛围并了解他们学习的成果。为了创造浓厚的中国风格，师生们在学校的走廊上贴满了以长城、中国龙、熊猫等为主题的图画、扇子、风筝、脸谱等由学生制作的手工和艺术作品，还有很多写了汉字或用英文介绍中国项目学习成果的海报。学校的图书室更成了中国博物馆，其中陈列了许多体现中国文化元素的实物和学生作品，还包括该校六年级学生在春假期间访问南开大学附属小学时拍摄的众多照片。五年级教室则被装扮成一个中国式饭馆，还有学生扮演的服务生，人们只付一块钱就可以品尝到中国食物。除此之外，还有班级表演了中国歌舞、太极拳和以中国传统故事改编的舞台短剧。而幼儿园和学前班的师生们用牛奶盒搭建的立体长城，更令参观者惊叹不已。小朋友们身着旗袍、唐装，挥舞着中国扇子和雨伞，为大家演出了充满童趣的中国舞蹈。

经过几年的努力，"孔子学院"发展迅速，成绩斐然，好评如潮，深受各国欢迎。

美国纽约州立布法罗大学校长辛普森（JohnB、Simpson）在该校孔子学院的揭幕仪式上感慨地致辞："三十年河东，三十年河西，回想三十年前，纽约州立大学为大批来美的中国留学生培训英文的情景仿佛就在昨天。而今，如雨后春笋般成立的孔子学院正在为大批美国学生和民众教授中文，为他们留学中国以及与中国开展经贸合作提供各种支持和帮助。布法罗大学将把孔子学院的成立作为学校对华交流的新契机,使其成为中美语言文化交流的重要机构,为扩大中美两国在人文领域的交流做出积极的贡献。"

麦德林市市长阿隆索·萨拉萨尔·哈拉米罗在哥伦比亚麦德林市孔子学院的揭牌仪式上致辞中说:"在哥伦比亚成立麦德林孔子学院,意义十分重大。中国经济30年来的飞速发展,全世界人民为之羡慕和敬仰。哥伦比亚人民十分重视汉语,学习汉语的热情极为高涨。他们正是通过汉语工具,加强经济、文化往来,密切中哥两国各方面的关系。同时也希望进一步认识中国几千年的灿烂文化,更深层次地学习了解中国现行的政治经济体制。"麦德林孔子学院院长帕布洛·埃恰巴利亚也在仪式上致辞,他说:"麦德林市有了自己的孔子学院,我们能够与世界强国中国加强联系,感到自己成为人类历史上最伟大的参与者。"

中国希望了解世界,世界也希望了解中国。从上述"孔子学院"的教学、文化活动开展情况,我们可看到其活动的内容丰富,范围广,绝非局限于孔学。主要内容是:汉语教学、传播中国传统文化、介绍中国民风民俗以及社会进步的情况。显然,孔子成了"中国传统文化的代表人物",汉语教学品牌成了"中国传统文化复兴的标志"。"孔子学院"是把中国与世界连接起来的语言文化的桥梁,担当起促进中外文化交流、增强华人华侨的凝聚力、促进中国与世界各国人民的广泛交流沟通与团结的使命。从中我们也可体会到陈焕章孔学思想的社会现实意义。

三、余论

综上所述,我们不难看到孔学伴随着中国2500多年的历史,不断地传承发展,成为中国文化的代表,与中华民族的精神密不可分。其原因主要在于孔学能随着时代的发展,不断地被赋予回应社会现实的能力,因而不断地被以新的视角、新的方法去诠释,在诠释的基础上开新,在多元文化融通中得以重建。"孔教会"与"孔子学院"均为一定历史时期的产物,都被赋予中华民族发展、振兴的历史重任。尽管"孔教会"的式微与"孔子学院"的兴旺对比强烈，但孔学的精髓对建设政治文明、制度文明、道德文明、精神文明，对中华文化的复兴之功用是一脉相承的。

"孔子学院"的创办及其选择孔子作为"中国传统文化的代表人物"，肯定"选择孔子作为汉语教学品牌是中国传统文化复兴的标志"，明确"秉承孔子'和为贵'、'和而不同'的理念，推动中国文化与世界各国文化的交流与融合，以建设一个持久和平、共同繁荣的和谐世界为宗旨"，可说是继承了康有为、陈焕章孔学研究成果的精髓，批判地借鉴了陈焕章创办"孔教学院"的理念。

孔学经历了20世纪尊孔、反孔、释孔、重建孔学的曲折历程，"中西贯通，古今衔接，源于传统，又立足于现代"的现代新儒学通过对儒学的现代阐释，推动了孔学的传承与发展，并渐成主流[⑭]，孔子的地位在现代化的进程中得到重新肯定。21世纪，人类社会迎来了经济全球化、科技一体化、网络普及化的时代，人们对保护文化的多元性，建设和而不同的世界，前所未有地重视。回顾历史，使我们看到，在任何一个历史时期，在任何一个国度，文化认同对于民族的团结、国家的兴旺具有不可替代的作用。对于中华民族而言，孔学思想的传承与发展维系着中华民族精神的建构，维系着中华民族文化的传承与发展，维系着中华民族的团结与发展，维系着中国的繁荣与昌盛。

注释

①罗安宪主编：《中国孔学史》，北京：人民出版社，2008年版，第1页。

②干春松：《儒家制度化重建的尝试：（1890—1919）——清末民初康有为与孔教会》，载《中国思想史研究通讯》第三辑，2004。

③郭沫若：《十批判书》，北京：东方出版社，1996年版，第87页。

④郭沫若：《十批判书》，北京：东方出版社，1996年版，第88—89页。

⑤宋志明：《从唯物史观看孔学》，载《中华文化论坛》1999年第3期。

⑥罗安宪主编:《中国孔学史》,北京:人民出版社,2008年版,第1页。

⑦列文森:《儒教中国的现代命运》,北京:中国社会科学出版社,2000年版,第162-163页。

⑧李超民:《从翰林到博士,陈焕章〈孔子及其学派的经济原理〉及其影响》,载《学术研究》2001年第6期。

⑨同上。

⑩百度百科 香港孔教学院 baike.baidu.com/view/2349720.htm 2010-10-1。

⑪同上。

⑫百度百科 baike.baidu.com/view/44373.htm 2010-10-5。

⑬国家汉办 孔子学院总部www.hanban.edu.cn。

⑭罗安宪主编:《中国孔学史》,北京:人民出版社,2008年版,第852页。

附:

亚洲、欧洲、美洲、非洲、大洋洲18所孔子学院
2009/2010年的教学、文化活动情况

1. 韩国又松大学孔子学院

教学活动:

(1)幼儿汉语教育。

(2)小学生汉语教育。

(3)公司汉语培训。

文化活动:

（1）中华传统文化展示类活动：①推拿针灸特讲。②太极拳特讲。③中国画特讲。④中国元素文艺演出。⑤皮影戏特讲。

（2）中国文化实地体验类活动：①举行中韩小学生共同庆祝中华人民共和国60华诞暨韩国小学生中国文化体验活动（活动于7月29日—8月4日举行。韩国小学生一行30人先后到了四川成都、江苏南京两个城市进行访问、交流以及文化体验等活动）。②举行又松大学孔子学院"四川大学汉语研修"活动。活动于8月8日至8月13日举行。组织24名社会人士赴成都参加此次活动，让他们零距离了解中国，体验中国文化。

2. 爱尔兰科克大学孔子学院

教学活动：

（1）开设成人汉语证书课程班。

（2）极力推动和开展高水平的研究学术交流和学者互访活动，包括召开各类学术研讨会、邀请著名专家学者访问等。

文化活动：

（1）积极在科克地区开展教学和学术活动。

（2）举办一系列中国文化推广活动，如2009年1月与科克市政府联合举办"2009科克市春节文艺联欢会"、2009年4月爱尔兰中国联系协会"友爱中国访华团"、2009年5月爱尔兰"汉语桥"中文比赛暨"汉语桥"世界大学生中文比赛爱尔兰地区选拔赛等。

（3）2009年9月在当地24所中小学开设了中国语言文化选修课程，850名学生选修了汉语课。这是爱尔兰首次在中小学大规模开设汉语课，社会反响强烈。当地的主要媒体都对此进行了报道。

3. 爱尔兰都柏林大学孔子学院

教学活动：

（1）开设汉语课程。

（2）开设中国文化推广课程包括中国学＋商学学位课程、中学汉语和中国文化课程以及晚间汉语和中国文化课程。

文化活动
（1）在都柏林大学礼堂（O'Reilly Hall）隆重举办春节晚会。
（2）举办"体验中国行"活动。
（3）举办2009年庆祝中华人民共和国成立60周年暨庆祝中爱建交30周年大型民乐演奏会。
（4）都柏林大学孔子学院冠名主办"第二届孔子杯足球争霸赛"。
（5）举办中国文化体验活动。

4. 奥地利维也纳大学孔子学院
教学活动：
（1）在维也纳外交学院、奥地利国防大学开设汉语课程。
（2）承担维也纳大学汉学系的部分语言课程，并根据实际需要，开设了多种不同的课程。
（3）举办中国国画入门班、中国书法入门班、二胡讲座。
（4）举办中学汉语教师培训班。

文化活动：
（1）邀请中国驻奥地利大使馆教育处主任刘立新博士为奥地利学生介绍"中国政府2009/2010年奖学金项目"，为获欧亚太平洋大学联盟奖学金的学生举办了招待会。
（2）举行以"20世纪中国诗歌"为主题的中德诗歌朗诵会，组织夏令营、华文名作家读书会等。
（3）承办"汉语桥"世界大学生中文比赛奥地利赛区预选赛、新汉语水平考试等。
（4）邀请著名汉学家顾彬和著名作家余华、梁秉钧等，与维也纳当地的中国文学爱好者以及中文系学生举行交流活动，举办读书会。

5. 美国达拉斯德州大学孔子学院
孔子沙龙系列活动第15期（孔子沙龙学术研讨）：由达拉斯德州大学孔子学院院长顾明东教授主持。主题是"和谐"思想。内容包括《论语·学而》、

《论语·子路》、《孟子·公孙丑下》、《荀子·乐论》、《中庸》、《礼记·经解》和《乐记》等儒家经典中的"和谐"思想论段,《老子》和《庄子·天道》等道家经典中的"和谐"思想论段,以及西方经典中的"和谐"思想论段。

6. 美国马里兰大学孔子学院

下设Paint Branch小学孔子课堂:将该小学的期末社区日命名为"中国日"。"中国日"当天有许多家长放下工作前来参加活动,希望借此机会感受自己孩子们的学习氛围并了解他们学习的成果。为了创造浓厚的中国风格,师生们在学校的走廊上贴满了以长城、中国龙、熊猫等为主题的图画、扇子、风筝、脸谱等由学生制作的手工和艺术作品,还有很多写了汉字或用英文介绍中国项目学习成果的海报。学校的图书室更成了中国博物馆,其中陈列了许多体现中国文化元素的实物和学生作品,还包括该校六年级学生在春假期间访问南开大学附属小学时拍摄的众多照片。五年级教室则被装扮成一个中国式饭馆,还有学生扮演的服务生,人们只付一块钱就可以品尝到中国食物。除此之外,还有班级表演了中国歌舞、太极拳和以中国传统故事改编的舞台短剧。而幼儿园和学前班的师生们用牛奶盒搭建的立体长城,更令参观者惊叹不已。小朋友们身着旗袍、唐装,挥舞着中国扇子和雨伞,为大家演出了充满童趣的中国舞蹈。

7. 美国芝加哥孔子学院

教学活动:

(1)负责芝加哥公立学校系统中43所学校的中文项目以及近12000名学生的协调工作。

(2)为全芝加哥以及北伊州地区从幼儿班到16年级的中文教师提供各种专题培训和讲座。

(3)为成年人开设初级、中级以及高级汉语课程。

(4)为成年人开设中国历史、文化和商务课程及讲座。

(5)开设免费面向公众的中国语言文化教学资源中心。

(6)组织教师和学生赴中国学习的项目。

（7）为AP中文训练和需要技术设备的讲座提供计算机中心。

（8）为其他对中文项目感兴趣的学区提供咨询和宣传。

（9）接待来自美国国内以及世界各国的教育代表团。

（10）接待来自中国的美术家、艺术家。把中国美术和艺术介绍给芝加哥各公立和私立学校。

（11）为各商业、外交和教育团体作去中国前的中国国情介绍。

文化活动：

（1）举办2009年全美中文年会。

（2）举办美国中西部学生中文演讲比赛。

（3）组织中国杂技表演——庆祝2009年春节。

（4）举行芝加哥亚裔月庆祝活动。

（5）组织中国剪纸示范讲解。

8. 美国旧金山州立大学孔子学院

教学活动：

（1）联合当地学区、教育行政部门、各教育文化机构和众多关心热爱中文教育的各界人士，开设中国语言文化课程。

（2）主办旧金山湾区中小学生"汉语桥杯"比赛和北加州地区大学生"汉语桥"汉语言能力竞赛。

（3）主办中文教师专业培训系列讲座。

（4）组织青少年中国语言文化夏令营。

（5）开办大学生暑期中文班项目。

（6）提供中文教材及课程计划咨询与服务。

（7）支持社区中文教育及文化活动，推动中美中文教学研究与交流。

文化活动：

每年面向公众举办近50场中国语言文化交流推广活动，如：中小学"汉语桥杯"比赛、大学生"汉语桥"比赛、美国高中生赴华夏令营、中文书法艺术讲座、中国画展、中国图片展、中文图书推介与展览、中国语言文化巡回演讲、卡拉OK歌唱比赛、太极拳班、孔子与儒家思想论坛、节日庆典等活动。

9. 加拿大麦克马斯特大学孔子学院

教学活动：

开设三门汉语选修课：非华裔初级汉语、华裔初级汉语、中级汉语。

文化活动：

（1）举行中国国庆庆祝活动。

（2）赞助"中秋甲子月更明"中秋晚会。

（3）举办中国文化周。

（4）邀请国家武术代表团来麦大进行表演。

10. 加拿大滑铁卢大学孔子学院

教学活动：

（1）为本校大学生和社区开设各种类型的非学分汉语课程及文化课程。

（2）协助滑铁卢大学东亚系开设中级汉语和中国文学的学分课程。

（3）协助周边其他三所大学及学院开设汉语学分课程。

（4）成功组织每年暑期赴华进修汉语的学分转换课程。

文化活动：

（1）组织中国春节庆祝文艺活动。

（2）主办安大略省大学生"汉语桥"竞赛活动以及当地华人学校的中文竞赛活动。

（3）编写出版《中国文学选读》中英文双语教材。

（4）翻译出版《2008中国文情报告》。

（5）为加拿大多所大学提供建立孔子学院信息咨询。

（6）为社区提供翻译，协助来访代表团。

（7）协办东亚节活动，组织中国艺术家表演，邀请中国外交官讲演。

（8）邀请中国副总领事张美芳来滑大讲专业课，介绍"中国与世界经济危机"。

（9）举办每月两次的中国电影之夜。

（10）纪念白求恩医生逝世70周年，组织邀请加拿大专家学者讲演活动。

（11）为来访中国代表团举办讲座，介绍加拿大华人移民史。

（12）为大学生举办讲座，介绍中国教育制度。

（13）在多伦多"亚裔月"活动中赞助中国文学的朗读活动。

（14）为加拿大化学界举办中国工业公司文化讲座。

（15）举办"沿着丝绸之路：中国历史、艺术、文学、社会及文化"学术研讨会。

11. 墨西哥城孔子学院

教学活动：

（1）主办中小学生汉语考试（YCT）。

（2）主办新汉语水平考试（HSK）。

（3）举办墨西哥汉语教师协会成立大会。

文化活动：

（1）举办第三届"汉语桥"比赛墨西哥预赛选拔赛。

（2）与中国驻墨西哥使馆联合举办清明节讲座（主讲人：使馆文化处官员王浩。内容：清明节的传说、来源、节日风俗以及关于清明节的诗歌图画。展示中国名画《清明上河图》，欣赏古乐，赠送介绍中国的精美图书）。

（3）与当地民众共庆元宵。

（4）2010年2月13日中国农历春节除夕，与墨华社团、《今日中国》杂志社等单位联合举办、组织庆新春花车游行活动。

12. 墨西哥国立自治大学孔子学院

教学活动：

（1）常规教学活动：汉语综合课、汉语语音课、中国文化讲座。

（2）举办"全墨西哥汉语教师培训班"。

文化活动：

（1）举办中国文化节。

（2）举办西藏图片展。

（3）举办中国文化系列讲座。

（4）加盟墨西哥城孔子学院国庆活动。

（5）加盟墨华人商会国庆活动。

（6）举办中国60周年成果图片展。

（7）举办汉语教材及中国文化书展。

（8）迎接北京语言大学学生艺术团交流演出（2010年3月3日至10日）。

13. 秘鲁圣玛利亚天主教大学孔子学院

教学活动：

开设汉语口语、中国舞蹈、中文打字、儿童汉语等课程。

文化活动：

（1）举办"中国文化"、"中国之艺术与人民"专题讲座。

（2）举办"现代中国"专题讲座。

（3）举办"有名的佛陵"专题讲座。

（4）举办"中国长城"专题讲座。

（5）举办特别节目：纪念"中国国庆日"。

（6）组织UCSM孔子学院日庆祝"中秋节"活动（10月3日）。

14. 巴西圣保罗州立大学孔子学院

教学活动：

（1）开设汉语课程。

（2）开设中国历史、民俗、哲学、书法、医学、美食学和运动项目的相关课程。

文化活动：

（1）举办各种主题文化活动：中国艺术史展示、中国电影展示、汉语竞赛等。

（2）举办各种专题讲座。

（3）建设一个拥有汉语、中国历史和文化等资料的综合性图书馆。

15. 古巴哈瓦那大学孔子学院

探索高端文化交流（2010.4.27）：由本院中方教师用西班牙语演讲中国老子学说及其在现代的影响，参加者多为当地高端文化人士，其中有古巴文化部官员、作家、画家、艺术家、中国文化问题专家、哈瓦那中文学校校长，还有古巴资深驻外文化官员等。

中方教师演讲的题目是"中国生肖与道教"。内容：一、从文化习俗、社会影响、心理调适等层面阐述生肖为中国人生活中常谈的话题；二、中国生肖的文化渊源，着重介绍其与道教的关系以及道教中"天人合一"和对立统一的传统思想；三、上述思想对当代人类基本活动的影响，介绍现今中国人如何运用古代的智慧及其思维方式。

16. 埃及开罗大学孔子学院

教学活动：

（1）开设汉语导游强化班。

（2）开设汉语初级班。

（3）开设汉语口语初、中级和强化班。

（4）开设书法班。

（5）开设导游班。

文化活动：

（1）和开罗大学中文系合办汉语角。

（2）举办结业仪式。

17. 博茨瓦纳苏伊士运河大学孔子学院

教学活动：

（1）开办基础汉语培训班（含初级汉语培训班、中级汉语培训班）。

（2）开办旅游汉语培训班。

（3）开办师资汉语培训班。

文化活动：

（1）积极开展各种中国文化专题活动：①举办春节文化活动；②举办中国灯谜活动；③举办中国传统节日文化讲座；④举办中国高等教育讲座；⑤举

办中国教育图文展。

（2）举行中国文艺节目演出。

（3）举行汉语学习汇报演出。

（4）举行汉语主题辩论会。

18. 澳大利亚西澳大利亚大学孔子学院

教学活动：

（1）每年孔子学院定期举办4期汉语学习班（每期开办10周时间）。

（2）专业汉语教师为个人或小班专设特色课程，以适应不同学员的时间和学习需要。

文化活动：

（1）举办春节公开讲座。

（2）举办国画班。

（3）举办2009年"汉语桥"大赛预赛外大学生组的选拔赛。（选手来自南澳、昆士兰、西澳及堪培拉）。

（4）举办2009年香港电影节（与香港澳洲商会合办）。

（5）举办2009年大洋洲地区孔子学院联席会议。

（6）参加西澳大利亚大学"2009开放日"。

（7）庆祝中华人民共和国60华诞：宴会与文化音乐会。

（8）参加西澳大利亚大学"2009年Language Fair"。

（9）举办书法班。

（10）举办2009年西澳普通话演讲比赛。

（以上信息根据"国家汉办/孔子学院总部"：

www、hanban、edu、cn信息归纳而成）

（2010年12月10日于广州云台里，2012年12月23日发表于

"陈焕章学术报告会"）

提升海洋文化　强化海洋意识

——"南海Ⅰ号"整体成就的历史启示

2007年12月28日15:35分,宋代古沉船"南海Ⅰ号"安抵"水晶宫",古船整体打捞画上了圆满的句号。"南海Ⅰ号"自1987年夏天在阳江东平东南约20海里水域被发现,20年来,备受海内外的关注,激起了各学科浓厚的兴趣,寄托了各界的厚望,引来了无数的遐想。2004年、2007年联合国教科文组织的官员、专家多次来考察,并给予高度的评价。2004年国际著名的地理学家、海洋学专家、美国科学院院士吴京在考察古沉船时发出惊叹,指出:"南海Ⅰ号上最具价值的东西有两样,一是瓷器,二是古船。之前,这种船只在史书上有记载,人们尚未见到实物。而南海Ⅰ号古沉船是迄今为止走出史书,摆在世人面前的中国古代远洋货船文物。"①他十分赞同广东省政府参事室(文史馆)海上丝绸之路研究开发项目组对"南海Ⅰ号"

古沉船做出的"海上敦煌"的定位，认为：该船是世界航海史、航海科学和航海文化史的重大发现，世界的海洋史将由此改写。② "南海I号"整体打捞成功，汇聚了海内外多学科、多领域的高度关注及科研成果，是我国现代科技水平的又一体现，是海洋考古的新纪录。其影响是多领域的，是世界性的，同时揭开了我国悠久的海洋文化史，使我们更深切地认识到海洋文化的提升、海洋意识的强化，对富民强国的重要性。

一、我国海洋文化历史悠久

中国既是一个陆地大国，又是一个海洋大国，海岸线总长度3.2万公里，其中大陆海岸线1.8万公里，岛屿海岸线1.4万公里。中国同时又是一个有着悠久海洋文化的国家。中国古代传统海洋学成就巨大，无论对海洋自然现象的记载和阐释，还是对海洋开发征服的生产方式与生活方式，都极其丰富，尤其是沿海的民系，他们征服海洋、依赖海洋而生存的海洋文化品格和我国古代高度发达的造船、航海技术，与世界其他海洋文化板块相较毫不逊色，使中国的海洋文化在世界海洋学史占有重要的地位。

1. 先秦两汉：萌芽发展期

我国幅员辽阔，民族众多，河姆渡文化时期，人们已从海洋讨生活，食用海洋生物的文化遗存使中国的海洋文化至少可以上溯到7000年前。"中国南方是南岛人种的发源地。先秦时代称之为百越民族，是世界上分布最广的民族之一，他们拥有优秀的航海经验和冒险精神，足迹遍及太平洋和印度洋，史前时代起即开始了向远洋迁徙，马达加斯加、夏威夷、新西兰均有分布。"③海洋文化的核心是航海技术与造船能力。我国早期的航海是由夷越二族实现的，其中又以越人对中国的影响最大。越人生活于我国的东南沿海，他们的生活方式是水行山处，如，发现于福建、江西的商代船棺，充分反映了越人的文化特征。据史料记载，战国时期，勾践从长江口航海至山东半岛，在琅琊一带建立与中原诸国交往的据点，这是我国有史记载的最早的远航。从春秋至战国中期，越人不断地从长江口航行到山东半岛，这条漫长的航海之路是古代人类最伟大的航海成就之一。这一时期，也是中国航海术的形成期。战国后，秦代徐福背负秦皇寻仙求药的重托，率乘载着数千将士与3000童男童女的舰队，浩浩荡荡远航，可谓古代人类向海洋进发的壮举。

两汉经济繁荣，国力强盛、科技文化发达，有"东方第一大帝国"之称，是当时世界上与西罗马并称的两大帝国。西汉张骞首辟了"丝绸之路"，开通了东西方贸易的通道，中国成为世界贸易体系的中心，丝绸之路是当时世界最重要的商路。与此同时，南方的南越国与印度半岛之间的海路已经开通，汉武帝灭南越国后，凭借海路拓宽了海贸规模，"西汉朝廷派出绎使率领的船队，沿着民间贸易开发的海上航线，到达中南半岛、南洋群岛、印度东南海岸和斯里兰卡等地。公元前1世纪，中国丝绸已成为地中海世界最珍贵的衣料，其中部分衣料是从海上'丝路'到达地中海东岸的。外国的香料、金银器、宝石、琉璃器（玻璃）等货物亦从海路运来中国。""《汉书·地理志》记载：'自日南障塞，徐闻、合浦船行可五月，有都元国；又船行可四月，有邑卢没国……黄支之南，有已不程国，汉之绎使自此还矣。'"④广州南越王墓出土的希腊风格的银器皿、南越国宫殿遗迹发掘出来的石制希腊式梁柱、1993年11月在徐闻县原五里乡的二桥仕尾村发现的汉代徐闻县治所在地和徐闻港遗址等，都是这条"海上丝路"的有力证明。

汉以后，由下海越人逐渐演变而成的疍家，他们以船为家，航海为生，一生不离船，漂泊于我国南方沿海各地，他们创造的"鸟船"是今日远洋巨轮的雏形，他们延续发展了中国的海洋文化，是中国古代最伟大的航海家。

越人的航海为生及海外贸易，为我国的海外贸易打下了良好的基础。形成于秦汉，发展于三国隋朝，繁荣于唐宋，转变于明清的"海上丝绸之路"是已知的最古老的海上航线，这条航线的开发，将我国的航行推向远洋，对古代东南亚国家与东亚国家产生了巨大影响，对世界经济、文化的交流与发展做出了重要的贡献。

先秦两汉时期，我国的航海技术与能力处于世界领先地位，并助推了汉文化远播世界。在海外，"汉人"成为中国人的代名词沿用至今。

2. 唐至明中叶：鼎盛期

唐、宋、元、明中叶，长达800多年，中国的航海在世界处于领先地位，中国的文化、经济影响遍及世界。

唐宋时代，中国的政治、文化重心向南方转移，而此时南方的木制品技术及钢铁铸造技术一直领先于世界，加之中原发达的生产技术大量南传，并与南方的造船技术相结合，使唐宋以后的中国造船业达到了世界领先地位。指南针的发明大大促进了中国航海、外贸的发展。这个时期，中国造的大木船往来于东亚与西亚，是世界一流的远航交通工具。由长数十米，宽十余米，载重数百吨的大木船组成的中国商船队伍，大大促进了中国与海外的人流与物流的增长，使"海上丝绸之路"在唐宋时期发展到鼎盛，成为唐宋以后中外交流的主要通道。至宋代，"与中国通商的国家：占城、真腊、三佛齐、吉兰丹、渤泥、巴林冯、兰无里、底切、三屿、大食、大秦、波斯、白达、麻嘉、伊禄、故临、细兰、登流眉、中理、蒲哩鲁、遏根陀国、斯伽里野、木兰皮等总计58个国家。出现了《岭外代答》、《诸蕃志》，记载与中国通商国家情况的专著"⑤。"海上丝绸之路"始发港广州在唐宋时期，是世界著名的东方大港。由广州经南海、印度洋，到达波斯湾各国的航线，是当时世界上最长的远洋航线。唐后至明中叶，数百年，中国船队在西太平洋与印度洋处于领军地位。广州的南海神庙、西来初地、光孝寺、华林寺、六榕寺与花塔、怀圣寺、清真先贤古墓等及泉州的九日山祈风石刻群、开元寺、清净寺、草庵寺、灵山圣墓等和阳江"南海I号"古船都是见证。唐宋文化影响世界，至今"唐人"成了华人的代名词，遍布世界的"唐人街"是海外华人的聚居地及中华文化的窗口。

元朝的远洋贸易非常发达，拥有当时世界上贸易量最大的几个港口和世界上最强大的海军，并拥有大量的商船、民船，为明朝航海大发展奠定了基础。

1405—1433年，中国明初的28年时间里，郑和率领多达200多艘的船队7次横渡印度洋。"航线从西太平洋穿越印度洋，直达西亚和非洲东岸，途经30多个国家和地区。他的航行比哥伦布发现美洲大陆早87年，比达伽玛早92年，比麦哲伦早114年。在世界航海史上，他被认为开辟了贯通太平洋西部与印度洋等大洋的直达航线。"⑥规模之大、范围之广都是空前的，不仅在航海活动上达到了当时世界航海事业的顶峰，而且对维护国家安全、推行和平外交、开拓海洋事业、发展海外贸易、传播中华文明做出了巨大的贡献。《明会典》记录了130个朝贡国，其中海上东南夷有62国，包括：安南、苏禄国、锡兰、朝鲜、日本、琉球、爪哇等。至今马六甲仍矗立着郑和的塑像。

中国保持着世界发达的造船技术和一流的航海技术，一直延续到明初郑和时代结束。

3. 明中叶至清：衰退期

明中叶至清，我国进入"禁海"阶段，这也是我国封建社会的衰败期。中国的航海日渐衰退，海洋意识日渐淡薄。

1368年（洪武元年）明太祖颁布了第一个禁海令，1404年（永乐二年）永乐帝下令禁民间海船，原有海船悉改为平头船。到1567年（隆庆元年）明穆宗废止海禁时止近200年，海洋文化倒退。明朝制定了严酷的禁海令，《大明律》规定："若奸豪势要及军民人等，擅造三桅以上桅式大船，将带违禁货物下海，前往番国买卖，潜通海贼，同谋结聚，及为向导劫掠良民者，正犯比照已行律处斩，仍枭首示众，全家发边卫充军。其打造前项海船，卖与夷人图利者，比照将应禁军器下海者，因而走泄军情律，为首者处斩，为从者发边充军"，"敢有私下诸番互市者，必置之重法，凡番香、番货皆不许贩鬻，其现有者限以三月销尽"⑦，海洋贸易受到重创。明中叶以后，葡萄牙、西班牙开始大航海，葡萄牙人与西班牙人来到东方，并控制了世界大多数水域。中国船的航行范围，被压缩到东亚与东南亚的海域，1557年葡萄牙人登陆澳门并取得居住权。

清初为了防范东南沿海及台湾郑氏抗清势力，巩固新朝的统治，在东南沿海"围海迁界"，实行海禁。于1655年（顺治十二年）、1656年（顺治十三年）、1662年（康熙元年）、1666年（康熙五年）、1675年（康熙十四年）五次颁布禁海令；并于1660年（顺治十七年）、1662年（康熙元年）、1678年（康熙十七年）三次颁布"迁海令"，禁止百姓出海贸易。乾隆以後，清廷开始实行全面的闭关锁国政策，1757年（乾隆二十二年），清廷关闭漳州、宁波、云台山三处通商口岸，只留广州"一口通商"长达83年。使中国丧失了与世界同步发展的最佳时期，为后来的百年积弱落后埋下伏笔。与中国海洋文化大倒退相反的是世界海洋文化借助科技的发展而突飞猛进。1840年后帝国主义列强入侵，清廷与侵略者缔结了大量不平等条约，中国沦为半封建半殖民地社会。1887年12月1日，澳门被葡萄牙强行租借，成为欧洲国家在东亚的第一块领地。

二、海洋文化的发展关乎国力的消长

中国是一个有着长达7000年悠久海洋文化史的文明古国，在世界海洋学史占有重要的地位。然而因地理、政治、文化等因素，中国海洋文化的发展又有着明显的区域性和阶段性。进行历史的反思，我们清晰地看到：海洋文化发达，海洋意识强，与世界的交流融合紧密，则国力强，对世界的影响与贡献就大。海洋文化落后，海洋意识薄弱，闭关锁国，则国力弱，就会被列强瓜分。中国海洋文化漫长曲折的发展与国力的消长紧密相连，给我们的启示是深刻的。

先秦两汉时期，我国拥有灿烂的文化，发达的经济、强大的军事实力，同时也拥有处于世界领先地位的航海技术与能力。尤其是两汉，"东方第一大帝国"的实力与世界领先的航海成就相得益彰，助推了汉文化远播世界。

唐、宋、元至明中叶，中国的航海领先世界长达800多年，对世界，尤其是对古代东南亚及东亚诸国产生了巨大的影响。这一时期，中国是世界强国。唐、宋是中国封建社会的鼎盛期，也是世界上发明创造最多的国家。宋朝是中国为世界贡献最大的时期，国家综合实力无论质量还是数量，均为当时世界第一。宋代古沉船"南海I号"及其数万件珍稀文物就是很好的明证。随着"南海I号"考古工作的开展，我们将得到更多有力的物证。

清是中国最后一个封建王朝。清统治者政治上把封建专制推向了最高峰，经济上把关外落后的奴隶制带入中原，人文精神较前朝后期出现了较大退步。

禁海抑商，制约了资本主义萌芽的发展。轻视科技，导致中国的科技大大落后于西方，航海业也日渐衰落，清末的中国沦为半封建半殖民地社会。这个时期正是西方航海大发展的时期。13世纪末在意大利兴起的文艺复兴运动，使欧洲从以神学为核心的经院哲学桎梏中解放出来，迎来了科学与艺术的革命，开创了探索人和现实世界的新风气，揭开了近代欧洲历史的序幕。航海技术也产生了革命性的飞跃，葡萄牙、西班牙、意大利的探险家开始了一系列远程航海活动。18世纪中叶，英国瓦特改良蒸汽机之后，加速了西方工业革命的步伐，带来了深刻的社会变革，人类开始进入蒸汽时代。蒸汽机应用于航运之后，人类的航海能力迅速提高，工业革命迅速拉开了东西方的差距。至此，中国的海洋文化与世界先进的海洋文化差距日益扩大。以致19世纪德国著名的哲学家黑格尔认为中国是"没有分享到海洋所赋予的文明"的国家。

纵观我国海洋文化兴衰的曲折发展历程，进行文化的反思，借鉴是深刻的。

1. 大陆内聚型传统文化占据主导地位

海洋文化的形成与发展离不开具体地理、政治、经济、文化的影响，我国的海洋文化发展同样受以上诸因素的影响与制约。

我国幅员辽阔、民族众多。唐以前，中国的政治、文化中心一直在北方地区，这一带的沿海自然条件不利于古代海洋文化的发展，人们的活动主要在内陆，这个区域也是中国海洋文化的盲点。唐宋时期，中国的政治、文化中心虽逐渐南移，但相对封闭的地理环境、优越的气候条件和辽阔的耕地面积，培育了高度发达的中国古代农业文明，决定了占据中国正统地位的传统文化是大陆内聚型。

汉以降，以诞生于半封闭大陆自然环境的"儒学"为主体的正统文化体系得以确立和发展，统治中国的主流意识形态长达2000多年。儒学"重义轻利"、"见利思义"、"以义制利"的泛道德化观念，导致人们重道德修养，重内心世界，关心人伦社会而忽视对理性和自然的探索。重农抑商，耻于言利，商人被贬为四民之末，导致人们安于现状，墨守成规，缺乏风险意识和竞争精神，形成实用主义的传统。科学技术被视为淫技奇巧，导致中国古代科技虽一度领先，却仅停留在应用技术范畴，缺乏长远发展的理论活力。道德与理性的分离，使中国传统出现反理性的倾向，扼杀抑制创新精神，从而阻碍了中国科学精神的发育，商贸发展缓慢。以我为中心，内圣外王，航海虽称霸世界几个世纪，但大多出于政治目的，满足于当宗主，纳朝贡，尤其是明中叶至清，海洋意识日益消退。清政权实行闭关锁国政策，大陆内聚型文化的主导性超越前期，海洋文化倒退，与世界海洋文化的发展背道而驰。至清代末期，大面积海岛丢失也就不足为奇了。

2. 古越人海洋文化缺乏记载研究

中国是一个以汉族为主体的多民族国家，历史悠久，史学发达。但因以"儒学"为主体的大陆内聚型的传统文化对人们的思维、意识影响深远。2000多年的封建社会的正史，基本上是一部帝王将相史，科技、文化、经济、民族等记载甚少。

生活于东南沿海的夷人与越人，他们的海洋文化是我国古代海洋文化的代表，据可靠的文献记载，古越人的海洋文化是我国航海文化的萌芽，并创造了我国古代海洋文化的辉煌。尤其是南越人，"习于水斗，便于用舟"（《前汉书·严助传》），有着丰富多样的海洋生产、生活方式，宋代蓬勃发展起来的岭南，其文化的海洋性特征，可说是我国海洋文化的亮点。但在以大陆内聚型文化为主导的情况下，对处于边陲的越文化的关注度极为有限，记载不详。耕海重商的南越文化被边缘化，即使是"天子南库"的岭南，其文化也一直处于非主流地位。由于文献记载的缺乏，我们知之甚少，大大削弱了古越人的海洋文化对中国传统文化应有的影响力，对沿海文化缺乏研究与关注自在情理之中，这又大大影响了我国海洋文化的亮色。

3. 造船航海相关技术缺乏理性提升

中国航海文化虽拥有唐至明中叶的鼎盛期，造船技术与航海技术堪称世界一流，但停留在工匠水平，缺乏理性的提升，没能形成科技性的理论指导，后进乏力。虽有悠久的航海史，却不能开辟新的远洋航线；虽有能工巧匠，却乏理性提升；虽能造出世界一流的大帆船，却止步不前，没有创新；虽发明了指南针，却仅停留在简陋的运用水平，使中国的航海主要是沿海航行，大大阻碍了航海的发展。封建社会末期的清朝把封建专制及大陆内聚型文化发展到极致，逆世界科学文化发展的潮流而动，错失了科技发展的良机，至西方进入蒸汽时代，中国的远洋帆船队便被蒸汽机推动的轮船推上了没落之路。

三、强化海洋意识走强国之路

以史为鉴可以知兴替，因循守旧，闭关锁国，僵化落后，不能顺应历史发展的潮流，不能跟上世界发展的趋势，就会由盛到衰，被动挨打。坚持对外开放、改革创新，强化海洋意识，融入世界发展的大潮就能富民强国。梳理历史发展的脉络，结合现实发展的需要，启示是深刻的。

1. 加强岭南文化的研究开发

中华文化以其悠久的历史、辉煌的成就著称于世，同时也以其多元的形态令世人瞩目。滨海地带的族群有天然的条件通向外界，通向海洋，发展商业文化。岭南地处南海之滨，南越人擅舟楫渔猎，很早便开始向海洋拓展。向海洋讨生活使岭南人具有开放变易的文化品格，铸就了灵活开放、勇敢进取、自强不息的精神。秦汉以降，岭南文化辉煌灿烂，世人无不对南越王墓、南越王宫、南越国水闸、南海神庙、海上丝路遗址等古迹惊叹不已。

熔中原、南越等文化及海外文化于一炉的岭南文化，以其自信开放、兼容并包，传承开拓、勇于创新，重商务实、面向海洋的特质成为我国海洋开放型文化的典型，是我国占据了主导地位的大陆内聚型传统文化的不可多得的补充。自然优势与人文优势使广东成为近现代革命的策源地、改革开放的先行地，30年来为我国的改革开放提供了宝贵的经验，取得了举世瞩目的成就。如2010年，广东的GDP以45472.83亿元连续22年位居全国第一，占全国比重为11.4%，人均近7000美元，达到中等发达国家水平；广东地税系统累计组织各项税费收入达到4668亿元，连续17年居全国地税系统首位，收入总量约占全国地税系统税收收入的七分之一；广东海洋生产总值达8000亿元，连续16年居全国首位；广东文化产业逆势腾飞，增加值占全省GDP比重达到6%以上，连续5年位居全国第一。

广东改革开放的成就是岭南文化先进性的体现。岭南文化不少领域仍是未开发的处女地，原生态的文化资源丰富，开发前景诱人。加强岭南文化的研究与开发，对我国海洋文化的建设有重要意义。

2. 加快融入世界经济发展轨道的步伐

信息时代的今天，经济已全球一体化。改革开放迈出成功的第一步就是打开国门，走出去，请进来，学习海外的先进科技，承接海外的产业转移，参与世界的分工与竞争。仅30年的时间，我国发生了翻天覆地的变化，从一个经济濒临崩溃的农业国一跃而成世界的制造业基地、第二大经济体。加快步伐融入世界经济发展的轨道是广东的经验，也是全国的实践，更是强国之路。

综合国力的提升，使"南海I号"的整体打捞获得成功，古船展现了我国古代海洋经济的辉煌，也展示了我国当代海洋经济、海洋科技的实力。在世界经济新的挑战面前，让我国经济利用港口门户通过海洋走向世界，加快融入世界经济发展轨道的步伐，更显迫切而重要。

3. 强化海洋军事意识

我国有960万平方公里的陆地国土面积和300万平方公里可管辖的海洋国土面积，海岸线总长度达3.2万公里。保卫国土与人民的生命财产安全，捍卫国家的利益和尊严，发展海洋军事实力是重中之重。中国近代丧权辱国的历史是从炮舰叩关开始，现代的落伍也主要体现在海洋的控制能力，今后国家核心利益的捍卫也大多落实在海洋。如南海主权、钓鱼岛主权、东海油田、海洋通道的开辟、护渔护航等，无一能离开海洋。可见，强化海洋军事意识，关乎国家的兴亡。

历史悠久的中国，不但创造了灿烂的古代农业文明，也拥有辉煌的古代海洋文明。在中国现代航海业蓬勃发展，中国的海洋文化进入一个新时代的今天，"南海I号"古船再现我国古代的海上盛世，它的整体打捞成功，使我们在继往开来的进程中更清楚地认识到：海洋文化与海洋意识直接维系着国家的强盛与安危。吸取历史教训，加强对我国海洋文化历史的研究、对我国传统文化的分析与反思，加强对我国文化多元性及沿海各族群文化的认识、发掘、研究、整理，对提升海洋文化，强化海洋意识意义深远。我国是一个海洋大国，在海洋开发竞争日益激烈的今天，走强国之路，必须强化海洋强国意识，只有走向海洋，我们才能走向未来，走向世界。

注释

①黄伟宗、薛桂荣主编：《海上丝路的辉煌》，香港：中国评论学术出版社，2009年版，第117页。

②黄伟宗、薛桂荣主编：《海上丝路的辉煌》，香港：中国评论学术出版社，2009年版，第41页。

③海上丝绸之路 百度百科baike.baidu.com/view/23000.htm 2011-3-12。

④同上。

⑤同上。

⑥郑和 百度百科baike.baidu.com/view/1988.htm 2011-3-6。

⑦海上丝绸之路 百度百科baike.baidu.com/view/23000.htm 2011-3-12。

（2011年3月21日于广州云台里，2011年4月26日发表于"'南海Ⅰ号'与海上丝路文化论坛"）

《坛经》的形成地

《坛经》，佛教禅宗典籍。全称《南宗顿教最上大乘摩诃般若波罗蜜经六祖惠能大师于韶州大梵寺施法坛经》，亦称《六祖坛经》、《六祖大师法宝坛经》，是中国佛教南宗禅创始者、禅宗六祖惠能的传法记录。由禅宗六祖惠能说，弟子法海集录。因是在法坛上宣讲的经教，故称"坛经"，是中国僧人著述中唯一被尊为"经"的佛教典籍。《释门正统》卷八《义天传》有"大辽皇帝诏有司令义学沙门诠晓等再定经录，世所谓《六祖坛经》、《宝林传》等皆被焚"等语，可见宋辽时期此书已入经录。现有明清诸藏本、房山石经本及流通本等。1976年日本影印《六祖坛经诸本集成》，汇集各种版本《坛经》11种。

《坛经》是中国禅宗的奠基作之一，是禅宗的重要经典，对中唐以后中国佛教的发展有极为重要的影响。随着禅宗社会作用的扩大，《坛经》的影响也日益扩大。宋以降，士大夫谈禅、参禅渐成风气，《坛经》对思想、文学、艺术的影响日渐深远。随着禅宗向海外传播，《坛经》的影响遍及世界。

新兴是惠能的出生地和圆寂地，是中国禅宗发祥地之一，又是《坛经》的形成地，究其缘由有以下几点。

一、优越的地理区位

新兴县位于广东省中部偏西，在云浮市东南部，距广州市150公里，毗邻珠江三角洲。总面积1523平方公里。地理位置优越：东北面与高明、鹤山交界，东南与开平接壤，南邻恩平，西南连阳春，西北为云安、云城，东北衔高要，地处北回归线以南，距海洋最近点100公里。"地形由南向北倾斜，新兴江发源于县内的天露山脉，集雨面积占全县总面积的84%，密集的河网，不仅形成土地肥沃的冲积平原，而且为农业生产灌溉带来便利。"①气候温和、热量丰富、光照充足、雨量充沛、霜期短，属亚热带季风气候区。自然资源丰富，山水奇峻秀美，河网密布，小盆地、河谷平原、丘台地交错，土地肥沃，物产丰富，是西江流域著名的鱼米之乡、水果之乡，人民生活虽不大富，但安安定定。

新兴自古被誉为"八州通衢"，是岭南的交通要塞。先秦至唐，是广州"南通"的交通枢纽。东汉以后，外国僧人由广州前往西南、西北，新兴县正处于交通枢纽的位置。在"佛学时代"的唐朝，广州成为南方的佛教中心，海上丝绸之路成为佛教传入中国的重要途径。新兴地处广州与桂林两大佛教中心之间，佛教之盛不言而喻。

二、悠久的历史文化积淀

岭南地处南方沿海地区，自然条件优越，自古有通海之便，易于接受外来文化，是我国重要的门户。岭南不但历史悠久，而且文化灿烂。岭南文化从早期的原始文化形态开始，就显示了与中原华夏族原始文化的差异，水文化特色鲜明，极具特色。

先秦的岭南地区，居住的基本上是土著的南越、西瓯、骆越等族及其先民，《吕氏春秋》第一次把他们和江南各民族合称为"百越"，广东的土著民族是"百越"的一部分。先秦的岭南文化，是以南越土著居民文化为主体，岭南本根文化为核心内容的原生文化。秦汉时期，先进的华夏文化随着政治强势和大批汉人的南迁进入岭南，岭南文化开始了漫长的汉越融合期，从原生文化向再生文化嬗变。南越国时期，岭南文化大量糅合了中原文化和荆楚文化，并吸收了海外文化的因素。唐代，基本形成了以中原汉族为主体，以先进的汉文化为核心，融汇了南越文化特质，以开放、兼容、多元、务实、重商为特征的再生文化形态的主体架构。不难看出，在2000年左右的汉越文化融合历程中，秦收复岭南、南越国、汉武帝时期和唐代是岭南文化嬗变最重要和成就最显著的时期。惠能大师《坛经》形成的唐代，正处于岭南文化嬗变的重要历史节点。

新兴县历史悠久，设县至今，已有2100多年的历史。新兴文化积淀深厚，是岭南文化的重要组成部分。从先秦起经历了远古文化向原生文化、再生文化形态的转化发展过程。自秦"垦卒"入境，继"王莽乱世"、"八王之乱"、"五胡乱华"、贬官流放、珠玑移民迁入、商旅云集，新兴逐渐成为以汉为主导，汉越融合之地。海外文化沿海上丝绸之路的进入，又使农耕文化、贬官文化与海洋文化在新兴交汇碰撞，中原文化、百越文化、海洋文化和谐共生，无疑是惠能创立南宗禅的地域文化基础。

先秦的新兴属"百越之地"，公元前214年，秦征服岭南，成就统一大业。设南海、桂林、象郡三郡，今新兴县地域在秦朝时属南海郡。秦军就地留戍落籍，次年，又从中原地区迁徙了30万人到岭南戍守，与越人杂居，共同开发岭南，并输入大批铁制农具及牛马等生产资料，从而大大加快了中原的先进生产技术和文化知识在岭南的传播。岭南迎来了汉人第一次大移民，新兴地处交通要塞，是中原移民的聚居地之一。

公元前112年，汉武帝出兵平叛，灭南越国，在岭南设南海、苍梧、郁林、合浦、交趾、九真、日南、儋耳、珠崖九郡。由交趾部（东汉改称交州）统辖，交趾部治所设广信（今封开、梧州一带）。西汉元鼎六年（前111年），新兴县是当时的交州合浦郡临允县的疆域。历时近400年，广信取代番禺成为岭南的政治、经济、文化军事中心，新兴地处西江流域。广信扼守浔、桂、贺三江之口，踞两广之交，自古以来便是珠江三角洲与大西南及中原地区政治、经济、文化的重要枢纽地带，孕育了深厚的古代历史文化，记载了辉煌的人类文明。岭南文化的发展，珠江主要干流西江上游的广信地区起了重要作用。接灵渠的西江水道是秦汉至唐，中原进入岭南的重要通道，又是秦汉开拓的海上丝路连接内陆的重要通道，广信成为这条通道的重要节点。中原文化从桂林的灵渠经漓江、从湘桂交界的岭口通道通贺江而构成了古广信通道进入珠江六域，使广信成为珠江流域的文化中心，产生了以汉化为主导，融合百越文化为特征的"广信文化"形态。

岭南地区依山面海，自古是沟通内陆与海外经济、文化交流的窗口，水文化发达。秦与南越国时期，依赖于航运的商业贸易活动顺畅。汉武帝时期，岭南与海外通商是海上丝绸之路的开拓阶段，其航线史称"汉武航线"。番禺（今广州），成了全国9个商业都会之一，以海内外商品集散地闻名于世。史书上有"中国往商贾者多取富焉。番禺，其一都会也"的记载。民间有"南走越，北走胡"，"欲拔贫，诣徐闻"的说法。这正是对海上丝绸之路与陆上丝绸之路对接区域商业繁荣的写照。当时的新兴，正处于以广州为轴心，以西江为主线的南北商业、文化交流活跃中心地带的交通节点上。

岭南商业贸易的发展，尤其是海外贸易的发展，海外文化也从日南、合浦、徐闻通过海上丝绸之路传入岭南，形成了百越文化及中原文化、海外文化融合之势，逐渐形成了岭南文化的开放性、务实性和商业性特征，使中原儒文化"重农抑商"的价值观念，在岭南被淡化。

汉武帝为了进一步强化专制主义的中央集权制度，"罢黜百家，独尊儒术"，这就使占政治强势地位的儒家文化通过"太学"制，在岭南得以迅速有效地传播。与此同时，汉代的广信大兴文化教育，开岭南学术风气之先，产生了著名古文经学家“三陈”（陈钦、陈元、陈坚卿——“陈家三代经学”）、“四士”（士燮、士䵋、士䵋、士䵋——“一门四士”），成就卓著，在我国学术界占有重要地位，屈大均称其“并为列郡，雄长一州”，评价甚高。当时南下的士人办学传经，人们诵《诗》读《经》，影响深远。儒文化在岭南的灌输，有效地改变了岭南“风俗脆薄”，“不识学义，不闲典训”的文化落后状况，提高了岭南人的文化素质，并使儒文化对岭南的道德伦理文化产生了深刻的影响，儒家忠君、孝悌等道德观念逐渐成为岭南人的社会行为规范。此时从海上传入岭南的佛教在广信地区也得到传播和研究。无疑，“广信文化”时代，是一个文化辉煌的时代，迎来了岭南文化发展史上第一个高潮期。扼西江要冲的苍梧，遂成为本土文化、中原学术文化与外来学术文化交流的重心，此时的新兴正处于“广信文化圈”。

两晋中原汉人大规模南迁，对岭南的政治、经济、文化的发展有着巨大的影响，加速了岭南的开发与发展。

隋唐两朝，尤其是唐代，是一个空前开放、空前包容的时代。由中原传入的汉文化、通过海上丝绸之路与西南丝绸之路传入珠江流域的异国文化，与本地土著民族文化互相交流，互相吸收，互相融合，形成多元一体的文化形态。唐对外贸易有长足的发展，距离新兴仅150公里的广州，成为世界著名的“东方大港”，从而形成了中外交融的海洋文化，对新兴产生了强有力的辐射。珠江流域地区独特的地理条件，造就了多种文化杂交的环境，也决定了岭南文化的创新性、宽容性和海洋性。同时，被历代朝廷贬谪到岭南的“罪官”，对岭南的发展也做出了显著的贡献。唐宋时期，新兴是朝廷贬官流放的主要地方。明朝嘉靖十四年《广东通志初稿》“流寓”卷列举唐宋两朝共有22位名人流寓肇庆府，他们在新兴县寓居期间，开办学堂，传播中原文化。

悠久的历史文化积淀、多元的文化碰撞融合，使新兴民风淳朴，知学求进、中庸务实、兼容并包。这种文化氛围，对惠能的禅学思想的形成影响深远。

三、浓厚的宗教文化氛围

岭南的宗教活动非常活跃。晋朝葛洪在岭南，使原始道教理论化，大大推动了道教的传播。佛教、伊斯兰教、基督教都是先后从海道经广州传播到内地的。自东汉印度佛教经海路传入广州，岭南便成了佛教传经说教的乐土。

佛教起源于天竺（印度），经海上丝绸之路和西北、西南两条陆上丝绸之路传入中国。除了西北丝绸之路经中亚细亚进入西域到达中国之外，其余两条都首先传播于珠江流域。佛教传入岭南的时间与道教传入岭南的时间接近。

汉时，岭南属交州，主要的政治、经济、文化中心在交趾与苍梧，佛教的传入也首先见之于交趾与苍梧。罗香林在《世界史上广东学术源流与发展》一文中指出："东汉时代，印度的佛教，以至海外各国的文化，亦多自越南河内以及广东的徐闻、合浦与番禺等港口传入。"在此背景下，东汉末年广信人牟子既是"佛教"之名的首创者，又是融儒、佛、道"三教合流"的首创者。他的《理惑论》是中国第一部佛学专著，在这部著作里，牟子"介绍了释迦牟尼成佛的经过；追溯佛教在中国初传的情况；借用中国人熟悉的老子思想，论证佛法的正确；利用儒家名物典故，阐述佛教教义，揶揄道教和神仙家，论证释迦牟尼及佛教一尊的地位"[②]。提出了"儒佛为一"说，成为佛教中国化的先声。三国时期深受吴国君臣器重的康僧会也出自交趾。东汉献帝建安十五年（210年）后，交州州治移番禺（今广州），至此，广州成为岭南政治、经济、文化中心，也成为南方翻译佛教著作与传播佛教思想的中心。

有史料记载，佛教于汉哀帝元寿元年（前2年）已传入中国，广州是佛教最早传播地之一。中国佛教史上第一个佛经翻译家安世高于东汉建和元年（147年）就是由海路到广州登岸的。东吴以后，外国僧人由海路来广州传经、译经，络绎不绝。西晋以后，受海外佛教文化的影响，岭南地区陆续兴建佛寺，广州佛教发展迅速，寺院林立，不断有印度或西域僧人来广州译经、传道，留下了不少佛教文化的名胜古迹，诸如三归寺、王仁寺、"西来初地"等，开始出现有名望的高僧。南朝时的广州是六朝大都会，随着海上贸易的繁盛，外国众僧搭乘海外商舶到广州传教屡见不鲜，来广州传道、译经的僧人更多。初祖达摩，也是南朝时从印度东渡中国，在广州的"西来初地"登陆的。

隋唐佛教发展进入创新与繁荣的新阶段——成熟与繁荣期。在隋代佛教复兴的基础上，唐代佛教达到了中国佛教的顶峰，与儒、道一起形成了三足鼎立的新格局。梁启超先生在《论中国学术思想变迁之大势》一文中，称唐朝为"佛学时代"，可见唐代佛学在中国学术中的重要地位。唐代的岭南，对宗教采取了兼收并蓄的态度，使宗教迅速被接受并地方化。此时佛教在岭南进入了兴盛期，传播广泛，深入人心，在岭南文化中占据重要的地位。广州更是中外佛教文化交流的中心。

地处珠江流域黄金通道、佛教传入中国著名孔道的新兴，是岭南最早受佛教文化熏陶的地区之一。自南北朝以来，先后有佛教、道教流传。"与文化教育相对落后形成对比的是，两晋六朝时期，新兴县的宗教文化却发达得多，宗教文化在新兴县传播甚广。东汉以后，外国僧人由广州前往西南、西北，而新兴县正处于交通枢纽的位置。在六祖惠能出生前，有史可查的，新兴县就有9间寺庙（道观），仅次于韶州（25间）、广州（19间）。"③ "历代有三位皇帝给新州的寺庙敕赐匾额：唐玄宗赐额'临允寺'，唐中宗赐额'国恩寺'，宋神宗赐额'东山庙'。"④其中，两间在唐朝。可见，两汉至隋唐，新兴不但地处著名的佛教传入孔道，而且佛教历史源远流长，佛教文化氛围浓厚，有深厚的群众基础。

今天，走访六祖惠能的故乡夏卢村，热情、善良的村民，淳朴、平和的民风，深厚的禅文化底蕴，无不使人如归故里，获得精神的慰藉。

当我们瞻仰六祖故居纪念馆时，管理员（一位朴实的村民）向我们讲述着祖辈流传下来的六祖故事。他那真挚的感情、平实的语言，就像在谈家常。然而，他在介绍纪念馆的"六祖签"时却语出惊人："'六祖签'与一般的签是不一样的，求'六祖签'不是迷信，是听六祖教我们怎么做人！"多么睿智的大实话啊！做佛即做人，这就是悟！

当我们漫步在相传当年六祖惠能圆寂后的藏身之地——"藏佛坑"，感受福地的灵光时，蜿蜒的山路伴随着幽深的小峡谷，绵延数里。飞瀑流泉、奇岩怪石、幽洞深潭、佛龛石刻，鲜活灵动，令人不禁发思古之幽意，油然而生敬意。葱茏的树木陪伴着清澈的潺潺溪水，清波荡漾，绿影婆娑。错落有致的居士林在修竹掩映中若隐若现，香火缭绕。沿溪的亭台楼阁，天然去雕饰，一切是那么的洁净安谧，浑然天成。不是景点，胜似景点。不是耳闻目见，怎会相信这一切竟是民间推动政府支持，以四方信众捐资为主建设的呢？信众们在此留下的故事和足迹一样多。乡民的崇拜之举，朴实自然，无不是禅都迷人的风情画。又有多少个"番禺黎姨"，为工程数年居住于此，只为筹款才出山呢？又有多少个修行者在此自悟本性，得了清净呢？六祖圆寂至今已是1188年，沧海桑田，世事变幻无穷，此地却得禅宗文化的滋润，"青山依旧在，几度夕阳红"。礼佛，敬六祖，是此地的风俗。六祖的宅基地犹在，六祖的音容笑貌在乡亲们的言语、表情与心里时时传递着。深厚的禅文化底蕴，滋养了一方水土，滋养了一方人，吸引了崇敬者无数。一个民众自发修建的修心养性之地，3年的到访者竟达33万人次，多么发人深省啊！

新兴，诞生了南宗禅的创始人惠能，诞生了佛教的伟大经典著作《坛经》，是天时、地利、人和之造化，实乃历史之必然。

四、深刻的宗教与社会体验

惠能对禅学思想的发展，与其长期的社会实践、深刻的宗教与社会体验密不可分。

唐朝时的新州，佛教兴盛，寺庙众多，信众如云。惠能的母亲笃信佛，惠能从小便常随母到寺庙参拜。新州浓厚的佛教氛围，母亲对佛的崇敬、虔诚，耳濡目染，日长月久，使年少的惠能对佛教产生了极大的兴趣。

惠能父亲早亡，家境贫穷，青少年以卖柴为生，饱尝世间艰辛。得黄梅五祖弘忍传授衣钵后，受命南归。按敦煌本《坛经》记载：五祖弘忍将禅林真法连夜传授给惠能，叮嘱道："若住此间，有人害汝，汝即须速去。"临别时还送了一句深藏机锋的偈语给惠能："逢怀则止，遇会则藏。"惠能遵嘱"发向南"。期间经历了曹溪宝林寺暂住遇险、潜藏怀集与四会隐遁修悟15年。15年蛰居山林,与农夫猎户为伍,使他对中国的国情、民情有了深入的了解。怀集冷坑巧遇法融弟子昙璀,3年与之朝夕相处,切磋经义,研论佛道禅学,使他的佛性修悟、法理感悟有了很大的提升。惠能出身于樵夫,文化水平低,他的修行、觉悟之道是一个特例,惠能是"悟道才寻师,成道才出家"(陆锦川《仿佛居士说〈坛经〉》)。特殊深刻的宗教与社会体验和修行历程,为他创造性地发展禅学,使之更贴近生活,更具"中国化"、"平民化"、"普及化"特征,积淀了深厚的思想基础。

新兴是惠能青少年生活了24年的故乡,15年隐遁修悟的怀集、四会与新兴同属西江流域,地理、人文条件相类,生存状态相若。不难看出,黄梅拜师前后合共39年的岭南文化熏陶和深刻的宗教与社会体验,是惠能禅学思想形成的基础,也是《坛经》的思想基础。

下面选择几则流传于民间关于惠能的传说故事,从中不难体会到惠能的禅学思想与深刻的宗教和社会体验的紧密联系。

四会观捕鹰[5]

六祖惠能南奔至四会,在四会与清远交界的灯盏岭隐匿,山民见他为人真诚,勤劳肯干,经常帮山民干农活,便常常送食物给他,留他常住,又帮他在半山腰盖了一间泥墙杉瓦的小泥屋(后人称之为"六祖庵")。惠能留住期间,经常奔走于清塘、龙头、陶塘、罗湖等地,一方面了解民情,一方面宣传顿悟派的禅义,与山民共处融洽。

一天,他巧遇山民捕鹰,认真观察思考之余,深受启迪。

只见捕鹰的山民挖了一条又窄又深的小沟,那小沟比老鹰的身子还窄,深及膝部。沟里放了几只刚出壳不久的小鸡,毛茸茸的小鸡在沟中唧唧叫个不停,老鹰在天空盘旋了半晌,见无人影,便唰地俯冲下来,想抓住小鸡,不料小沟太窄,老鹰身子进不去,但冲力太猛,又抽身不得,被卡在沟里;小沟太深，老鹰的爪子伸了进去，却碰不着地，真是进退两难啊！只得拼命挣扎，翅膀扇得"啪啪"响，就是动弹不得，唯有就擒。

这是为什么？因为老鹰脚跟不点地。天鹏金翅鸟，一飞千万里，全靠脚下一点劲，脚不点地就飞不起来了。

惠能大师见此情景，想起师父弘忍禅师的开示："不识本心，学法无益"。惠能此时顿觉释然。

是啊，我们不知道用不生不灭的真心如来藏性去修，而是用生灭的妄心意识去修，也会被卡在六道里飞不起来，佛性不能起无边妙用。"狂心若歇，歇即菩提"，当我们不思善，不思恶，妄念停下来不动念时，豁然显现，了了分明灵明不昧的就是菩提自性，就是本来面目。这真是："菩提自性，本来清净，但用此心，直了成佛。"

蛰居龟咀岩⑥

五祖经过几番考察后，将禅林真法连夜传授给惠能，并把祖传衣钵授予惠能后，连夜送惠能到九江驿，临别时，叮嘱惠能切记："逢怀则止，遇会则藏。你从什么地方来，就回什么地方去吧。"并说："你到岭南之后，不要急于出来，估计我在世不久，你今后好自珍重吧！"六祖日夜兼程南归，与追踪者周旋，历尽艰险。

惠能自从逃过劫难，离开宝林寺南奔之后，不知走了多少时日，来到四会与清远交界的灯盏岭下的龙甫镇营"上林铺"落脚。在农夫家寄宿了数月后，觉得栖息地来往人多且杂，恐暴露自己的身份，招惹祸端，便辞别农夫，沿着南溪逆流而上，行至怀集高岭下的三江渡口，过渡后往西北方向而行，进入蕉坪、石龙地界。正在茫然不知去向时，忽见西北角小山岗上有一道红黄相交的光环在飞旋、缭绕。

"该不是给我引路吧？"惠能精神振奋，便朝着光环的方向前行。跋山涉水，攀悬崖，穿密林，走古道，不知走了多久，又逢连天暴雨。惠能见眼前旷野中一座大山，挺拔峻峭，怪石嶙峋，古木参天，便冒着滂沱大雨奔过去，踏着没膝的荆棘，奋力攀登，不觉眼前蓦然一亮，只见十丈开外的路边，有一个石室。惠能急忙背着行囊奔了过去。

这石室由三块巨大的花岗石垒叠而成，上面一块巨石被下边两块巨石顶托住，形成一丈多宽的大飘檐。石室内高约两丈，宽有三丈，洞内杂乱的石块可供坐卧。清冽的泉水，沿着倒挂的钟乳石往下流，滴滴答答地响个不停。惠能上前接过滴水，尝了一口，清凉甘甜。再仔细观察，洞壁的石罅中不时有谷粒掉下来。显然，这是老鼠的功劳。惠能大喜，感叹道："此乃佛地洞天！佛祖神灵在庇护我啊！"

惠能脱下湿淋淋的衣服，拧干水，晾在石上，把衣钵藏好。此时洞外雷电交加，大雨倾盆，颠沛流离，疲倦不堪的惠能在一块大石上躺下，伸展四肢，合上双眼，思前想后，很快进入梦乡。

一觉醒来，云收雨霁，天已大亮。惠能出洞眺望，只见这里山高林密，满目青翠，好不神清气爽啊！

忽然，远处传来"咔嚓、咔嚓"的声音，惠能朝着声音望去，只见右边山下，有两条小河蜿蜒曲折，迂回在丘陵沟壑之中。十几间茅舍连成的村落，掩映在浓密的竹林之中，甚为清新。一个四十开外的樵夫，手持砍刀，扛着竹竿、篾条，踩着满地的落叶，正上山来。"咔嚓"之声是他踏着雨后泥泞山路上的败叶发出的，山林空旷，"咔嚓"之声益发响亮。

樵夫上得山来，蓦地发现有人从石洞中出来，甚是惊愕，不禁攥紧手中的砍刀，警觉地问道："你是什么人？大清早，怎会到这龟嘴岩来？"

惠能忙上前施礼道："昨晚我路过此地，恰遇到狂风暴雨，只得在此暂避。"

樵夫见惠能慈祥有礼，不像凶狠奸诈小人，便放下心来，上前询问究竟。

惠能不便公开身世，只答道："我姓卢，名能，似飘零鸿雁，四海为家。"

"啊，原来是位随意化缘的行者。"

惠能："请问，这是什么地方？"

樵夫指点山野："这山岭叫作上爱岭，这岩洞叫龟嘴岩，山下的河流叫冷坑河、洽水河。"

"这里属什么地界？"

"怀集。"

"怀集？"惠能的心猛然一动，不禁喃喃自语，"怀集，怀集……"

惠能想起了五祖临别所赠的偈语"逢怀则止，遇会则藏"来。"'怀集'不正是'怀'吗？"如今，来到"怀集"，不正应了五祖之偈语吗？

惠能放眼望去，只见层峦叠嶂，山势陡峭，松树拔地而起，茂密葱茏，远离大江大河，人烟稀少，是个藏身的好地方。他暗自叨念着："师父呀，我按你的指点，在这里暂且安身了。"

樵夫见他喃喃自语，很是不解。当他知道惠能也是穷苦之人，顿生同情之心。听惠能说"我似无根浮萍，漂泊游荡多时，感到身心疲惫，想在这里住下"时，便邀惠能进村道："这……这样吧，我兄长年前不幸病亡，留下草屋一间，如不嫌弃就请到我们村里住吧。"这樵夫倒是个热心之人，惠能便与他促膝长谈起来。

经过和樵夫的长谈，惠能了解了当地的情况，知道这里的十几户人家，都是贫苦的农户、猎户，靠垦山打猎、耕田种谷为生，日子过得相当艰难，便婉拒了樵夫的邀请，在怀集上爱岭的龟嘴岩蛰居下来。

惠能尽己所能帮助龟嘴岩一带的农户、猎户，与他们一起日出而作，日落而息。因惠能是樵夫出身，无论是上山砍柴打猎、爬山越岭，还是下地种田，都是行家里手。加之惠能干起活来不计得失，只顾埋头苦干，很快惠能就和大家亲如家人，大家都很乐意接受惠能的帮忙。白天，惠能下山帮村民们干活，经常把自己的耕种技术传授给附近的山民；傍晚，孤身一人，带着满身的汗水，攀回山巅的龟嘴岩。寒冬酷暑，风雨无阻，从不间断。

在连绵不断的群山中，不少山民以狩猎为生，经常在动物活动之地布网装夹。惠能遇到猎物落网或被铁夹夹住时，就会上前解网松夹，放猎物逃生。

做饭时，惠能将一些蔬菜寄煮在肉锅里，但他从来不吃肉，不喝肉汤，只吃肉边菜。当山民发疑时，惠能笑着答道："这是我一直以来的习惯，我只吃肉边的蔬菜，这对身体更有益处。"并劝谕他们要尽量少杀生。

龟嘴岩一带的山民，都十分敬重惠能，耳濡目染，在惠能的感化下，改掉了暴戾的性格与不少不良的习俗。惠能以龟嘴岩为藏身之所，辗转于怀集、四会的大山之间，跟山民们一道种地、采药、观赏山林景色，聆听深谷流泉，领略大自然的野趣，修悟自己的心性。

"只吃肉边菜"，这是生活环境的造就，也是惠能禅学的升华——不执一端，求和求圆，是《坛经》的重要思想，也是儒学"中庸"的佛学衍化。广东名菜"芥兰"又名"隔栏"，据说正源于此。

巧遇昙璀[7]

一天傍晚，天色已昏黑，惠能在山下帮村民干完农活返回上爱岭。快到龟嘴岩时，忽见不远处有一人倒在山路边，上前一看，竟是一和尚，已奄奄一息了。

惠能赶紧把和尚背回龟嘴岩，把过脉，知是又饿又病所致。便连夜采草药，给和尚治病。喂药喂食，忙到深夜，和尚才悠悠醒来，睁开眼睛，看到惠能慈善的面孔，不尽感激地点了点头表示感谢。

惠能行过礼后，道："请问大师，你是何方游僧？"

和尚柔弱地答道："贫僧名唤昙璀[8]。"

惠能问道："请问跟哪一位师父学佛？"

昙璀回答："我是法融大师的徒弟。"

惠能在湖北东禅寺时曾听过一些老和尚讲历代师祖的逸事，随即问："是不是四祖道信特许在他法脉下自立门户的'牛头宗'法融大师？"

四祖道信，在禅学思想史上是个承前启后的人物，其禅学思想内涵丰富，实践方法可行。其创立的渐修禅法对五祖弘忍等后人的思想有直接影响。而法融的"牛头宗"充满了顿悟思想，后人评价他所著的《心铭》不下于三祖僧璨的《信心铭》。

这山野之人对佛门之事竟然了如指掌，昙璀觉得奇怪："啊，你是个俗人，对佛门的事怎么如此知晓？"

"这……"惠能支吾了一会道，"我笃信佛学禅宗，故此也略有所闻。"

昙璀探询地问："你信的是哪一派系的禅法？"

惠能见他长相和蔼，直言而答："顿修。"

昙璀大喜过望："原来是同道中人。"

惠能："不知你对此有何高见？"

昙璀打开了话匣子："三祖僧璨大师在其所著的《信心铭》中提出：'不用求真，唯须息见。'这是最早建立的顿悟禅法的实践纲要，而四祖道信、五祖弘忍与此都是一脉相承的。只可惜五祖的传灯人六祖惠能南逃之后，如泥牛入海，杳无踪迹。"

昙璀越讲下去，声音越弱，显得有气无力。

惠能见昙璀太饿了，便拿出自己的干粮给他吃，再问道："你怎么会来到怀岭这深山大林呢？"

昙璀吃过干粮，顿显精神多了，在犹豫了片刻后，见惠能慈眉善目，才直言而答："我在皖浙交界的山中弘扬佛法时，被官府通缉，逃亡至此。"

惠能大惑不解："弘扬佛法也会被官府通缉？"

昙璀叹了口气："有恶人诬陷，说我与当地陈硕真的起义军有勾结。我如今是百口莫辩，唯有急遁远引，躲避为上。"

"原来也是避祸的，"同是天涯沦落人，并且都是佛门中人却遭到了他人追杀……他俩谈兴越来越浓，不觉天已拂晓。为了慎重起见，惠能并没有向昙璀表明自己的真正身份，只是问道："你现在打算到哪里去？"

昙璀一脸的虔诚："来到这里，我什么地方都不想再去了。"

惠能："为什么？"

昙璀站了起来，走出岩洞，来到悬岩，指着山下说："你看！"

昙璀这一动作，惠能已经有所领悟，道："你是指这里的山山水水不同寻常。"

"嗯，"昙璀点了点头，反问道，"难道你也有类似的感受？"

惠能一本正经地指点着："看，上爱岭下的圆形坡地如高僧垫膝之蒲团，水塘基围上的圆形大小石头，排列有序，又像僧人手中的串串佛珠。那边的土岗形状扁中带圆，形似寺院中念经所敲的木鱼。"

昙璀脸露喜色："呵，你讲的话句句都与佛门有关，有如我佛门中人一样。还有一点，好像……"

惠能未待昙璀把话讲完，又接上了话头："不远处的小岗状似八卦，也酷似一本半开半闭的经书。远处屹立有序的山峰叫作花石十三峰，你看它烟雾缭绕，时隐时现，恰似佛地洞天，自有一种独特的意境。"

昙璀听着惠能的指点解释，颇有同感地说："四周云蒸霞蔚，空灵缥缈，使人如在'般若三昧'、'不染万境'之处。远山在云海里漂浮，一似万佛来朝。看来是天公造物，上天赐给这里的山山水水有如此浓重的佛气。"

惠能："我也是这样看的。"

昙璀笑了起来："如此说来，你与贫僧是见解相同了？"

惠能："你不是讲过，我们乃是同道中人吗？"

昙璀与惠能两人相视而笑。

惠能手指着龟嘴岩，诚挚地邀请道："如不嫌弃，就到那里与我同住。"

昙璀喜出望外，笑靥大开："在落魄之时，有幸与卢居士朝夕相处，贫僧正是求之不得。"

人生难得逢知己，更何况是同道中人。此后，惠能与昙璀在上爱岭的龟嘴岩住了下来。

这两位在患难之中相交的同道中人，同住孤峰之上，平时一起下山，帮村民干活，耕田耙地，无所不干。找到食物，一起分吃；找到泉水，共同品尝；遇到困难，商议解决。平时他们在一起时更多的是谈经论义，交流禅法，甚是惬意，生活虽苦犹甜。

三年后，昙璀从往来的商旅处得到了消息：他所受牵连的冤案得以澄清，官府已经撤销了对他的通缉令。昙璀觉得这里地广人稀，自己所弘扬的禅法基础并不深厚，在这里拥戴自己的信众比不上北方那么多，便决意重返北方，弘扬佛法。

惠能虽舍不得这位与自己朝夕相处的佛门好友离开，但也知道人各有志，不可强求。况且昙璀重返北方，对于佛学的弘扬与广泛传播确实是一件大好事，于是并不阻拦。

昙璀在临行时将法融所著的《绝观论》、《心铭》等手抄本送给惠能，道："这些经书，是我多年的心血。现在留给你，先祖的修禅心得对你是有好处的。我虽然不清楚你的过去，但跟你谈禅论道时，有一种隐隐约约的预感，你会有非比寻常的将来。"

送别了昙璀之后，那些难得的经书伴随着惠能度过了数不清的日日夜夜。

惠能的悟性本来已是极高，同时又得到五祖弘忍的真传。加上与法融弟子昙璀三年的相处，切磋经义，研论佛道禅学，这对他的修悟佛性、通晓法理起了很大的促进作用。

其后在677年，当惠能离开冷坑上爱岭，即将踏上前往广州的征途时，还专门烧上一炷香，神色庄严地将昙璀临别时赠予的《心铭》与《绝观论》诵读了一遍。

惠能靠着非凡的毅力与坚定的信仰，在怀集、四会一带的深山密林里颠簸，虽是幽遁山林，木食草衣，却是在韬光养晦，自我修禅，领会佛经的真谛。他的禅学思想的创立很受益于这一带的世情影响、山水灵气鉴照和文化启迪。

无论是三伏炎夏，还是数九严冬，惠能或面对闲适恬静的绿水青山，或仰望浩渺迷离的星汉银河，思路在有形的物与无形的心之间徘徊，苦苦地思索着五祖所传顿教与西方《金刚经》中"应无所住而生其心"的妙诣与转承关系。世间万物都在变，西方的佛法来大唐中土也该变。恒河之水如何融汇到中土的江河？这是佛门中的大问题。达摩祖师所传的如来禅，万变不离其宗，其要旨是"藉教悟宗",修行开悟。而祖所传的"直指人心,见性成佛,不立文字,教外别传"的法门,强调的是直指心源,应机接物,当下默契,即心是佛,这当是佛法的源头活水。

惠能在怀集与四会山林这清净之地十五年的隐遁修悟,开始构思体现中国化、平民化的《坛经》,立志创立禅学"南宗"。"众妙会心",使惠能的佛理禅机升华到了一个新高度,他修悟出的心性之学,在贯通大乘佛法基础上无形中融摄了中国传统文化的儒道之学,实现了天竺禅在中国的彻底转换,形成了一个"适合中国国情"的禅宗思想体系。这为他日后在曹溪大开法门,张扬中国化的佛教——曹溪禅奠定了厚实无比的思想基础。

"逢怀则止,遇会则藏。"这句深藏机锋的偈语中的"怀"与"会",佛界多释为"怀集"与"四会"。虽有争议,或觉牵强,但惠能在新兴一带生活了39年,经历了艰苦生活的磨砺和深刻的宗教与社会体验却是不争的事实。正是这一方水土,正是这不凡的宗教与社会体验,正是这特殊的修佛历程,才有《坛经》的诞生。

禅宗始祖达摩授予慧可《楞伽经》;三祖僧璨向四祖道信传授《妙法莲花经》的"会三归一"理论和佛性理论;道信与五祖弘忍,依《楞伽经》重"心"的禅学思想,又依《般若经》的"一行三昧",并增加了以《金刚经》印心的新内容,吸收了《法华经》、《华严经》、《维摩经》等大乘经典中"即心即佛"的思想;弘忍之后,转崇《金刚经》;六祖惠能闻《金刚经》开悟,创南宗禅,立《坛经》,中国化的佛教禅及中国禅宗的宝典《坛经》终在新兴诞生。

注释

①中国禅都/ Copyright 2010 http://xxx.gd-info.gov.cn All Rights Reserved /新兴县地情网。

②研究中国佛教史的重要资料:牟子《理惑论》/佛教 /凤凰网。

③中国禅都/ Copyright 2010 http://xxx.gd-info.gov.cn All Rights

Reserved /新兴县地情网。

④新兴县政协学习文史教卫体委员会编：《新兴文史资料（第二十五辑）》2011-8。

⑤改写自：《释大愿/四会·六祖成佛之地》，广东四会六祖寺恭印。

⑥改写自：《民间传说》，新兴史志办提供。

⑦同上。

⑧昙璀（631—692）：唐僧。吴郡（江苏苏州）顾氏。稚岁入道，从牛头山法融得法。遵师训，晦迹钟山。武后高其道，诏之不赴。乃迁润州竹林。见《宋高僧传》八、《景德传灯录》四、《五灯会元》二、《六学僧传》四、《五灯严统》二。

（2011年8月于广州云台里，2013年8月发表于
《中国禅都文化丛书·〈坛经〉形成地》

道德文化建设是农村综合改革的基石

——云浮市云安县横洞村道德文化建设调研报告

2008年10月,十七届三中全会审议通过了《中共中央关于推进农村改革发展若干重大问题的决定》,对农村改革发展作出新的战略部署,推动农村综合改革向纵深发展。三年来,全国农村改革进入了综合改革的新阶段。

广东省云浮市是广东省农村综合改革实验区,其所辖的云安县更是我国可持续发展实验区、广东省循环经济试点县、广东省农村综合改革示范县、广东省林业生态县。"云安实践",把国家提出的农村改革中宏观的、方向性的问题具体化,创造性地推动"以乡镇改革为重点,社会建设为核心"的农村综合改革,取得了"转变经济发展方式,增强乡镇施政能力,优化城乡发展环境,增强综合竞争实力,增加农民经济收入"的改革实效,对全国农村综合改革具有典范意义。今年11月,汪洋书记到云浮市调研时"对云安县在加强社会建设方面进行的积极探索给予充分肯定。希望云浮市在切实加强基层党组织核心作用的基础上,把制度优势与传统文化有机结合起来,充分利用中华民族优秀传统文化底蕴,积极发挥乡贤作用,不断总结、完善和巩固理事会的运行机制,为全省加强社会建设创造新鲜经验"(《南方日报》2011年11月2日 星期三 一版)。"云安经验",引起了全国的关注,获得了全国各界的高度评价。

"云安实践"为什么能成功?成功的基础是什么?我们于2011年11月对广东省农村综合改革典型、和谐宜居示范村——云安县石楼镇横洞村,进行了调研。云安县石楼镇横洞村综合改革的成果与经验,使我们深刻认识到:道德文化建设是农村综合改革的基石,是中国改革成功的保证,对和谐社会的建设意义深远。特作分析如下:

一、横洞村的巨变与道德文化建设的社会意义

横洞村是石城镇留洞村会辖下的自然村,是云安县和谐宜居名村试点村。位于云安县石城镇西部,距国道324线0.8公里,总面积0.6平方公里,有楼房53幢,瓦房6间,户数133户,总人口738人(常住人口600人)。村民为刘、张二姓族群,均为1863年从粤北翁源移民的客家后裔。

建村之初,以竹编工艺为主要收入来源,是一个典型的粤西小山村。改革开放30年,发生了翻天覆地的变化。起初,石材加工成为村中的支柱产业。目前2/3的劳动力外出经商务工。2010年,村民总收入约1500万元,其中经商收入占63%,务农收入占20%,务工收入占17%,人均纯收入9700元/年。全村拥有汽车70辆,居屋楼房化率100%,信用户创建率100%,农村合作医疗覆盖率100%,低保应保尽保覆盖率100%,九年义务教育普及率100%。

改革开放后,村民的生活较前逐渐富裕了,但村子缺规划,乱堆、乱倒、乱放垃圾的现象日益严重,禽畜在村道上随意排便,污水横流。脏、乱、差不仅影响了村容村貌,甚至还引发了邻里矛盾。近年来,该村以破解"有新屋、无新村"难题为切入点,加快旧村改造步伐,坚持"拆旧建新、集约用地,集

资建房"原则,及"集资建设楼房、协商分配住房"的办法,解决新建房屋用地矛盾。有计划建房的村民,经充分协商达成共识,共同出资集中建设楼房,建成后按协商分配住房,达到集约用地目的。据统计,近20年来,村里所有新建房屋都是通过拆旧建新方式来进行,没有一例新增建设用地,共拆除破旧房屋、废弃猪舍53座,连同拆除房屋在内共无偿提供土地作为公共用地的面积近4000平方米,节约用地面积超5000平方米。全村新建"农民公寓"42套,解决全村31%人口住房,节约用地超7000平方米。20多年来,没多占一分耕地建房,没发生越级上访和恶性治安案件。

今年,还创新组建村民理事会,以打造和谐宜居示范村为目标,以县委、县政府提出的"重点推进旧村改造,破解农村'有新屋、无新村'难题"为切入点,认真贯彻落实市委、市政府提出的实施"美好环境与和谐社会共同缔造"战略,通过村中外出老板的积极推动和村民的密切配合,致力营造休闲宜居环境,共建"富庶、宜居、和谐、文化"名村。目前,累计自筹资金110.54万元,群众义务投工投劳1277人次,捐物折款19.96万元,无偿捐地2336平方米。农村垃圾处理率100%,村容村貌焕然一新。放眼望去,山头郁郁葱葱,村前河道竹林环绕,村内稻田泛绿,房屋有序排列,村道整洁干净,花香四溢,呈现乡村休闲宜居的美景。

通过深入调研,我们发现,横洞村在改革的过程中,始终把道德文化建设放在第一位。它的成功有力地证明了道德文化建设的重大社会意义:道德文化是社会建构的基本元素,是社会价值取向的具体体现,是维系社会秩序的重要纽带,是人们社会行为的重要规范。因而,道德文化建设,就是使道德良俗化、社会化,使国民的道德品行符合国家主流文化意识、符合人类社会发展方向的教化活动,是意识形态建设的重要组成部分,是社会发展和稳定的重要保障。在道德缺失的当下,在建设和谐社会的今天,启发深刻。

横洞村综合改革取得的成绩不但证明了道德建设重大的社会意义,而且为道德文化建设创造了宝贵的经验和做法,极具推广价值。

二、横洞村道德文化建设的做法与推广价值

道德是一种社会形态，通过日积月累，形成文化环境，再由环境的影响不断积累发展起来，从而成为社会整体的价值取向，制约着每一个社会成员，在此过程中离不开主流文化意识的主导作用，古今中外莫不如此。因此，道德既反映普世价值，又因不同的民族心理和民族人格的影响而极具个性。道德文化建设是一个由上而下的教化过程，是一个对传统伦理道德传承、发展的过程。横洞村道德文化建设，在这过程中，掌握了主动权，为我们提供了宝贵的经验。

（一）自上而下，官民互动

横洞村道德文化建设，离不开"云安实践"这一大背景。正是云安的农村综合改革，为横洞村道德文化建设创造了条件。

1. 强调官员的"指导"和"职责"

"云安模式"的县域主体功能区规划建设强调：解决好"该干什么的地方就干什么，能干什么的人就干什么"，实行分类指导、分级确定职责，强化县域经济建设、镇域社会建设和村级社区建设，推进资源环境城乡统筹发展。

首先是干部思想从GDP的束缚中解放出来，回归民生，"将各项公共服务送到农民家门口"（云安县委书记金繁丰语），强调了官员的"指导"和"职责"。

如，"云安县横洞村名村建设指导组"的组长是范长林（县委常委），常务副组长是董家栋（县政府副县长）、冯锦添（县政协副主席），副组长是潘仲明（石城镇委书记）、范文龙（石城镇委副书记、镇长）。

这种一竿子到底的有力指导，既把握着改革的方向，也起了确保道德文化建设不离主流文化意识的主导作用。官员职责分明、身体力行、体恤民情、上下沟通，利于官德培养，更利于良好道德社会环境的营造。

2. 官民互动，优化社会管理

云安的社会管理改革是："上下给力，官民互动"，自上而下合并"七站

八所"，赶干部下基层；自下而上成立组、村、镇三级理事会，填补农村管理真空，实现共谋、共建、共管、共享。横洞村民理事会，是云安县首先成立的一个全新的村级自治组织。"组为基础，三级联动"的"组、村、镇三级理事会"则是云安的首创。随之而来的是一系列便民措施的落实，如，云安的79个事项开通网上办理，群众足不出村可办事。官民互动，营造了官民共治的社会治理格局，大大促进了道德文化的建设。

横洞村结合村民自治组织的组建，有效凝聚外出乡贤的影响力。结合名镇名村示范村规划建设，以民主选举形式试点组建村民理事会和村民自治会，履行"社会维稳、公共服务、环境整治、扶贫开发、民主管理"等职责。"云安县横洞村名村建设实施组"的组长是张秀泉（横洞村村民小组长、村民理事会理事长），副组长为张水金（横洞村村民理事会副理事长、县人大代表、外出乡贤），组员有村民代表、市政协委员、党员、老教师、老干部、复退军人、经济能人、外出乡贤等9人。群众是实施共建的主体，村事村民管，主人翁意识增强了，积极性就被调动起来了。

横洞村以"共谋、共建、共管、共享"理念共同推进名村示范村建设。如，横洞村民理事会以"十个不准"教育和引导村民共同维护村庄公共设施和环境卫生，落实村中树木的认捐认管和绿化区域的认管责任，共同参与村庄管理，有效体现了群众在管理中的主人翁作用，为道德文化建设提供了良好的社会环境。

横洞村民理事会制定了《"文化横洞"十件事》：

一、培养"自律自强、互信互助、共建共享的社会核心价值观"。

二、实施人才培养工程。

三、编写村歌。

四、建设文化中心。

五、组织村乐社。

六、成立篮球队、足球队。

七、实施大喇叭工程。

八、开展广场舞。

九、每月一场电影。

十、每年组织一次竹艺编织大赛。

以村民为主体,贴近村民实际、注重文化艺术的熏陶作用,把道德教化寓于娱乐之中,形式活泼,可操作性强。有效的道德文化建设措施,使横洞村营造良好的道德文化环境得到保证。

在管理体制改革的试点推进过程中,三级理事会制度获得了广大人民群众的极大拥护和支持,反响巨大。以最早试点理事会制度的云安县为例,今年以来实现了零上访、低犯罪,今年上半年全县万人犯罪率仅为万分之3.89,大大低于全省平均水平,社会管理成效显著。其中该县试点村横洞村刑事治安案件为零,矛盾纠纷为零,非正常上访为零,赌博吸毒为零,"四难问题"从根本上得以解决;社会管理带动了社会建设,全村累计向上争取了12个"以奖代补"项目,发动群众自筹资金168.2万元,投工投劳2890人次,捐物折款19.96万元,无偿出让土地2336平方米,主动拆除旧房危房13间;该村理事会还成了农业结构调整和农民增收的组织者,组织全村年轻劳动力随乡贤外出打工,农民收入大幅增加,预计今年人均收入超万元。"仓廪实而知礼节,衣食足而知荣辱",经济的发展,使道德文化建设进展顺利。

3. 良好的道德文化环境,培养道德正气。

官民互信互动、以民为本、推动民主管理,优化了社会环境;农民生活富裕了,为营造良好的道德文化环境提供了物质基础,民德正气昌盛便水到渠成。好人好事不断涌现。村民理事会以民生为本,乡贤热爱家乡,乐善好施。村里的困难户,生活有补助。老有所养,幼有相帮,学生就读有奖学金。红白大事、修桥铺路、水电设施建设等,村集体和乡贤出钱出力解决。如,张水金出资5万多元捐建从横洞村到新龙围村的村道,并无偿捐出自家田地修路,道路路宽3.5米,全长850米,为横洞、新龙围两村村民耕作、出行提供巨大便利。《横洞村好人好事汇编》记载的捐资公益慈善事业就达39条之多。

该村一直以来都有科学规划、集约用地的传统,早在1989年,张平全资修建了横洞村第一栋村民合住的居民楼房，可居住16户村民，不仅解决了部分村民的住房问题，也帮助村里节约大量土地。1993年，村中外出老板张华建设一幢占地面积399平方米，4层共居住16户村民的楼房。通过集资建房，节约了土地面积2001平方米。

近年来，该村结合实际，创新实践，以旧村改造工作为契机，注重保护土地资源，用"拆旧建新、集资建房"的办法来解决新建房屋用地的矛盾。推行"集资建房"模式，倡导集约用地。如2008年下半年，在张水金、张木生的带领下，18户张姓村民拆旧瓦房筹资建设一幢"农民公寓"，楼高七层半，耗资300余万元。其中，张水金带头出资200多万元，张木生出资100多万元，其他村民每户仅需5万元。居民楼占地仅430平方米，比独自建房节约土地2500多平方米。目前，全楼村民和睦相处，呈现出和谐宜居乡村特有的安乐祥和、团结文明、环境优雅的喜人画面。

今年以来，横洞村以打造和谐宜居示范村为目标，以县委、县政府提出的"重点推进旧村改造，破解农村'有新屋、无新村'难题"为切入点，认真贯彻落实市委、市政府提出的实施"美好环境与和谐社会共同缔造"战略，通过村中外出老板的积极推动和村民的密切配合，致力营造休闲宜居环境，加快推进社会主义新农村建设。

横洞村民理事会通过组织村中骨干到洞表参观学习后，深受启发，提出要"学洞表、超洞表"，把横洞建设成为"七星级"名村。

1月，张水金出资约75万元捐建本村观光河堤，总长250米。

2月，50户村民参与村庄雨污分流、铺建村道等两项工程建设，建成村道全长600米，村民义务投工投劳400工次，工程耗时1个月。

3月，张水金、张华、张木生等三位乡贤共捐资170多万元，为全村所有房屋进行立面装修，实施"穿衣戴帽"工程。张水金、张木生、张华等乡贤积极参与协调村庄拆旧建新工程。在他们的劝说下，原先有抵触情绪的居民转变思想，主动拆除旧房64间，并建成村中广场和圈养区。

在短短的三个多月时间里，外挂村官张水金、张木生等外出乡贤，带头出钱出力，并带动全村群众人人捐资投劳，全村自筹资金110.54万元，认捐樟树、木棉树等34株，以及公共服务设施一批，群众捐物折款19.96万元，无偿出让土地2336平方米。张华不顾自己生意，连续半年留在村里组织村民开展新农村建设。

张水金、张华、张木生等三位乡贤及其他村民共同捐资80多万元修建公德楼。张木生原先在广西从事石材生意，为了支持家乡建设，不顾自己的生意，在家协助村庄建设长达1个月。

他们的做法是：

①规划绿化环境。提倡鼓励村民庭院前后种植绿色植物，尤以种植九里香等观赏植物为主。

②规划房屋建设。要求村民对现有危房、泥砖房和茅草房进行改造。

③规划公共设施。为使村民有个娱乐休闲的好去处，在已建成的篮球场旁边规划建设老人文体活动中心和绿化小公园、文化室等。并在村道、巷道硬底化可供机动车通达的基础上，计划在主要村道安装路灯。横洞村民理事会则以"十个不准"教育和引导村民共同维护村庄公共设施和环境卫生，落实村中树木的认捐认管和绿化区域的认管责任，共同参与村庄管理，有效体现了群众在管理中的主人作用。

④规划生活环境。要求家畜家禽实行圈养，实现人畜分离，粪便处理符合卫生环保要求，实现无害化卫生户厕；为确保河流水体清洁，村规划雨水排放明渠化、生活污水规划排放暗管化，污水集中收集处理；村民的用水通过集中供水、分户设置水箱等方法，实现全部村民用水清洁卫生，生活饮用水水质符合《生活饮用水卫生标准》；生活垃圾采取村定点收集、镇处理的办法进行处理。为使本村的垃圾能循环再用，还规划建设一间垃圾焚烧屋，将收集的垃圾焚烧后用作肥料。

横洞村在名村硬件建设的同时，大力抓道德文化建设，以德治村。在制定村规民约的同时，以正面教育为主，建立健全各种激励制度。村有罚款条例，却无一人受罚，至今，违反村规民约者仅有个别达到"教育"级别。全村空气清新,山清水秀,环境优美,百姓安居乐业,人际关系和美。

道德是一种社会的文化现象,它代表了一个社会整体的价值取向。道德制约、影响着人们的行为和社会文化环境的形成,而社会文化环境对人的道德培养起着潜移默化的作用,促使道德进一步完善。横洞村名村建设实践,是云安"以创新的理念探索建设模式,以激励的方法凝聚社会合力,扎实有效推进名镇名村示范村的建设"的典范,更是道德文化建设的典范,极具推广价值。

(二)以社会主义核心价值体系建设为目标,传承创新

道德是一种社会意识,是一种社会的文化现象,是在特定的环境影响下不断积累发展起来的。因此,道德与传统文化关系紧密。每个国家的道德文化建设无不因循民族心理、民族人格、民族价值观而为,无不是对本民族传统文化的传承与创新。我国是一个历史悠久的文明古国,传统文化底蕴深厚,传统的伦理道德观影响深远,尤其在农村,至今仍影响着村民的日常生活、人生追求。今天,我们建设与时代相适应的道德文化,必须以社会主义核心价值体系建设为目标,对传统文化批判继承。传统文化,是中国从古老走向现代的桥梁。中华民族传统的道德正气,是新伦理、新道德发展的基础。横洞村道德文化建设正是一个对传统文化批判继承的成功典范。

1. 对传统文化的国家思想及民本思想的传承和发展

我国以"德"治国的思想历史悠久,古代先贤对"德政"论述丰富,先秦便形成了"和"与"同"的概念。战国时的吴起与魏武侯论治国时强调:"在德不在险"(国家最宝贵的是君主的德行,而不在于地形的险要)。桓宽在《盐铁论》中指出:"以道德为城,以仁义为郭","以道德为胄,以仁义为剑"。《尚书》提出"惟德动天,无远弗届"。孟子主张仁政,提出"民为贵,社稷次之,君为轻"。《礼记》提倡"明德,亲民,止至善"、"修身,齐家,治国,平天下"。朱熹同样主张以德为政,指出:"德礼则所以出治之本,德又礼之本也"、"礼以一之,则民耻于不善,而又有以至于善者"。强调了道德教化的作用,指出用感化和养民为本的方法,使民从不善至于至善。可见,我国以"德政"治国,以"德"礼民,强调亲民爱民和"民为贵"的民

本思想,源远流长,至今仍为治国之本。"云安实践"及横洞经验不正是对传统文化的国家思想及民本思想的传承和发展吗?

2. 对传统伦理道德观念的传承和发展

中国传统思想,非常注重伦理道德教化,注重人的道德修养,有着丰富的道德教化经验和论述。以"仁、义、礼、智、信"为核心的道德价值体系,是"修身,齐家,治国,平天下"之准绳。显然,传统道德文化观是以个人道德品质作为"德治"的基础。从传统伦理道德升华出的便是为国为民勇于牺牲个人利益的大无畏精神。如,孔子的"杀身成仁",孟子的"舍生取义"、"富贵不能淫、贫贱不能移、威武不能屈"等等,这种道德的浩然正气,是中华民族之魂。今天,继承这种道德的浩然正气,重视人格能力和人生价值观的培养,是中华民族振兴、综合改革成功的前提条件,是道德文化建设的根本。横洞村的外出乡贤张水金,以"积德"为行善之宗,以"落叶归根"之情怀建设家乡,正是传统伦理道德的质朴体现。"云安实践"对管理体制的改革、对干部的考核,横洞村的道德文化建设,不正是对传统伦理道德观念的传承和发展吗?

3. 发扬传统文化的独特魅力

传统的东西是最民族的,是最为群众喜闻乐见的,又是感化力最强的,横洞村深谙此道。在道德文化建设中,传统文化的传承与发展令人耳目一新。如,村里的办公楼名曰"公德楼",是岭南祠堂建筑形式与功能的延伸和创新。张水金、张木生等18户张姓村民筹资建设的"农民公寓",颇有客家土楼聚族而居的意味。新建公共建筑的对联,新颖别致,意蕴隽永。如,

会议室:议民间平常事
　　　　论世上礼义风
　横　批:议事论事
阅览室:阅尽世间皆学问
　　　　览毕群书悟真知
　横　批:博览群书

文化中心：公德盈门春不老
　　　　　德寿彩业色常荣
横　　批：幸福
公德楼：柴米油盐酱醋茶除却神仙少不得
　　　　孝悌忠信礼义广无有铜钱可做来
横　批：公德楼
凉　亭：自律自强创伟业
　　　　互信互助铸和谐
横　批：共建共享

漫步横洞村，置身于传统文化的熏陶中，令人倍感亲切、温馨。

横洞村的综合改革使村民获得了物质与精神的双丰收，突显了道德文化建设是农村综合改革的基石。横洞村道德文化建设的经验，对目前改革开放的深入发展，对社会主义精神文明建设、对和谐社会的建设均是宝贵的启示。

广东省人民政府参事室广东文化研究组、广东省珠江文化研究会调研人员：

领队：黄伟宗

成员：郑佩瑗、李海春

执笔：郑佩瑗

（2011年12月1日于广州云台里）

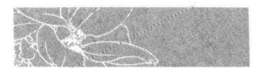

旅游产业转变发展方式的建议

——英德旅游文化调研报告（讨论稿）

随着后工业时代的到来，旅游业已和石油业、汽车业并列为世界三大产业，有"无烟产业"、"永远的朝阳产业"之美誉。我国的旅游业，是起步于20世纪80年代改革开放的新兴产业，在第三产业中占有举足轻重的地位。随着经济的快速增长，旅游业发展迅速，广东更是我国旅游业的第一大省。广东旅游资源丰富，自然资源与人文景观魅力独特，旅游业起步早，但距离旅游强省仍有不小距离。当前，旅游产业转变发展方式，适应以文化建设助推经济转型的需要，是建设旅游强省的当务之急。

如何解决这一难题？参事室广东文化组的"英德文化旅游调研组"于5月7日—9日到英德进行实地调研。英德市是我省旅游资源丰富的山区大市，旅游资源种类多，宜于发展多种旅游项目，也是旅游业快速发展的地区。近年来,英德市围绕打造"广东省旅游休闲胜地"的战略目标,加快资源大整合、景区大建设、产业大升级、品牌大推介,推动旅游业迅速发展。主打农业观光旅游、英石文化旅游和茶叶生态旅游,并规划建设一批旅游度假区。2011年全市共接待游客429.16万人次,旅游总收入21.23亿元,旅游业已成为英德县域经济新的增长点。然而旅游业仍处于产品多而不精、零散而不成系列,无独创性的粗放型,旅游发展的状况及其效益未能达到应有的水平,在全省颇具代表性。通过3天的调研,我们认为英德旅游规划的思路、旅游资源的整合、旅游项目的定位等直接取决于旅游观念和旅游发展方式。以文化统领旅游,转变旅游产业的发展方式,是英德旅游业发展面临的重大课题,也是我省建设旅游强省的重大课题。现将调研组的问题研究及建议汇报如下。

一、以新的文化观统领整体规划

英德市,地处广东的中北部,位于北江中游,总面积5671平方公里,是广东省国土面积最大的县级行政区,自然旅游资源丰富,类型多。英德有2000多年的建制史,文化灿烂,素有"岭南古邑"之称。人文旅游资源十分丰富。全市现有文物保护单位51处,其中省级文物保护单位6处。古墓葬、古建筑、摩崖石刻、碑刻匾额遍布全市,馆藏文物丰富。风格鲜明、精细雅致的石刻文化、英石文化、英茶文化等,使英德获得"广东省历史文化名城"、"中国红茶之乡"、"中国英石之乡"、"广东省旅游强市"等美誉。

旅游是与文化关联高度密切的产业,可说是文化产业的重要组成部分。文化观直接影响着旅游规划。经过实地调研后,我们对英德的旅游规划的总体印象是:近年来,英德市把文化资源和旅游资源相结合,增强英德的文化内涵,充分利用英德独特的原始农耕文化及茶文化、英石文化,推动英德旅游文化产业的发展作为英德旅游的探索课题,取得了不小的成绩,但在旅游规划上,文化观念有待更新,缺乏"世界性"的高度,缺乏"大旅游"的观念。不少旅游资源未得到应有的重视,甚至仍处于荒芜状态。尤其是具有"世界性"及"稀缺性"的文化旅游资源未能开发。

1. 世界级的原始稻作文化遗址

英德历史悠久，古遗址众多。至今，英德已发现一批古人类活动遗址，它们包括：旧石器时代、中石器时代、新石器时代的洞穴遗址遗存，山岗遗址，台地遗址遗存，战国、汉代遗址，隋唐窑址，古城址，宋代炼铁遗址、清代铁锅厂遗址等，有力地证明了英德拥有灿烂的文化。尤其是沙口镇狮石山牛栏洞的水稻硅质体的发现，其意义是"独特性"的、"世界性"的。因文化理念及经济能力的局限，至今这些人类文明的遗存遗址仍处于孤立保护状态，藏在深闺人未识。狮石山牛栏洞洞穴疏于管理，处于荒芜状态，亟待省市联手开发。

沙口镇狮石山牛栏洞洞穴，从1996年至1998年期间开始发掘，2011年，补充挖掘了一个多月，经过综合性的研究取得了重大的突破，证实了所出土的文物，较好地显示了从旧石器文化向新石器文化发展演变的形态，尤其是通过对出土文物进行了孢粉系统检测和开展综合研究，发现了中石器时代人工栽培水稻硅质体（非籼非粳水稻硅质体），首次将岭南地区的稻作遗存的年代推前至距今12000至14000年。联系与此相关的一系列古人类文明的遗址：旧石器时代的人类活动遗址及至今发现的世界最早的稻作遗址——狮石山牛栏洞洞穴；新石器时代早期的人类活动遗址——青塘镇洞穴；新石器时代晚期的人类活动遗址——张屋岩、鸡坑遗址等。结合狮石山牛栏洞自然和文化环境，证明英德是古人类生存、繁衍、进化的圣地。人类的原始文明从采集渔猎逐步转为锄耕农业，均在英德发现了完整的轨迹。充分证实了狮石山牛栏洞和在此发现的非籼非粳水稻硅质体，是人类稻耕文明的原始遗址和遗存。牛栏洞非籼非粳水稻硅质体，也是至今发现的世界最早的人类稻耕文明的原始遗存，意味着将岭南的稻耕文明起源时间推前至世界稻耕文明的源头，标志着英德狮石山牛栏洞不仅是中华文明的一个发祥地，还是"人类稻耕文明的原始地"，对世界认识中华文明史、研究人类文明史，有重要的意义。

为此，建议省有关部门将这项成果申报为2012年"考古重大发现"，将狮石山牛栏洞及非籼非粳水稻硅质体遗址遗存列入"重点文物保护单位"，申报国家级以至世界文化遗产。站在研究展示人类文明进化史的高度，保护英德已发现的旧石器时代至清代的一批古人类活动遗址及古代文明遗址，同时统一规划，开发建设展示人类文明发展进化史的综合文化旅游项目，集考古、科研、教育、旅游于一体，使其成为国家级的乃至世界级的文化遗址、科研基地和文化旅游胜地。

2. 别开生面的"流寓文化"

英德古称英州，地处粤北山区，无论地理、气候、交通、经济、文化都是自中原进入岭南的中转地。偏僻的地理位置及山区地貌，使英德在中国的历代谪戍流放地图上占有一席之地。两宋以来，众多的文人贬谪流放于此。"文革"期间，英德又成了我省文化、教育界一流名家下放的"干校"、知识青年接受再教育的"广阔天地"。不同时期，英德又成了来自印度尼西亚、越南等国的归国难侨的家。从古至今，多少精英于此会聚中转，留下了永恒的印记。中原文化与岭南文化、传统文化与激进文化、本土文化与境外多国文化在此交汇碰撞，形成了独具特色的"流寓文化"，对英德的经济、文化产生了深远的影响。同时也留下了许多遗址，是英德独有的、稀缺性的文化资源，使英德具有了开发"流寓文化"旅游项目的条件。

为此，建议从"感悟生活，感悟人生"的文化视角，开发别开生面的"流寓文化"旅游项目。把英德丰富的摩崖石刻，"文革"时期广东电台、广东电视台、党校、出版社和社科所等新闻出版界"八百秀才"下放的"五七干校"——英东的黄陂畜牧场，广东文艺界和中山大学的"五七干校"及知青的安置点——英德茶场，以及华侨农场等，在新的文化观统领下整体开发，使历史遗址的保护和旅游开发结合起来，互相促进，改变目前仅把这些资源当作零星的景点，作为各条观光线路的补充的做法，挖掘这些旅游资源的人文内涵，提高文化品位，突出这些旅游资源的独特性和稀缺性。

二、以准确的定位来整合旅游资源

英德不仅有郁郁葱葱的粤北山川、婀娜多姿的喀斯特地貌，更有鬼斧神工的英石、引人入胜的湖光山色、令人心旷神怡的田园风光等，原生态的旅游资源丰富，是生态观光旅游的胜地。英德是中国红茶之乡，种茶历史悠久，英德红茶闻名于世。茶文化是英德旅游产业三大产品之一。目前，英茶文化开发主要为"茶叶生态旅游"，起点不高，开发仍是表层的，处于产品展示状态，在全国同类旅游项目中无亮点，茶文化旅游度假区正在规划中。我们认为，农业生态旅游，应以准确的定位来整合旅游资源。

1. **开发有世界先进水平的"英茶文化大观"项目**

英德红茶闻名于世，它有人们熟知的独特的色香味、独特的外销途径、独特的传说，但要使英德茶文化成为一个大品牌，有待于对茶的文化进行深度开发。为此，建议定位于世界先进水平的高度来发掘英德茶的文化内涵，整合英德茶产业的资源，开发"英茶文化大观"旅游项目。使传统的茶产业遗址既得到应有的保护，又成为珍贵的文化旅游资源。

（1）茶文化展示：突出英德红茶的世界性

茶是中国的特产，茶文化在中国有悠久的历史，在展示英德茶文化的同时，可与中国各类名茶的历史文化作对比，突出英德红茶在世界独一无二的声誉，以及英德红茶在海外为制作奶茶的上等原料这一东西方文化融合的特色。要挖掘与之相关的文化内涵。

（2）专业性展示：突出英德茶产业文化的先进性

历史上，茶叶的生产、加工、贸易，基本上是个体劳动：茶农种茶，师傅制茶，贩子卖茶，其产业链是松散型的。英德早在20世纪50年代，茶叶生产便开始形成现代产业化规划运作的产业链：系统化的种植管理，规模化的生产管理，产业化的科研配套。在英德，一个茶叶专业性实体管理下运作有：茶场、茶厂、茶研所、茶机厂、印刷厂、包装（纸袋）厂等。全国的茶叶品种，英德最多，全国的各种茶叶的加工机械，在英德都可以看到。历史上，专业化、规模化的茶叶产业遗址，在英德完整地保留着。这些是英德茶产业文化专业性、先进性的见证，是稀缺性的资源，应该遗址保护和开发利用并举，彰显英德茶产业文化的先进性。

（3）茶道文化展示：突出英德茶文化的传统性和丰富性

英德，自古便是进出广东的交通要道，中原文化与岭南文化在此碰撞，或传承或创新，茶文化也如此。在中原失传的茶道文化，在英德得以原汁原味地保留下来，确是一大幸事。

1981年8月24日，阿育王宝塔基座出土的一套唐朝皇家的茶具，再现了中国传统的茶道文化。研究这套出土的茶具，使我们得出盛唐时期的饮茶模式是：磨碎茶叶，加上芝麻、花生、姜片等，一起用水冲煮，然后分而饮之。这与英德客家人（水上客家人为疍家人）制作饮用擂茶何其相似。挖掘制作及饮用流程与盛唐时期极其接近的英德客家人的擂茶，以及清远的"笔架茶"、"蒲坑茶"，使中国传统的茶道文化得以发扬，实乃英德文化传承性与丰富性的有力证明，也是中国茶文化魅力的展现。

2. 建设地域特色鲜明的休闲度假胜地

调查过程中，我们参观考察了几个建成或规划中的旅游度假区，共同的特点基本上一致：公司运作开发，规模大，设计豪华，风格西化，与其他地区的旅游度假区相比，无鲜明个性。有特色的旅游产品才有生命力。为此，建议注意以下两点。

（1）突出环保意识，注意保护生态平衡

英德自然环境优越，山水奇美，优美的田园风光令人流连忘返。我们所见的旅游度假区规模大，均选址在山清水秀的"风水宝地"，如何保护生态平衡，处理好垃圾、废气、污水处理等问题，是重中之重。解决这些问题，环保意识是指导，设计规划要科学、要经过充分的论证，不可贪大求洋，不切实际，做出违反自然规律与科学的规划。如，某旅游度假区，规模大，规划的最大特点是：以人工引水的方式，建造"威尼斯"水城。调研组的地理和考古专家质疑：目前地球进入"小冰河期"，水资源缺乏。英德是石灰岩地区，蓄水能力差，这个设计理念是否科学？理想中的水城会否变成干涸的鄱阳湖，最终破坏了自然环境？对这个项目应多部门联手进行科学的论证。

（2）突出地域特点，注意凸显民族风情

英德文化多元，原生态的旅游资源丰富，地域文化风格鲜明。旅游度假区的设计要注意突出民族性与地域性,要注意古今元素、新旧元素、自然人文元素相融合。旅游度假区的建筑、园林风格要与周边的自然景观、人文景观相协调,不能落入珠三角等先开发地区的俗套,千篇一律地建"欧陆风情"景观区,既破坏了自然景观,更与其他地区的旅游度假区雷同,了无情趣。

三、以综合发展的视角开发旅游市场

旅游业是一个涉及面广,带动相关产业多,社会影响大,对国民经济和社会发展都具有战略性关联带动作用的重要产业,是第三产业的重点,现代服务业的重要组成部分。发展旅游业,对我省经济转型的重要性不言而喻。我省旅游资源丰富,旅游业起步早,发展快,但是旅游市场,尤其是山区的旅游市场,基本以低水平、低消费、单一化、大众化的观光项目为主,经济效益、社会效益不高,英德旅游业大体也如此,亟待开发高端的文化型、享受型的旅游项目,促使旅游业持久发展。为此,建议加大对山区旅游资源开发的扶持,使旅游业成为地区合作、行业合作、学科合作的桥梁,以综合发展的视角开发旅游市场。

1. 与文化、教育发展相结合,优化旅游产品

英德是"广东省旅游强市",对旅游产品的升级高度重视,并着力于打造"原始农耕文化"、"茶文化"和"英石文化"三大品牌。文化是旅游的灵魂,旅游是文化的载体,文化、教育与旅游密切相关。努力使旅游与文化、教育相结合同发展互促进,应是优化旅游产品的途径之一。下面以"英石文化"为例。

英德以盛产英石著称于世。宋代,英石便成为朝廷贡品,与灵璧石、太湖石等"怪石"列入"文房四玩"。元代把英石列为四大名石之一。明代,英石被广泛大量开采,作为"窗几之玩"的英石盆景当很盛行。英石是清代以来公认的四大园林名石之一(其余三大园林名石为太湖石、灵璧石、黄蜡石)。清代对英石的认识、开发与收藏达到了高峰。目前,英石产业是英德的支柱产业,英德对旅游与英石产业相结合高度重视:建设了30多公里的英石文化观光

长廊，打造中华英石主题公园，举办英石文化节。英石远销日本、美国、新加坡、中国台湾等50多个国家和地区，年收入超过1亿元，是英德成为全国乃至亚洲最大的奇石集散地。但如何传承英石文化的精髓，提高产品的艺术品位，挖掘新内涵，开拓新品种，使英石文化旅游产品更具魅力，更具辐射功能？与文化、教育发展相结合是一个新的突破口。如，与全省、全国相关的院校联合建设相关的专业和研究、培训基地，在本土职业院校开设相关的专业，使产业与文化、教育相结合，既提高英石文化的层次，增加英石的文化内涵，培养了石文化产业、园林、园艺、旅游业所需的人才，又扩大了英石文化的影响，使"英石文化"具备了多种功能，大大提高了英石文化旅游产品的品位与价值。

如此类推，"原始农耕文化"、"茶文化"等旅游项目均可根据产品的性质、服务的对象、游客的需要，与文化、教育、科研、艺术、商贸等相关的行业横向联系，共同开发，使旅游产品向高端化、多样化发展。

2. 综合开发特色化、多样化的旅游产品

随着社会经济发展、文化水平的提高、生活的多样化，游客数量必然大增，游客对旅游产品的要求更多、更高。"上车睡觉，下车拍照，回来一问，什么也不知道"，这种疲于奔命的初级观光旅游方式必然被淘汰。天南地北，你中有我，我中有你，处处不外到此一游，这种雷同多、特色少的旅游内容必然无吸引力。旅游产业的转型，满足社会的发展和旅游市场的需要是关键。这便要求我们高瞻远瞩，适应旅游方式及旅游需求的变化，使旅游产品有独特的吸引力，旅游的方式与内容多样化。英德可大力发展文化性、科教性、专题性、享受性的高端旅游。如，大力发展度假旅游、保健康复旅游、生态旅游、探险旅游、体育旅游、科学考察旅游、专题研究旅游、学科教育旅游、民俗风情旅游、文学创作旅游等，适应不同年龄、性别、职业、季节、出行目的等的需要，灵活开设各种具有鲜明地域特色的旅游产品，使地域旅游资源迸发出独特的魅力，地域文化之美滋润游客的心田，使游客得到熏陶、教育与美感。

广东省人民政府参事室广东文化研究组、广东省珠江文化研究会考察人员：

组长：黄伟宗

成员：司徒尚纪、张镇洪、郑佩瑗、李海春

执笔：郑佩瑗

（2012年5月20日于广州云台里）

"原味"特色打造与旅游品牌营销

旅游业是目前世界公认排名第一的朝阳产业,随着经济的快速发展,中国旅游业发展迅速,成为新的经济增长点,广东更是我国旅游业的第一大省。当前,中国已是世界最大的国内旅游市场,"去年首次成为世界第一大出境旅游消费国,并继续保持世界第三大入境旅游接待国地位。今年一季度,国内旅游人数达9.98亿人次,同比增长14.1%,国内旅游收入7657亿元,增长18.4%;今年1—5月份,我国出境旅游3792.64万人次,同比增长17.3%"[①]。其中广东旅游业的发展成绩喜人。"2012年全省实现旅游总收入7389亿元、比去年同期增长14.7%。中国旅游研究院最近发布的《2012中国旅游业发展报告》评价结果显示,广东的'旅游业综合竞争力'、'现实旅游竞争力'和'旅游发展环境竞争力'三项排名全国第一,'潜在旅游竞争力'排名全国第二。广东已发展成为全国乃至亚太地区最重要的旅游客源地、旅游目的地和旅游产业集聚地之一。"②

伴随着旅游业的蓬勃发展，旅游资源深层次的开发、旅游市场的有效推广、旅游产业高效率的运营和市场营销息息相关，因此旅游的市场营销作用越来越突出。目前，我国旅游业进入了快速发展期，市场大，营销竞争激烈，而营销的核心是品牌，"品牌营销"已逐渐取代"产品营销"的地位，"品牌力成为现代旅游业核心竞争力"，谁在品牌打造上出类拔萃，谁就拥有市场，谁拥有名牌旅游产品，谁就拥有未来。

英德拥有悠久的历史文化、丰富的自然资源与独特的人文景观，可谓"原味"诱人。在旅游发展迅猛，竞争激烈的新形势下，英德要保住"广东省旅游强市"的荣誉，抓住"打造岭南县域地域文化特色乡村旅游模式"③的机遇崭露头角，就必须在旅游品牌打造上下功夫，以"原味"特色打造促旅游品牌营销就更显重要。

一、英德旅游产品的"原味"特色

英德市，地处广东的中北部，位于北江中游，总面积5671平方公里，是广东省国土面积最大的县级行政区，自然旅游资源丰富，类型多，不仅有郁郁葱葱的粤北山川、婀娜多姿的喀斯特地貌，更有鬼斧神工的英石、引人入胜的湖光山色、令人心旷神怡的田园风光等，原生态的旅游资源丰富，是生态观光旅游的胜地，是我省旅游资源丰富的山区大市，旅游资源种类多，宜于发展多种旅游项目，也是旅游业快速发展的地区。

旅游是与文化高度密切关联的产业，可说是文化产业的重要组成部分。文化观直接影响着旅游市场的走向。随着知识经济时代的到来，环保意识、绿色理念对旅游营销的影响迅速上升，必将成为旅游品牌的灵魂。如，近年来，各种农业生态旅游成为市场的宠儿。近年来，英德市围绕打造"广东省旅游休闲胜地"的战略目标，加快资源大整合、景区大建设、产业大升级、品牌大推介，推动旅游业迅速发展。主打农业观光旅游、英石文化旅游和茶叶生态旅游,并规划建设一批旅游度假区。这个战略目标的实现,必须靠打造一系列体现"生态"优势的旅游名牌产品支撑,"原味"特色打造是英德旅游资源优势得以最大限度发挥的选择之一,也是创名牌旅游产品的理想切入点。

"原味",即指事物本来特有的味道,没有经过人为添加的味道。本意的"原味"指原味的食物。随着人们的文化追求、市场营销的变化和发展,很多新型的"原味"出现了,如"原味空气"、"原味球衣"、"原味脆皮热狗肠"、"原味豆奶"、"原味牛奶棒"、"原味口袋饼"等,琳琅满目。新型的"原味"是复合型的,多层次的,泛义的。但万变不离其宗,那就是纯粹的自然的、不可替代的本色特质,这正是现代社会对产品的最大追求,是当代人对健康、对生命的追求的本质反映。英德旅游产品的优势恰恰在于"绿色"迷人、"本色"独特,如"英红"的高贵品位,英石的高雅韵味,英德山珍的清新野味、英德河鲜的至淳鲜味……无一不有口皆碑。

二、"原味"特色打造与旅游品牌营销

旅游营销的主要方法有:旅游品牌营销、旅游体验营销、旅游网络营销、旅游整合营销、旅游互动营销等。其中旅游品牌营销位居第一,在旅游市场快速发展,竞争激烈的今天,只有在创新旅游品牌营销上优势显著,才能立于不败之地。英德旅游资源天生丽质,"原味"将成为一张王牌。

1. 以"原味"特色打造,提升英德旅游品牌的整体竞争力

英德旅游以"三江五原"进行文化定位整合资源,颇有见地。发挥文化核心竞争力,开发英德具有"世界性"及"稀缺性"的旅游资源,以"原味"特色打造,提升英德旅游品牌的整体竞争力,促旅游市场的整合营销大有可为。

如,英德是中国红茶之乡,英德红茶闻名于世。茶文化是英德旅游产业三大产品之一。目前,英茶文化开发主要为"茶叶生态旅游",如何使英德茶文化成为一个大品牌?可以"原味"特色打造,整合、开发与英德红茶相关的自然、历史、人文、科技、工业等资源,打造知名品牌,提升整体竞争力。

英德红茶简称"英红",产于广东省英德市,与"祁红"(祁门红茶,产

于安徽省祁门等地以及江西浮梁一带）、"滇红"（云南红茶，产于云南省南部与西南部）齐名，是中国五大红茶之一。"英红"突出的"原味"是质量上乘，品位高贵。

英德属南亚热带季风气候，年均气温20.7℃；年均降水量1883.9毫米，年相对湿度79%；无霜期长，霜日不足十天；石灰岩地形地貌，构成了洞邃水丰的自然环境；英德茶区多建于丘陵缓坡上，土层深厚肥沃，土壤酸度适宜，pH值4.5~5之间，极宜茶树的种植。英德植茶和产茶历史悠久，早在唐代就产茶，喝茶之风盛行；明代以前英德便成为广东省11个产茶县之一；明代是广东省70个产茶县之一，英德茶叶已有贡品；鸦片战争后则是广东84个产茶县之一，可见英德茶文化的历史遗产丰富。

英德红茶研制成功于1959年，以云南大叶与凤凰水仙两优良群体为基础，选取其一芽二、三叶为原料。经适宜萎凋、揉切、发酵、烘干、复制、精选等多道工序精制而成。它颗粒均匀结实，色泽油润，金毫显露，香气鲜纯浓郁，味浓甜润，汤色红艳，入口醇厚，甘美怡神，清心爽口。加牛奶、白糖后茶汤棕红瑰丽，色香味俱佳，达到国际高级红茶质量水平。20世纪90年代初研究开发的"金毫茶"，更是红茶之最，有"东方金美人"之称，极负盛誉。英德红茶投放市场后，广受世界市场的青睐，远销世界70多个国家和地区，获奖无数。进入英国市场后，迅速博得英国人的喜爱。据1969年广东省茶叶进出口公司电文称：从中国驻英国大使馆经济参赞处电文获悉："英国皇室喜爱英德红茶，1963年英国女皇在盛大宴会上用英德红茶FOP招待贵宾，受到高度的称赞和推崇"。1996年9月19日，香港《东方日报》以"英德红茶香滑不苦提神醒脑"为题称赞"英国皇室所享用的靓红茶都是中国货，如福建的正山小种和英德红茶。英德红茶原汁香味足而苦涩味薄。懂冲泡之法香味足又滑而不苦涩。有时泡英德红茶便知红茶极品，又香又特别提神醒脑呢。"英德红茶的高品位由此可见一斑。

英德红茶品质优异，深受市场欢迎，除了产地优越的自然环境和独特的选材之外，精湛的加工技术和不断创新的工艺，使"英红"具备了异于滇红、祁红等中国四大红茶的品味，独具一格，这就是英德红茶"原味"之魅力。可见英德红茶"原味"特色的生成，有自然与人文，科技与产业等多方面的因素，贯穿了英德红茶生产的全过程，"原味"的揭示是全方位的、多层次的。围绕英德红茶"原味"的展现与品牌的打造，相关的自然、历史、人文旅游资源和英茶的产业链等资源将得到充分的整合，英德旅游品牌的整体竞争力将得到大大的提升。

2. 以"原味"特色营销，宣传推广英德旅游品牌的个性魅力

英德自古便是进出广东的交通要道，中原文化与岭南文化在此碰撞，或传承或创新。文化多元，原生态的旅游资源丰富，地域文化风格鲜明，衣食住行均独具特色，这使英德旅游服务产品品牌个性魅力的张扬具备了优越的先天条件。尤其是生态旅游，主旨是保护环境，回归自然，崇尚健康，和英德旅游资源匹配度高。如，服务产品的主体之一：食，便优势明显。英德的"原味"食品四季飘香，足以使游客食指大动，尽享返璞归真之惬意，是品牌打造与特色营销的优质资源。如：

（1）西牛笋干

产于英德西牛镇连江口下游的西牛笋干，以民间传统加工而成。有脆笋、玉笋、凤尾幼笋等品种，笋干系列有笋花、笋尖、笋衣、生笋丝等。色泽金黄鲜艳，肉质清爽甘甜，笋味香浓，富含粗纤维和 A、B$_2$、B$_6$、C 等多种维生素，是天然无污染的优质食品，有助消化、消滞之功效，享有"山珍"之美誉，驰名中外。早在清朝中期已远销广州、港澳台以及东南亚等地，现在，产品远销日本、新加坡等国家和中国港澳台等地区。

（2）九龙豆腐

九龙豆腐是九龙镇之特产，以当地优质之山水磨豆制成，口感嫩滑、豆香浓郁。九龙豆腐之正宗源于九龙镇之山泉，"原味"的九龙豆腐是大自然之恩赐，是绿色食品的上佳诠释。

（3）擂茶粥

擂茶粥是客家的传统食品，英德的石灰铺、西牛、大洞一带的擂茶粥风味独特。材料有本地生茶叶、生姜、山泉水、花生油、炒花生和炒芝麻；制作工具是陶制擂钵、山苍子木棒，山野之趣宜人；制法与外地大同小异，甘辣浓香

之外，与英德"原味"的青山绿水相得益彰。

（4）卷筒糍

卷筒糍是英德人最普通的早点，实是米粉卷的一种，与广州的"炸鬼肠"相类似。但它佐以芥辣、麻油、爆葱花，香辣爽口，风味独具，非英德不可得。

（5）大湾菜包

大湾菜包是英德农村的特色小食，实乃菜包之一种。以生糯米拌冬菇、腊肉、虾米、鲜肉粒等做馅，以猪婆菜或油麦菜做包皮，隔水蒸熟，蘸酱油吃。糯香菜滑，非英德乡下无此美食也。

英德的"原味"美食还有油粘米、北江河鲜、山羊、果子狸、野兔、黄花鸡等，可谓山珍清新、野味，河鲜鲜甜、嫩滑。"原味"十足，是最地道最纯粹的活广告，有如此丰富的特色美味，有如此诱人的"原味"美食，还愁旅游产品缺乏个性魅力吗？以文化为主线，特色为主导，经过深入调查、精心筛选、巧妙策划、周密组织，使这些"原味"美食的个性魅力得以张扬，何愁不令人流连忘返？这不正是生动的旅游品牌营销吗？

3. 以"原味"特色品牌，发展英德旅游品牌节会营销

节会营销是品牌营销的法宝，历来是商场的重头戏。节会营销服从于品牌营销、服务于品牌营销，而品牌营销的成功又往往源于节会营销，著名的广州中国出口商品交易会、各地热闹非凡的节庆无不是明证。以"原味"特色品牌，助推英德的旅游品牌节会营销，将大有可为。英德对旅游产品的升级高度重视，并着力于打造"原始农耕文化"、"茶文化"和"英石文化"三大品牌。下面我们不妨以"英石文化"品牌打造为例。

英德以盛产英石著称于世，英石是石灰岩经过千百年风化、沉积形成，玲珑剔透、纹理错落，具有"瘦、皱、漏、透"的特点，韵味极雅。宋代，英石便成为朝廷贡品，与灵璧石、太湖石等"怪石"列入"文房四玩"。元代，英石被列为四大名石之一。明代，英石被广泛大量开采，作为"窗几之玩"的英石盆景很盛行。清代以来，英石是公认的四大园林名石之一（其余三大园林名石为太湖石、灵璧石、黄蜡石）。清代对英石的认识、开发与收藏达到了高峰。

目前，英石产业是英德的支柱产业，英德对旅游与英石产业相结合高度重视，并以文化建设为抓手，把英石品牌打造与节会营销相结合，使二者互相促进。英德建设了30多公里的英石文化观光长廊，打造中华英石主题公园，举办"英石文化节"，以会展、节庆促营销，创名牌，拓市场，成绩斐然。目前英石已远销日本、美国、新加坡、中国台湾等50多个国家和地区，年收入超过1亿元，使英德成为全国乃至亚洲最大的奇石集散地。英石市场营销的成功，是准确把握了英石"瘦、皱、漏、透"的特点，以其韵味高雅的"原味"为特色打造英石品牌，并以品牌魅力推动节会营销，通过各种形式的节会营销，确立了品牌的市场地位。

这一成功案例，使我们看到能体现事物个性特征的美是最宝贵的，也是最有吸引力的。目前，旅游需求日趋多元化、个性化，特色已成为旅游品牌打造的核心。品牌特色越强，竞争力越强，品牌知名度越高，美誉度越高，市场号召力越大，节会营销越成功。因此旅游业的每一个环节都要以特色打造和个性张扬为本，只有这样才可能打造出名牌旅游产品，才可能推动旅游品牌的节会营销。英德旅游品牌的打造如能在"原味"特色打造上匠心独运，深挖新内涵，开拓新意境，节会营销定能大发展。旅游品牌与节会营销相得益彰，旅游产业定能高歌猛进。

注释

①《2013年全国旅游市场工作会议召开》，广东省旅游局：www.gdta.gov.cn。

②《2013年中国（广东）国际旅游产业博览会》，展网——展会信息-www.eshow365.com/zhanhui/html/66000…2013-8-30。

③《广东发布县域旅游竞争力报告》，2012-10-16 04:06:42 来源：《大公报》。

（2013年10月23日于广州，2013年11月10日发表于"英德三江五原文化旅游学术推介会"）

罗定水利建设与稻耕文化的发展

千年文化古邑罗定,近半个多世纪以来,与全国各地一样,发生了翻天覆地的变化。经过50多年的奋斗,罗定从一个土地贫瘠、水旱灾害频繁、交通不便、水利不兴、粮食不能自给的贫穷县,一跃而成农业和粮食生产大市,是广东迄今唯一3次荣获"全国粮食生产先进县(市)"的单位。水利建设成就闻名中外,是我省山区建设的一面红旗。当下的罗定,交通便利、物产丰富、经济蒸蒸日上、人民安居乐业,其中尤以骄人的水利建设与稻耕文化的发展令人油然而生敬意。深入探讨罗定的水利建设与稻耕文化两者的关系,便不难找到成就取得的原因,其深刻的历史内涵与现实意义,启迪深远。

一、罗定的"水文化"与"稻耕文化"源远流长

1. 优越的"水文化"条件

罗定位于粤西西江之南,罗定总面积2327.50平方公里,占全省陆地面积的1.29%,其中山区面积873.4平方公里,占全市的37.5%。2007年全市有耕地面积484631亩,其中水旱田370062亩。珠江水系西江干流的一级支流——南江(又名泷江、罗定江)穿境而过,南江流域总面积4493平方公里,其中罗定市境为2220.5平方公里,占全市总面积的94.6%。境内南江的支流繁多,流域面积在100平方公里以上的河流11条,自西南、西北流入南江,集水面积大于100平方公里的二级支流有罗镜、新榕、连州、泗纶、䃟滨、围底河(市内)和白石河(上游在市境)等7条,水资源充沛。西部、西北部和南部一部分为云开大山山地,东面为云雾山山地,中部、东北部和南部为盆地、丘陵地带。全境形似东西南为边围,东北为开口的箕状盆地。南接高雷,西通桂、黔、滇,是西江走廊的交通要冲,古丝绸之路的重要节点。

择水而居是人类的共性。大量的考古发现证明一万年前的新石器时代时期,罗定便有人类生息繁衍。他们在今天的苹塘、金鸡等地的洞穴中,过着渔猎生活,而后从山洞穴居走向山丘建屋定居。四五千年前,罗定的泷江河、罗镜河、太平河流域,已遍布人类生活的踪迹。南江水养育了代代罗定人,如今罗定地名、村名保留了壮侗语族的底层,冠首字用"䃟"(方言词:坑;水塘;田边塘)就有127处。如,䃟马、䃟瑶、䃟鹅、䃟鹩、䃟统、䃟滨、䃟众塘等。随着考古的不断发现,古代丝绸之路的遗存越来越清楚地把当年南江地区"水文化"的盛况展现在我们的眼前。

2. 悠久的"稻耕文化"渊源

罗定是亚热带季风气候区,四季分明,热量丰富、日夜温差大。年平均气温20℃以上,全年无霜期345天,年均降雨量1400毫米,适宜水稻生长。

华南是我国稻耕起源地之一。目前,南江稻耕史的实证可上溯至1万年前阳春独石仔遗址的考古发现。先秦时岭南为百越地,南江流域应为西瓯骆越的

居住地，罗定应为南江西瓯骆越的核心地，大量的出土文物，证明了战国时期的南粤古国在罗定。罗定春秋晚期的南门峒一号墓和战国早期的背夫山一号墓是西江流域著名的大型战国墓葬，墓主人应是史料所称的"百粤之君"。著名地理学家曾昭璇先生指出："罗定东邻高要，南接阳春，西界岑溪，是一天然古国，即古称两山之间（云开大山和云雾大山）的古王国之地。"罗定曾经创造过辉煌的远古文明。罗定出土的战国青铜器在岭南首屈一指，广东省博物馆展出的青铜器近三分之一为罗定出土。古越族有着原始的稻耕文明，长江中下游、珠江流域均有大量的出土文物为证。罗定南门峒春秋晚期墓和背夫山等战国早、中期墓葬出土的大量文物表明，自古我国大江南北之间的先民，就有着频繁的经济往来和文化交流，稻耕文化的交流是其中之一，其中墓葬出土的斧、铲、凹字形锸和镰、锯、刀等数十件青铜农具和工具就是有力的证明。粤方言保留了丰富的古越语底层，为我们提供了研究地域文化的宝贵信息，至今仍保留着壮侗语族底层的古越地名，很多就是以水田为特点的古代稻作文化为主的文化圈。如，广西的"那文化"。"那"，壮语为"水田"；罗定冠首字为"罗"的地名有39个，近似"罗"字的地名有46个。"罗"，壮族为"山间田"；罗定冠首字为"塔"的地名有127个，"塔"，方言为"坑，水塘，田边塘"。南江流域的郁南、封开、罗定等地均有"禾楼舞"等。无论是物质的还是非物质的文化遗产，都给我们明确的信息：南江流域的"稻耕文化"历史悠久。

3. 求新的"稻耕文化"基因

独特的历史、多元的人口结构、多元的文化融合、中外的文化碰撞，使南江文化色彩斑斓，魅力独特。而地处西瓯故国核心地、南江文化荟萃地的罗定，可谓人杰地灵，人民以勤奋好学、坚忍不拔、英勇善战、富于革命精神著称，这使南江的"稻耕文化"渗透着求新的基因。

如，唐朝禁止贩卖"生口"，限制俚帅特权的政策，使西江各州得以放免的奴婢成为"人户"，大大解放了生产力，激发了生产积极性，改变农业的粗放耕作成为可能。西江农民的水稻耕作技术，不但在火耕水耨的原始农耕基础上有了长足的进步,而且懂得改造新荒。据唐人刘恂所撰《岭表录异》载,西江新州、泷州的农户在山丘开荒,等春雨积水就买来鲩鱼苗撒在田里,一两年后,鲩鱼长大,把杂草连根吃掉,以后种稻田就不长稗草。这样不但可收渔利,又利用鲩鱼的食性除草并改良土壤,可谓一举三得,这在岭南农业史上是个首创。

水稻耕作技术的改进,大大推进了水稻的生产,从当时税项的改变可得到佐证:南朝对粤西俚人征税没有"恒法定令",当地产什么征什么,到了唐朝初年便统一规定征收稻米,每户数量为汉人户的一半。这反映了俚人地区稻谷生产的发展,水稻已成该地区的主要农作物。

罗定"稻耕文化"的求新求变基因,千百年来得以传承,各个时期均取得了骄人的成绩。丰厚的"稻耕文化"遗产,使当代罗定的水稻生产,无论耕作技术还是稻米的产量、质量均排在全国前列。如,杨明汉创育水稻双千粒穗,丰智昌顺科技有限公司采用"丰智天然健生栽培法",实施水稻无公害栽培,遵守可持续发展原则,按特定生产方式生产,从品种选择及合理栽培、产地环境、培肥及病虫害防治四个环节着手,生产出无污染的安全、优质、营养稻米——亚灿米,该品种以其独特的品质,成为广东唯一获得"金奖大米"等三项殊荣的稻米,广受业界的称颂。

二、罗定水利建设是推动"稻耕文化"发展不可或缺的动力

1. 水利建设是罗定脱贫的必要条件

昨日的罗定以干旱、多灾著称,今日的罗定,以辉煌的水利建设成就闻名中外;昨日的罗定带着深刻的饥饿、贫穷印记,今日的罗定是农业和粮食生产大市,是广东名副其实的粮仓。这使我们真切地体会到水利建设与农业生产的密切关系,使我们深刻地认识到人的力量,社会制度的力量。

罗定的山区面积873.4平方公里,占全市总面积高达37.5%。全市耕地面积72.23万亩,总人口120.7万人,其中农业人口78万人,人多地少。罗定虽然有着水稻适宜生长的自然条件,但制约水稻生产发展的自然因素也十分明显。虽

然水资源丰富，地表水径流量大，但因地形复杂，南江高低落差大，南江流域平原少，丘陵台地多，"山下河水白白流，山上用水贵如油"降雨量偏少，是广东省西部一个少雨区域；降雨时空分布不均，蒸发量年内差异大，年际变化幅度大，年内分配不均，丰枯悬殊，供需矛盾突出；加之水土流失严重等原因，故四季均可能发生旱情，其中春旱和秋旱发生频率较高，水旱灾害频繁。

旧时的罗定，水利不兴，"十年九旱"，民生凋敝，那时罗定还有一个别称——"饿定"，可见，"饿"在当时罗定人心中留下了深刻的记忆。人们长期靠从军、读书、走三行（铁、木、泥水匠）和做小贩，走南闯北，寻找生活出路。每遇大旱，便惨不忍睹。以民国期间为例，社会动乱，水利失修，灾荒不断，人口增长缓慢，有些年份甚至下降。如，"民国17年（1928年）全县有32.58万人，民国24年增加到34.48万人，此后多年呈下降趋势。民国35年，天大旱，许多农民逃荒甚至饿死，人口减少到30.72万人"[1]，旱灾以民国三十五年（1946年）为最严重，"是年全县早造只插下水稻5万多亩，有30万亩农田无水插秧，八成以上的稻田减产或失收。全县外出逃荒者达6万多人，饿死1万多人，甚至出现人吃人的惨状"[2]。

新中国成立后的罗定进入了崭新的历史阶段。罗定把兴修水利，消灭旱患，发展农业生产，改善人民生活作为一项长期的战略任务。从1956年开始，先后建成引太、引泗、引沙、引镜、引替和引连等六大引水骨干工程和一批小、中型引水蓄水工程，形成了"引蓄结合，长藤结瓜"式的水利灌溉网。同时，还结合罗定实际，大搞水轮泵站建设，把河水提上山头，实行山、水、田、林、路综合治理，建成具有灌溉、防洪、发电等多功能的水利体系。1967年起，罗定粮食亩产连续5年跨纲要。1969年10月，广东省把罗定树为全省山区建设的一面红旗。经过持续30多年的水利建设，全县八成以上的农田先后得到有效的灌溉。全市形成了"引水、蓄水、提水、灌溉、发电"相结合的水利灌溉网，彻底改变了罗定"十年九旱"的面貌。罗定水利建设的奇迹，吸引了国内外的来客，老挝、越南、柬埔寨、孟加拉、尼泊尔等国家都曾派人来罗定参观学习。

其中被誉为"广东红旗渠"的长岗坡渡槽就是罗定水利工程的杰出代表。长岗坡渡槽位于广东省罗定市罗平镇镜内，是目前世界最长的引水渡槽。该渡槽"于1976年动工兴建，1981年竣工通水，历时4年多。渡槽设计过水流量25秒立方米，长度3450米，砌石拱渡槽1750米，共5200米，这个长度在当时是全国之最。渡槽宽6米，高2.2米。渡槽共有133个墩，132个跨拱，拱的最大跨度51米，最高高度37米"③。它"把上游的泷江河、太平河水引入金银河水库，滋润着下游20多万亩农田，罗定盆地从此变成了旱涝保收的'天府之国'，罗定因此也连续摘取'全国粮食生产先进县'称号"④。"渡槽工程质量过硬，建成29年多来没有出现过一次渗漏，从未大修"⑤。国家有关部门发布的"2009年第三次全国文物普查重要新发现"中，长岗坡渡槽作为近现代重要史迹代表性建筑，成为广东10处入选单位之一。

水利兴，衣食足，罗定的经济得以全面发展。显然，水利建设是罗定脱贫的必要条件。

2. 水利建设是"稻耕文化"发展的必须与必然

根据目前的考古发现，人类已有一万年以上的稻耕史，水稻从野生到人工栽培，经历了漫长的岁月，南江人民在此漫长的岁月里，以其辛勤的劳作、聪明的才智和丰富的经验积累，对"稻耕文化"的发展做出了巨大的贡献。然而，罗定的水稻生产、"稻耕文化"的发展，得以突飞猛进，获得量与质的飞跃，是当代的50多年，是当代罗定水利建设成效显著的50多年。

个中缘由，罗定人回答得最精确，水利建设与农业生产、政通人和的关系，罗定的干群体会最真切。罗平镇长岗坡渡槽"庇护"下的望天村就是一个鲜活的例子。望天村是罗定市罗平镇一个普通的村庄，当地年降水量并不低，但78%集中在4到9月，10月到次年3月降雨较少，常出现春旱。以前村民扛着锄头下地时，总会先望望天，盼着下雨，"望天村"由此得名，那时的"望天村"是"十年九旱"的罗定曾经的一个缩影。村民黄耀文追述：以前主要种植番薯等耐旱的作物。"没有水，再好的技术也是白搭。"罗定市水务局副局长王云峰解释："并不是没水，而是工程性缺水。"他深有体会地指出："想发展农业，首先就要兴修水利。"可谓一语中的。

有着丰富水稻生产经验积累和创新精神的罗定，在新时期，把建设产粮大县当作一个系统工程来抓，着力打造粮食产业工程。水利先行，使发展改革、国土、水利、财政、粮食、交通、供销等有关部门密切配合，共同形成粮食生产的整体合力。有了这个前提，发展水稻生产、提高水稻品质、创造品牌等问题便走上快车道，农业产业化、品牌化，带动农民增收致富，才能成为现实。

回顾历史，面对现实，透过罗定的水利建设与"稻耕文化"的发展，不难得出，水是农业的命脉，水利建设是社会进步、科技发展的成果，是农业发展、社会进步的保障，更是"稻耕文化"发展的必须与必然。不错，"好山好水出好米"，但更不可忽略的是"好人好政出奇迹"。

注释

①罗定县志编纂委员会：《罗定县志》，广州：广东人民出版社，1994年版，第107页。

②罗定县志编纂委员会：《罗定县志》，广州：广东人民出版社，1994年版，第104页。

③罗定　百度百科baike.baidu.com/view/279667.htm 2012-9-25。

④同上。

⑤同上。

（2012年10月8日于广州云台里，2012年10月23日发表于"2012罗定稻耕文化研讨会"）

 # 台山"侨墟文化"刍议

珠江三角洲是广府民系的核心区域，也是广府籍华侨华人的重要祖籍地，五邑地区，以"中国第一侨乡"而闻名中外。"五邑"即现在的江门市（旧"四邑"加鹤山），总人口414.27万，而祖籍五邑的华侨、华人和港澳台同胞近400万（其中海外华侨、华人有250万人，港澳台同胞有153万人）约占全国海外同胞的1/10，分布在全世界五大洲107个国家和地区，分布在亚洲地区的约占20%，美洲地区的约占70%。美加华侨华人社区中，不论从人口数量还是政治、经济实力，五邑籍华侨华人都居前列，所以五邑有"美国华侨之乡"、"加拿大华侨之乡"的称誉，其中又以台山最突出。台山市人口93万，旅居海外及港澳台等92个国家和地区的台山籍乡亲有130多万，占江门市旅居海外及港澳台地区人数的1/3。主要是旅居美国、加拿大、

澳大利亚、巴西、墨西哥、马来西亚、新加坡和中国香港，其中旅美42万多人、旅加18万多人，有"全国第一侨乡"、"内外两个台山"之称。因而台山文化是五邑文化的一个极具代表性的典型。台山文化最具特色的首推"侨墟文化"，我们透过台山"侨墟文化"的分析，可增进对五邑华侨文化的认识，进而加深对"广侨文化"的探讨。

一、"侨墟"与"侨墟文化"

"墟镇"（也叫"集市"）是中国城市的雏形，是一个地方交通、人流、物流、信息流的汇聚点，是传统工商业及服务业的集群地，是农村居民娱乐、社交的主要场所，更是地方文化的重要载体。"侨墟"即侨乡地区的"墟镇"，因而，"侨墟文化"是侨乡地区经济、文化的集中体现。

（一）"侨墟"

"侨墟"，顾名思义，是与华侨关系密切的"墟镇"，与一般的乡村集市有着明显的区别。首先是侨乡的产物，有深厚的华侨背景；其次是侨资为主的商贸市镇；再次是华侨文化得以集中张扬的地方。各地的"侨墟"又深受华侨侨居地文化的影响，是不同类型华侨文化的载体。因五邑华侨大多旅居美、加等西方先进国家，因而，五邑侨墟深受西方近现代文化的影响，大多具备现代城镇的雏形，其发展过程就是农村集市向现代城市的发展进程。

如，珠江三角洲经济区的中心城市之一的江门市，萌芽于14世纪，从当初蓬江区墟顶的农民、渔民交换农副产品及渔产的一个小墟集，发展为16世纪"千艘如蚁集江滨"的商品集散地。清乾隆末期，成为珠江三角洲西部的商业贸易中心，受被称为"门口路"的澳门的强势影响，加速了发展步伐。清光绪二十八年（1900年）江门辟为对外通商口岸后，成为五邑乃至粤西地区的对外通商口岸，商贸更为活跃，是这个地区的重要贸易中心。随着现代城市条件的成熟，英、美等国商人在江门开公司设教堂，五邑华侨大办实业，江门渐成"华洋杂处，商旅辐辏"的热土。经过400多年的演变，江门由一个农村小集市，演变为一个"侨墟"，进而成为一个地区的贸易重镇。其演变历史在侨乡颇具代表性。

（二）"侨墟文化"

"侨墟文化"，即侨墟所承载的文化内涵，透过物质的、非物质的存在得以张扬，并规范着侨墟百姓的思想、言行，对侨墟的环境、景观、风俗、教育、卫生、宗教、语言等，产生直接的影响。

自1553年，葡萄牙人取得澳门居住权后，澳门经过了500多年欧洲文明的洗礼，历史上以中西文化交流驰名于世。明末清初的"西学东渐"时期，澳门在地区上扮演了极其重要的角色，曾在世界经济的运转中发挥重大的作用，在我国近现代思想发展史、近现代社会发展史与近现代革命斗争史上都占有极其重要的地位。五邑毗邻澳门，接受澳门的强辐射，成为我国近现代思想文化、工农商业的摇篮之一。五邑地区的"侨墟文化"便更具先进性。台山因旅美洲华侨、侨眷人数众多，侨墟经济发达，侨墟建设管理先进，侨墟遗址保存完好成为五邑侨墟的亮点，台山的"侨墟文化"在五邑"侨墟文化"及"广侨文化"中，更具代表性。

如，中西合璧的骑楼建筑与乡镇管理原则、西学与西医盛行、学校与教堂同在、爱国爱乡的热情、崇文重教的民风、中西融汇的四邑话、对自由民主平等的追求、对科学技术的崇尚等，无不是解读台山"侨墟文化"的密码。

二、台山"侨墟文化"之特质

台山面临南中国海，是古代丝绸之路的一个节点，民众善与海外交往。乡人侨居国外，约有200多年的历史。18世纪中后期，开始旅居南洋，19世纪初叶，开始旅居美洲。鸦片战争以后，清政府开海禁，出国谋生者日多。同治六年（1867年），土客械斗结束后，乡人"适洋务大兴，壮者辄走外国"[①]大批出洋。光绪年间（主要是1882年至1890年），原侨居南洋的台山人纷纷迁移美洲，少数赴欧。19世纪40~50年代，美国、澳大利亚和加拿大先后发现金矿，并进行铁路建设和农业开发，台山籍华侨成为最早到达这些热点地区加入世界性掏金潮，成为美、加两国边疆开发贡献极其重大的华工。但当时美国对华工实行歧视政策，1882年颁布了《排华法案》，严控华人入境。随后加拿大和澳大利亚也以经济手段严限华工入境，使华工无法在美、加、澳安居乐业，只得回乡成家立室。他们把在海外积攒起来的血汗钱寄回家乡，养家糊口。出洋讨生活，只为换取一家人的温饱。回乡"立宅置田"，光宗耀祖，则是他们最大的心愿。

因台山的侨汇主要用于赡养家眷，这便使近代台山的侨汇成了台山乡镇源源不断的经济来源，覆盖范围广，数额是全国侨汇之最。如，1929年以前，台山每年的侨汇在千万美元以上，占全国侨汇收入近1/8，1930年猛增到3000万美元左右，几乎占到全国侨汇收入的1/3。巨大的侨汇促使台山的经济快速发展，商业快速繁荣，"侨墟"的繁荣景况空前。据最新的调研结果，目前仍有82处"侨墟"遗址散落在台山境内，诉说着当年的繁华。伴随着大额侨汇的进入以及热火朝天的建屋建城活动，西方近现代文化对台山的文化产生了巨大的冲击，加速了中西文化的碰撞融合，催生了新的"侨乡文化"典型——台山"侨墟文化"。这是特殊历史时期的产物，特质鲜明，在五邑地区极具代表性。相比五邑其他地区的"侨墟文化"，台山"侨墟文化"最突出的是：

（一）中西合璧　重商务实

岭南广府人在内外贸易比较发达的大背景下，正统的中原文化、土著俚人的淳朴民风、北方移民的图存求强精神，多样的生存方式与求生实践，经过长期的碰撞融合，逐渐孕育了重商务实、勇于开拓、敢于拼搏的精神，形成了既保留较多古越族文化，又具有重商、开放、务实、兼容等商业文化特质的广府文化，并以其鲜明的特质区别于其他民系文化，在全国独树一帜。地处珠三角的台山在此基础上，澳门的影响、华侨的近现代西方文化理念和巨额的侨汇，助推了台山"侨墟"的发展，迎来了全盛期。台山"侨墟"处处无不渗透着中西合璧、重商务实的精神特质。

1. 规划与建设

沿江而居是广府民系的特点，传统的广府民系墟镇，大多得水运之便。台山的"侨墟"选址，首先考虑的是交通要素，不但有水运之便，往往是处于多种交通的交叉点。如，台城镇（旧称"新宁城"）得水陆交通与新宁铁路之便；圆山墟的公路四通八达；冈宁墟、汀江墟、公益埠等均是大江的埠头；公益、大江、东坑、东门、五十、四九、大塘、斗山、水南、三合、黎洞、长江、白沙等墟均是新宁铁路的站点。

近现代得西洋风气之先的台山，对交通与经济的密切关系领悟较早，开拓新型交通方式的要求迫切。1909年，由广东新宁（今台山）旅美华侨陈宜禧主持建造的新宁铁路——中国第二条商办铁路通车了。它由陈宜禧向美国华侨集资，全部使用本国资本和技术力量建造而成，曾是华侨在中国最成功的投资事业。新宁铁路的建设，带动经济发展的同时，也催生了现代城镇规划。西方近现代的文化理念与中国的传统文化相结合，在侨墟的规划设计上得到了充分的体现，最大的特色是对西方"集市广场"的学习和引进。这种布局形制，在台山侨墟广泛应用。如台城镇的圆山墟、大江镇的陈边墟、四九镇的五十墟以及端芬镇的上泽墟、成务墟、庙边墟、西廓墟等。规划出色的如：

公益埠，由纽约华侨设计，借鉴美国纽约的城市建筑布局。因此，公益埠历来就有"纽约街"之称，是因新宁铁路带动而兴起的新埠。1904年归侨伍于政联络附近乡绅成立埠董局，筹划新埠建设。1905年初，新宁铁路站点由新昌改在即将动工的新埠公益，铁路公司便投资20多万元，在此建筑公益路分局大楼、机器厂、停车场、电灯厂、码头、长堤等项目，从而刺激了当地人的建筑欲望，吸引了大批华侨和外地富绅落户投资，很快就掀起了建设热潮。仅3年时间，在潭江河滩上，占地面积0.33平方公里的公益埠——新宁县第二大墟镇拔地而起，人口最多时达3万余人。公益埠经过严格的规划，墟镇布局呈"無"字形，有井字形街道13条。当时全埠有130多间楼房，为早期洋楼群典范，业主多为华侨。街道纵横交错，都可两车并行。小镇还规划了公园、学校、医馆等，并预先铺设下水道，是一座标准的近代化微型城市。"据说近代城镇规划得如此方正，如此合理，如此先进的地方全世界有两处：一个是美国纽约，另一个就是中国台山的公益。"[②]

圆山墟，为典型的南洋骑楼风格墟市。在整体规划设计上，引进了西方的"集市广场"布局,平面呈长方形,东西长20米,南北宽100米,共4墩,设4条街道,四路入四路出,分别为南北走向的圆山路、紫霞路,东西走向的玉书路、西华路,每墩之间留有空地做出入口,四周为市,中间为墟——农贸市场,建筑风格是中西合璧,骑楼建筑整齐划一,均为2～3层的洋楼,门面装饰考究,外立面装饰精美,是至今仍保留着浓郁民国风情的台山乡村侨墟。

汀江墟,位于端芬镇大同河畔,始建于1932年。引进了西方城市"集市广场"的建筑形制。占地面积60亩,60多栋紧挨着的骑楼呈长方形分布,整齐排列,似欧洲集市广场的敞廊,中间有40亩专供商贩摆卖商品的广场,俨如一座小方城,故又称"梅家大院"。由当地梅氏华侨以及侨眷侨属创建。业主根据各自旅居国的风情和建筑特色进行规划设计,并融入中华建筑艺术特色,中西建筑艺术融为一体。虽然每栋楼房规格统一,但楼体的外立面形态各异,是业主身份、情趣、追求及当年台山侨乡思潮的反映,具有较高的历史价值和欣赏价值。

2. 布局与管理

侨墟是侨乡人精神理念的物化,是"侨墟文化"的载体,其规划与建设,反映了侨乡人的思想与审美取向,其布局与管理则反映了侨乡人的精神与价值取向。台山侨墟不但景观独特,规划先进,其布局与管理更具现代意识。

重商意识 台山侨墟学习引进西方的"集市广场"建筑布局,突显了台山人的重商意识,把商贸场所置于墟镇的中心,突出了墟镇的主要功能是商贸,一切均为此服务。

西方的管理体制 西方股份制的一些管理原则和方式在墟镇和一些新村运用。如,"汀江墟实行了西方股份制的管理方式,以'改良市政,自由营业'为宗旨。制定了《汀江墟招股开办章程》和《汀江墟立案简章》,从宗旨、股本、股东权利、铺地、街道,到公款、职员、董事的义务等方面,对墟集市政管理、商务活动规则一一详细规定,大到墟政决策、公款使用、铺地分配、经营范围,小至摊贩位置、卫生环境,都做到有章可循。"[③]又如,台山公务局负责全县的统筹管理,制定了骑楼建筑的专门而又详细的规定,所有台山城镇墟集的骑楼建筑必须照规定执行。

民主管理原则 清末民初，台山新村大多由华侨出资，实行股份制管理。乡村成立了多种自治性的民间组织，民主管理进入村、家族的自治管理。以侨资为主新建的村落，一般都先规划后建设，统一排水系统，统一修建卫生、禽畜饲养所等，村务管理的各个环节都追求平等、公开、公平、公正的民主自治原则。

不难发现，华侨给侨乡带来了西方的近现代文化，催生了"侨墟文化"，进而又加速了台山现代思想发展的进程。

(二) 崇文重教 兼容并包

华侨经济成了台山经济的支柱，频繁的人员往来，紧密的经济联系，使台山成为中西方文化多方面激烈碰撞融会之地，华侨文化对中华文化产生了强大的反哺作用。华侨文化的反哺体现在建筑、教育、卫生、宗教、语言、风俗等各个领域，影响是全方位的，中外文化交融，深入到侨乡的各个领域。

人们最熟悉的莫过于台山"洋楼"，不仅数量众多，建筑精美，而且风格多样。在台山的城乡，均可见到西方各国风情、各种流派的建筑艺术风格与中国传统建筑艺术相结合的"洋楼"，至今仍保存完好的洋楼有1万多座，经历了上百年的风雨，仍不失当年的富丽堂皇，彰显着台山侨乡的多元文化色彩。

"教育储才，经济富国"是当年华侨的笃诚信念，华侨捐资办学蔚然成风。各侨乡都有华侨出资开办的新式学校，西方的教育思想在中国的乡村得到实践。当年的台山大地，尤其在墟镇，最宏伟的建筑往往是学校。如，台山一中，其校舍是近代台山公共建筑中的典范，也是台山近代建筑最高水平的体现。20世纪初，台山城乡的小学教育高度发达，学制与西方接轨。当时人口近80万人的台山县，新式小学居然有700多所。这些小学的新式楼房，基本上都是钢筋混凝土建筑，蔚为壮观。

华侨热衷于捐资兴办各种公益事业，大多台山墟镇都有西医馆，甚至还有牙医馆。一个小墟镇，常常拥有西学与西医机构。各种图书室在墟镇与乡村出现，使农村青少年接受到外界的新信息；医院的创办，让农村的民众接受了西医的治疗方法和技术；排球、桌球等西方体育活动，走进了侨乡青年的业余生活；创办于1909年的中国第一份侨刊——《新宁杂志》发行于海内外，在宣传科学与民主、反对封建主义、移风易俗等方面发挥了积极的作用，贡献重大。侨刊是海外华侨、华人的"集体家书"，是海内外沟通的桥梁，是中国传统文化和外来文化交汇的载体。一些华侨在海外信仰了基督教、天主教，西方教会的势力开始在侨乡发展，在海外亲友的影响下，异域宗教成了部分乡人的信仰选择。台山市是广东宗教重点县（市）之一，目前江门市共有天主教教徒村6个，其中4个村（南阳村、渡头村、狮岗村、坦安村）在台山境内。台山现有15个基督教堂和6个天主教堂。基督徒和天主教徒登记在册的约有3000多人，60岁以上的约占78%以上，村民略多，女性居多，最大的特点是以世袭教徒为主，约占80%，可见，家庭影响与华侨影响之大。

语言是文化的载体，"四邑话"（以台山话为代表）有"小世界语"之称，100多年来，在美洲华侨社区通行至今。语汇则以特殊的中西融汇著称。

1. 特殊的外来语词结构，反映了台山华侨的文化水平与生活环境，是侨乡台山特殊历史时期的产物。

①番+名词（或地名+名词）

如：番茄、番薯、番瓜、番帮、番鬼（①洋人、②奇异）、半唐番（①中外混血儿、②杂交的物种）、荷兰豆、西洋菜、荷兰水（汽水）等。

②汉语+英语（或译音和译义混合）

如："脱至pile"（光膀子、光身子）、"老缅（man）"（老人）、"老缅（man）婆"（老太婆）、"打搏盛（boxing）"（打拳）、"梳化（sofa）椅"（沙发）、"咖啡（coffee）茶"（咖啡）、"吉普（jeep）车"（吉普）、"唸（cap）帽"（鸭舌帽）、"泡打（ponder）粉"（酵母粉）等。

③英语借词

如：骨（good）：好，伟里骨（very good）：很好，骨波（good ball）：好球，市担（stamp）：邮票，市的（stick）：手杖。

2. 外来语素进入了四邑话，产生了很多独特的语汇，独具特色的"台山英语"通行于五邑地区及美洲华侨社区。美国华埠流行的四邑话常用词语趣致、传神,有明显的中美两国100多年来的历史印记。

如:纸(泛指法定文件)、入纸(向政府递申请书)、出纸(获准发下的证书、执照等)、旅行纸(旅游签证)、出世纸(出生证)、出世仔纸(指父亲在美国出生,其在中国出生的儿女所获得的美国相关证书)、籍民纸(美籍公民证书)、土生(华人在美国出生)、土纸(在美国出生的华人的出生证)、企枱(侍应)、花利(小费)、够钟(到点)、吃表(早退)、喊线(电话)、钱八(美国二角五分的辅币。源于中国的用银时代,一元是七钱二分银,一元的1/4是一钱八分,即二角五分)、出番/通事(翻译)、好泥(漂亮女子)、逗泥(不漂亮)、车偈(汽车引擎。"偈",为"机器"二字的切音)。

五邑华侨与家乡关系密切,自然成为东、西方文化的传播者。西方文化对五邑地区的长期影响,渗透了社会的各个阶层,深入了社会的各个角落。四邑话成了中外文化交融的活化石。五邑侨乡各阶层的语言都融入了外语元素,这一点在全国其他侨乡是罕见的。

生存理念决定了生存形态,生存形态决定了文化形态。台山的自然环境、人文景观无不抹上浓浓的侨乡色彩。别致奇巧的台山洋楼,令人叹为观止的"侨墟",独特的"台山英语",无不透出自信开放、兼容并包的光芒。

三、台山"侨墟文化"是"广侨文化"的典型

广东省是我国海上贸易和海外移民最早、最多的省份。海外粤籍华侨华人根据民系划分,基本可分为:"潮侨"、"客侨"、"广侨"三大组成部分。全省著名的侨乡分别是:潮籍为主的潮汕地区、客籍为主的梅州地区和广府籍为主的珠三角及西江流域地区。今天的广东,是我国最著名的重点侨乡,海外侨胞、归侨侨眷众多。据统计,广东有2000多万海外侨胞,占全国的2/3,遍及世界100多个国家和地区。省内约有10.3万归侨、2000多万侨眷,主要集中在珠江三角洲、潮汕平原和梅州地区。广府语系地区的归侨侨眷约有800万人,

潮汕语系地区归侨侨眷约有700万人，客家语系地区的归侨侨眷约有500万人。粤籍华侨华人以广府籍的华侨华人最多，港澳台同胞最多，影响最突出，其中又以台山华侨为最。

五邑不但华侨人数多，而且侨汇数量庞大。据《五邑华侨的磨难历史》记载：

20世纪30年代，美洲的侨汇经常占全国侨汇总数的1/3或1/2，在美洲侨汇中来自美国的侨汇又占67%～76%。太平洋战争爆发以前，五邑侨乡的侨汇就多于潮汕和客家侨乡的侨汇，而且五邑侨乡来自美洲的侨汇在全国侨汇中的地位也非常突出。太平洋战争结束以后，五邑侨乡因战争而中断的侨汇迅速恢复，数额巨大。1946年广东全省侨汇为245亿国币，其中来自东南亚的只有83亿，另外162亿则来自美洲。在全国重点侨乡中，五邑侨乡的侨汇收入不仅数量大，而且与家乡经济发展、社会稳定的依存度高。其中又以台山华侨的人数最多，侨汇数额最大，影响最深远。显然，台山的"侨墟文化"是五邑文化的缩影，是"广侨文化"的典型。

透过台山的"侨墟文化"，我们看到台山华侨实际上是西方近现代文化的传播者与普及者，中国近现代思想文化发展的推动者。他们对西方文化的传播与亲情、族情、乡情、家国情连在一起，深入千家万户，极富草根性，影响极其深远。由此，我们便不难理解台山乃至五邑地区贤才俊彦辈出，华侨先驱众多，成为著名的雅文化带；便不难理解五邑地区民众对官本位思想的淡漠，对科学技术的推崇，对民主思想的追求；便不难理解五邑地区涌现了梁启超等著名的启蒙思想家以及一批社会改革的领军人物；便不难理解五邑院士群的出现；便不难理解"广侨文化"较"客侨文化"、"潮侨文化"更具开放性。华侨对家乡的反哺，为中国打开了近现代之窗，其中，广府华侨华人表现尤为出色。他们以其独特的身份，使侨乡成为土洋文化结合的实验场所，台山侨墟就是最生动的案例，台山"侨墟文化"更成为"广侨文化"的典型。

注释

①光绪十九年（1893年）版本《新宁县志》。
②《南方都市报》 2012-06-08。
③张国雄：《台山历史文化集·洋楼》，五邑数字文化网·江门五邑图书馆。

（2012年11月4日于广州云台里，2012年11月15日发表于"中国首届'广侨文化'（台山）学术研讨会"）

从清远民间信仰看北江文化的个性

　　北江是珠江流域的第二大水系，是珠江在广东境内的最大主干流。其主流是由发源于江西省信丰县石碣大茅山的浈江（又名浈水）、发源于湖南省临武县三峰岭的武江（又称武水、武溪、溱水、泷水）汇合而成。在自北向南的流淌过程中，又与发源于乳源、翁源、连州、佛冈、连山等地的大小江河汇合，流经韶关、清远两市各县以及肇庆的怀集、广宁、四会和佛山的三水、南海等县区，其流域面积约达广东面积的1/3。清远市，在广东省中部偏北，与湘、桂两省（区）接壤，位于广东省北江中下游，是广东省地域最大的地级市和广东省少数民族主要聚居地。历史悠久，人杰地灵，民族众多，民间信仰内容丰富，文化灿烂，在北江流域极具代表性。

　　民间信仰是民众在长期的历史进程中，因情感寄托、崇拜而自发产生的神灵崇拜观念、行为习惯以及与此相应的仪式制度。民间信仰与当地的自然环境、人文环境关系密切，地方色彩浓郁，草根性强，是一种原生态的乡土文化，具有悠久的历史渊源和深厚的民众基础，比宗教具有更悠久的历史和更广泛的社会基础，是传统文化的重要组成部分。民间信仰的诸神，均具有祈福消灾的实用功能，是一个地区民众的生存状态、历史渊源、世俗风情、生活期盼、生命追求的真实反映。探讨一个地区的文化个性，民间信仰的研究是一个不可忽略的切入点，因此，分析清远市民间信仰，对我们认识北江文化的个性不无启发。

一、水色浓郁　古朴浪漫

民间信仰源于人类古老的"有灵崇拜"、对未知世界的敬畏、对大自然的感恩、对美好生活的追求，以及在人与自然力量对比悬殊时，民众迫切需要寻求护佑的神灵，从而获得精神的寄托以抗衡灾难。因而民间信仰的产生和演变与人们的生存环境、认知能力、生存能力有着密切的关系。

清远幅员广阔，地理气候优越，地貌类型多种多样，水茂林丰，河流众多。不仅有郁郁葱葱的粤北山川、婀娜多姿的喀斯特地貌、引人入胜的湖光山色，令人心旷神怡的田园风光……原生态的自然资源丰富，更是一个原生态特色鲜明、水运发达的农业大市。人们临水而居，农耕文明历史悠久，英德沙口镇狮石山牛栏洞非籼非粳水稻硅质体的发现，标志着英德狮石山牛栏洞不仅是中华文明的一个发祥地，还是"人类稻耕文明的原始地"，使清远市拥有了世界级的原始稻作文化遗址。水是生命之源，是农业生产的保障，水环境的变化与人们的生存息息相关。因而清远的水神众多，水文化浓郁的民俗古朴浪漫，民间信仰也弥漫着迷人的水色。民间信仰所倡导的善待自然、善待生活、团结奋进、舍己为人等精神熠熠生辉。

1. "龙"崇拜

龙，是中国的象征，中华民族的象征，中华文化的象征。龙的形象、龙的精神渗透到中国社会以及中华文化的各个层面，成为具有强大感召力、凝聚力、向心力的中华文化的基本精神。龙，作为兴云布雨、掌管福祸之神，受到我国多民族的崇拜，最有代表性的民俗活动当数赛龙舟。赛龙舟民俗以龙图腾崇拜为根基，以水生态环境为依托，以团结奋进、爱国爱乡为旗帜，传承着几千年累积的文化信息。我国众多民族与龙有关的节日多彩多姿，清远也不例外，最著名的莫过于端午时节赛龙舟。

2006年清远被评为"中国龙舟之乡"，赛龙舟在清远极为普及。端午节清远的龙舟竞渡，热闹非凡，规模之大，全省闻名。民间每年端午节的起龙仪式、龙舟走亲戚、吃龙舟饭等与珠三角的民俗无二，是岭南河网地带，以舟代步的传统村落文化的体现，更是团结奋进、领潮争先的生动体现，极具广府文化特色。清远龙舟赛不仅有声势浩大的场面，更有如诗如歌的浪漫，颇具特色的"三人燕尾龙舟竞技"甚为精彩："燕尾龙舟又称龙标，三人划艇，尖头燕尾式样，又叫'燕尾艇'或'禾艇'，舟长三丈，短小轻盈，江河、池塘、山溪，都可作竞渡赛场（这是清远赛龙舟普及的主要原因）。传统燕尾龙舟竞赛，不分男女，不固定比赛时间，没人追赶时结束，圈数多者获胜。因而比赛总是持续到第二天，挑灯夜战的壮观场面让人经久难忘。"[①]充分体现了清远人因地制宜、传承创新的精神。

中国各地对龙的崇拜，内容极丰富，习俗多样。清远不仅有龙王崇拜，还有连州中秋舞香火龙、舞布龙等习俗，均意在企求风调雨顺，国泰民安。

2."凤"崇拜

凤凰，是中国古代传说中的百鸟之王，雄为凤，雌为凰，总称凤凰，被视为吉祥之鸟，与龙同为汉族的民族图腾。全国多地以凤凰命名，广东有两座"凤城"：

其一，清远的清城。据说，从前在现在的清远市工人文化宫附近，有一棵高大的梧桐树，树上栖息了一窝凤凰，树下住着一个叫张易的青年，张易自幼父母双亡，靠一只小舢艇为生。一年，北江洪水泛滥，瞬间清城便消失在凶猛的洪水中。张易撑着小舢艇奋不顾身地救人，救了一批又一批。当经过家门前的梧桐树时，被一阵叽叽喳喳的鸟声怔住，举头一看，洪水就要漫上树顶，而两只外出觅食的大凤凰还未回来,一窝羽翅未丰的小凤凰惊慌乱叫。张易奋不顾身地跳下水,把一窝小凤凰救到船中,自己却被梧桐树上的寄生滕缠住了脚,无法挣脱,迅速被洪水淹没了……这时正好母凤凰飞回来了,她被眼前的一幕深深感动,决心继承张易的遗愿——救人!只见母凤凰伏在水面上,让落水者骑在自己的背上逃生,最后,她因体力不支牺牲了。后来他们化成了两条街,清城看上去就像一只凤凰,清城便有了"凤城"这一别称。其二,是顺德的大良。传说一,古代的大良因城郭西枕凤山(凤山山形似引颈长鸣的凤凰)而得名"凤城"。传说二,清远的雌凤凰救灾牺牲了,雄凤凰飞回来后,伤心不已,带着小凤凰飞离了伤心地,来到了顺德大良,大良便又名"凤城"。以凤为地名,在清远并不罕见。

凤凰在典故传说中是权威、吉祥、智慧、爱情、风神、永生的象征,有浴火重生的传说,但与洪水抗争,为救灾而英勇牺牲的传说却罕见。可见北江水患历史悠久,水文化对清远民俗文化的浸淫透出诗意的浪漫。

清远的"凤城"神话传说,实乃对为公、为善、忘我精神的弘扬。

3. "禾花仙子"崇拜

每年的六七月,晚稻抽穗灌浆之时,清远南部北江河岸清城的东城、洲心、龙塘、横荷一带,最热闹的莫过于"夏夜高唱禾楼歌"了。据说那是该地流传了1000多年的民俗,是表达对"禾花仙子"的崇拜,对丰收的企盼。相传很久以前,清远一带农村的水稻,禾苗长得再好,谷子也难灌浆,人们苦恼之至。一年,禾苗抽穗扬花之时,人们在田里搭起了五彩牌楼,以优美的民歌,诉说自己的辛酸遭遇,表达对风调雨顺、五谷丰登的希望。唱了三天三夜,终于感动了天上的"禾花仙子",她把自己的乳汁喷洒田间,滋润禾苗,直至乳汁喷尽血水喷出……经她浇灌的水稻获得了大丰收,稻米有红有白,白米是"禾花仙子"的乳汁浇灌而成,红米则是"禾花仙子"的血水浇灌而成。从此以后,每年六七月间水稻扬花之际,人们就在田间搭起五彩牌楼——后称"禾楼",唱起民歌——后称"禾楼歌"(又称"南歌"),表达对"禾花仙子"的崇拜,对大自然的感恩,祈求"禾花仙子"保佑五谷丰登。现在,这一民俗活动已演变成农民庆丰收的大型娱乐活动，既古朴又浪漫，很有屈原《九歌》的韵味。想来该与2008年入选第二批国家级非物质文化遗产名录的郁南连滩"禾楼舞"有相当的渊源。这是人与神的交流，自然与社会的交流，理想与现实的交融，是激情的丰收欢歌。

4. 观音崇拜

由观音菩萨转化而来的观音崇拜，在中国极其普遍，民间寺庙几乎都供奉观音。大慈大悲的观音是普度众生的菩萨。众生遇难，她助众生解脱苦难。清远民众普遍有观音崇拜，以观音命名的山名、地名众多。北江船民更赋予她水神的神格，以保佑船民安全。英德城北10公里北江河畔的观音山中，在临江峭壁处，有一个高40多米、宽30多米、深70多米的金字塔形岩洞，宋时曾在洞内建造了三层阁楼式寺庙，供奉观音神像，以祈求航行平安。古老的观音崇拜，在北江流域不但极其普遍，而且较其他地区多了一层水色。

5. 妈祖崇拜

妈祖（又称天妃、天后、天上圣母、娘妈），是历代船工、海员、旅客、商人和渔民共同崇拜的海神。相传是福建莆田望族九牧林氏后裔，莆田湄洲岛的普通渔家女林默羽化飞升而成。妈祖一生献身于大海救助，从惊涛骇浪的大海中拯救无数渔舟商船，她立志普救众生，护佑渔民，专以行善济世为己任，深得人们的敬仰。据史料记载，北宋、南宋、元、明、清几个朝代都对妈祖多次褒封，封号从夫人、天妃、天后到天上圣母，并最终列入道教祭典和国家祀典。妈祖信仰经历了1000多年的发展，从民间信仰——道教信仰——国家祭祀的神明（宋至清，国家祭典的三大神明：黄帝、孔子和妈祖）。"目前全世界的妈祖宫达5000多家，妈祖信徒达2.5亿人之多，几乎凡是有华人的地方都有妈祖宫，都信奉妈祖，妈祖成了90%海外华人的共同信仰。"②妈祖是海神，而北江流域却不乏妈祖崇拜，各地曾有不少天后宫，清远的连州星子易字村便有天后宫。这种情况首先与北江的水运发达有关。变幻莫测的水运环境，使北江船民难以掌控自己的生命安全，接受妈祖信仰当属自然；其次北江乃历史上沟通南北的重要水路，北接五岭古道，南通大海，沿海居民尤其是海上渔民大量移入，他们大多是妈祖信众，妈祖信仰也随之而至。海神妈祖深入内陆，得到北江民众的崇拜，充分反映了北江流域文化多元、生存环境艰险、船民与自然搏斗的艰辛与顽强，反映了北江文化浓郁的水色与古朴多元的个性。

此外还有北江流域的龙王崇拜、北帝崇拜、曹主娘娘崇拜、瑶王崇拜、石崇拜等，使我们深深感受到北江民间信仰可谓集水神崇拜之大成。湟川边二次葬的骨龛等更增添了北江文化的神秘与水色。

二、崇德尊祖 凛然正气

中国传统的民间信仰，是广泛存在民间的自发性的感情寄托和崇拜活动，它既保留了原始社会先民们对未知世界的敬畏和崇拜，更反映了民间的现实需求和期盼，有着强烈的世俗性和功利性。多有求生存、保平安、祈健康、消灾难等具体目的，充分体现了人们的奋斗目标、精神风貌、生活理念和理想追求。其中神化始祖先贤与英雄人物，便是满足民众这一需求的形式之一。

民族始祖是氏族发源的根本，氏族始祖是家族之源，始祖先贤的崇高精神道德是家族兴旺、民族繁荣的精神支柱。所以，氏族成员对始祖充满了崇敬之情。崇德尊祖是中华民族源远流长的精神财富，立祠庙以各种活动祭祀始祖先贤，是中国传统民间信仰的重要组成部分。清远的民间信仰，相当一部分是英雄崇拜与祖先崇拜，这些人神崇拜，传递了劝人敬畏、感恩、有度、为公、为忠、为善、为孝、惩恶等信息，可谓凛然正气矣。

1. 关公、岳飞崇拜

民间崇拜的人神，既有民族神，也有地区神。民族神往往是经过几千年的民间流传，为各阶层、多民族所崇拜，成为中华民族的象征、中华文化的象征。如，炎黄二帝、尧舜禹，成为中华民族的先祖。在中国数千年的历史长河中，涌现了一批骁勇善战、精忠报国的名将与开一领域之先河、高风亮节的名人，他们的赫赫战功、卓著贡献永载史册，他们的崇高精神流芳百世，为世人所景仰。千百年来，渐渐被赋予神格，或成为辟邪消灾、保安纳福的神，或成为开启民智、规范行为的圣人，各地立祠庙祭祀。清远也不例外。如关公与岳飞,在清远成了民间崇敬的神,并多有水神色彩。

关公,三国时的蜀汉名将。以忠义立世,被尊为神,广受民间祭拜,岭南地区的家庭多有供奉。岳飞,北宋名将。以精忠报国传世,全国多地立有岳王庙祭拜,不少地方的庙宇供岳飞为主神。

飞霞风景名胜区有关公庙,连州的众多祠庙里,关帝庙最多,仅连州老城就有四座关帝庙。位于佛冈浈江门峡的佛冈大庙,便供奉着关公和岳飞。《重建佛冈大庙峡神祠记》(龚耿光):"佛冈大庙峡固吉河乡之一隅,峡中有滩极险,西达清远,为至省水路门户。峡之麓有庙,祀守土神,来行舟楫必祷而后行,涉险如夷。"庙里供奉着三位主神,一位白发长髯,一位金发紫须,一位红发短须,据传其中两位便是关公与岳飞。

关公、岳飞崇拜实为名将崇拜。名将神格化,源于民间对他们骁勇善战的崇拜,对他们精忠报国的敬仰,这是北江文化崇尚高尚美德,弘扬凛然正气的明证。

2. 曹主娘娘崇拜

民间崇拜的地区神,多由地方名人转化而来,清远与英德民间醮仪文化密切相关的曹主娘娘,就是一个突出的例子。

曹主娘娘本姓虞,真名不详。是麻寨寨主曹福之妻,始称虞夫人。英德麻寨虞湾村人,生于唐咸通二年(861年),死于乾符六年(879年)。据《韶州府志》及英德史志记载:她父母早亡,有兄长一人,从小受兄长的严格教育,为人善良,乐于助人,精通十八般武艺,性格刚强,有大丈夫气概。《英德县续志》载:"寨将夫人虞氏,邑之虞湾人。唐末黄巢破西衡州(州址在现英德浛洸),其夫为寨将,与贼战死。虞氏躬擐甲胄,率昆弟乡兵迎战,巢贼遂北,虞氏亦死。乡人徐志道等立庙祀之,号寨将夫人祠。"《广东新语卷八·女语》(清·屈大均)中记载的"五女将"就包括虞夫人:有曰虞氏者,英德之虞湾人。唐末,黄巢破西衡州,虞夫为寨将,与贼酣战而死……从史料记载,可以证实虞氏实为英勇善战的寨将夫人。879年,虞氏统领麻寨各乡村的武装力量,袭击贼匪,并与其他民团官军一起,将敌军赶出了浛洭。但虞氏却因伤势过重，不治而亡。虞氏不畏强暴，英勇善战，为保家卫土，英勇牺牲的高风亮节深得后人敬仰。《英德县志》载："西祠，即古寨将夫人庙。唐末徐志道建庙于麻寨冈，祀虞夫人，因号焉。"民间尊她"曹主娘娘"，赋予她避祸消灾、护佑平安的神职，英德、阳山、连州等地多立曹主娘娘庙以作祭祀。根据英德的水生态环境及水文化的需要，曹主娘娘的神职进一步扩大，继而转化为护佑船民的水神。"英德有两座庙表明了曹主娘娘的水神身份，一是大庙，据《英德县续志卷三六·坛庙》记载：'峡山庙，在县南六十里，面大河，谓之大庙，祀虞妃，道光辛丑年（1841年）重修。'庙建在危险江段的江边，其功用与目的与水有关无疑。一是江口庙，又称曹主娘娘姑嫂庙，位于英德南二十里外的连江口镇江口咀村背后的小山岗上，东临北江，南面向连江口，西临连江，北与浈山相接。庙里供奉曹主娘娘和她嫂嫂为主的神像。据民间传说，曹主娘娘得道成仙后，为了让嫂嫂能有栖身之处，便决定为嫂嫂找一块风水宝地。一天，曹主娘娘从连江的源头磨面石顺江而下，当来到连江与北江交汇处时，认为此地可管辖英（英德）、阳（阳山）、连（连州）三县水路，保百姓过往船只平安，随即将头笋往穴位一插，确定了位置。从此，她便用一部分法力与嫂嫂一起坐镇江口，船只过往均平安无事。由于处在北江与连江的交汇处，是两江船只的必经之地。因此，过往船只为求得平安，都虔诚祭拜。而来往于连江的船只祭拜尤甚。"③

曹主娘娘崇拜，实为保乡安民、勇于献身的张扬。

3. 盘瓠崇拜

民间信仰中对民族神崇拜，往往首先是对神话传说中民族始祖的崇拜，盘瓠崇拜就是著名的范例。

盘瓠传说是具有神圣的民族起源的信仰，是畲族、瑶族、苗族等先民的图腾崇拜，有共同的"氏族标记"。相传盘瓠（盘王）是瑶族、苗族和畲族人民共同的始祖，和汉文化中开天辟地的盘古同属一人，但不同的民族文化背景，盘古的神话传说各有版本。

据史料与传说推测：盘瓠部落是以犬为图腾的原始部落，盘瓠应是炎黄之后帝喾高辛氏时代,在周平王以蛮制蛮的政策下,帮助周楚征讨卢戎的英雄人物。盘瓠因助战有功,封土为王,与当时的最高统治者建立了或为姻亲等特殊关系,其部落也获免交赋税的待遇(故自称"莫瑶")。盘瓠部落也因此逐渐脱离了原属的古苗蛮集团,成为独立的民族。瑶族同胞对盘瓠始祖充满了崇敬之情,遂产生盘瓠(盘王)信仰,每到一地便立盘王庙祭祀,以各种形式演绎盘王的神话传说,歌颂盘王英勇杀敌、繁衍子孙的丰功伟绩。

瑶族的民族节日较多,最主要的是"盘王节",每年农历十月,瑶胞迎来了历尽辛劳喜获丰收的季节,也迎来了祭祀祖先的盛大节日——盘王节。大家穿着节日盛装,来到盘王庙前,在族老寨老的带领下祭祀盘王,唱盘王歌,跳长鼓舞,追念祖先的功德,歌颂祖先的奋斗精神,感谢盘王的庇佑,欢庆丰收。

清远是我省瑶族的主要聚居地,有着悠久、丰厚的瑶文化积淀,唐代连州刺史刘禹锡的《蛮子歌》、《莫徭歌》、《连州腊月观莫徭猎西山》等诗篇为我们留下了珍贵的史料。特殊的水环境,使清远的盘王也带有浓浓的水文化意味。据"佛冈的大庙峡,《佛冈厅志》记载:'先古称盘王庙。'据省考古专家李密考证,吉河洞先民以盘瑶为主。这里虽未明言盘王是水神,但从将庙建在水口来推断,盘瑶先民应在生活实际中,已赋予了盘王水中保护神的角色,只是这种角色,可能只是这里盘瑶先民的一种信仰。因为随着瑶民的迁徙,大庙的神在不断地发生变化,盘王逐渐被其他的神所代替"④。

盘瓠崇拜,实为英勇善战、勇敢开拓的张扬。

4. 宗祠文化

中华民族是世界上最有祖先崇拜传统的民族。宗祠又称宗庙、祖祠、祖厝、祠堂,是供奉祖先神主牌位、举行祭祖活动的场所,又是执行族规家法、商议家族大事、进行家族宣传、举办家族宴饮的地方,是宗族的象征。宗祠是中国传统文化的载体之一,发挥着敬祖敦族的功能。在中国传统的民族文化里,宗祠文化承载着植根于百姓骨髓的姓氏宗族文化传统。

清远地区遍布城镇乡野的宗祠大多保存完好,可见,几经风雨,宗族文化传统仍在延续。今天，宗祠文化剔除封建糟粕后，正发挥着助人寻根问祖、缅怀先祖，激励后人慎终追远、互相协作，提高中华民族凝聚力的积极作用。如，连州韶陂邓氏家族代有名宦。宋代名官连州邓氏先祖邓鲁，勤政为民，惠泽连州，深受连州人的感激，乡人立庙祭祀。正月二十，是邓鲁从朝廷受封连州太守后抵达任所的日子，邓氏族人为了追思祖德、激励后人，便在每年的这一天举行祭祀活动，渐渐地这一天成了连州大部分邓氏家族的盛大节日——"祀封节"，该节至今仍是连州盛大的宗族节日，发挥着积极的作用。

清远历史悠久，名人辈出，唐宋后清远又是朝廷流放"罪臣"之地，这些有才华的政客文人为清远的社会、文化、教育发展做出了杰出的贡献，人们立祠纪念，如连州韩公祠等，大大丰富了清远的宗祠文化。

三、多元共生 和谐共融

清远是广东省少数民族主要聚居地。有汉族、瑶族、壮族等40多个民族，少数民族人口20.22万人，占全省少数民族人口的45%，民族自治县在全省3个中占2个，民族乡7个中占3个，原生态的文化资源丰富多样，民族文化绚丽多姿。自古中原进入岭南的水、路交通要道贯穿全境，如，骑田岭秦汉古道、湟川水道等，因此清远是历代南下移民的首居地之一，又是著名的朝廷"罪臣"的贬谪之地，名人汇聚，人文荟萃，文化的多元性突出。清远水通江海，航运发达，会聚八方商旅，中原文化、海洋文化与广府文化、客家文化、潮汕文化、少数民族文化在此共生共荣，碰撞融合，交相辉映。民间信仰不但包容了来自东西南北的文化元素，还兼容了岭南三大民系与少数民族的信仰文化，各种崇拜又互相影响，互相渗透，是移民文化与土著文化多元共荣、传承创新的典型。民间接纳的神灵众多，仅英德一地的俗神除普遍崇拜的曹主娘娘外，还有盘古大王、二王、三王、圣母、土地、财神、关帝、雷神、八仙、禾花仙女、花公、花母、地藏王、妈祖、北帝、天帝等，表现出明显的多神崇拜，兼容并包，和谐共生的特性。

1. 诸神和谐

历史上，中国是一个多神崇拜的国度，从帝王将相到平民百姓，信奉着多种多样的神灵。清远的多神崇拜最突出的是诸神和谐，共生共荣。

或，诸神一庙。如，佛冈大庙，最早称盘王庙，后称三王庙、关帝庙、三娘庙。

或，众神聚会。如，天后宫原是妈祖的供奉场所，但往往除了妈祖外，还有土地、神农、关帝等出现的现象。

或，诸教诸庙同山。如，位于清远市区东北部的飞霞山风景区（又称：飞来峡风景区），道教第十九福地，是全国最大的"三教同山"、"三祖同殿"的宗教名山。景区包括全长9公里的北江飞来峡及南北禺山，古建筑主要有飞来寺、飞霞古洞、藏霞洞、孔圣庙、锦霞禅院等，建筑面积5万多平方米。还有长天塔、轩辕黄帝庙、关公庙、松峰亭、洗心飞瀑等多个景观。此山，可谓清远民间信仰之诸神和谐、北江文化之多元共生的有力明证。

2. 多元融会

清远地理位置优越，南连广州、佛山市，北接湖南省，东及东北和韶关市交界，西与湖南省、广西壮族自治区为邻，西南与肇庆市相接。东西南北的水、陆交通便利，自古是岭南与岭北、水路与陆路、河运与海运的交通枢纽地区。移民历史长，移民的批次多，移民源地复杂。民族多元，风俗多样。因此，清远民间信仰的多元融会直接反映在文化上，堪称北江文化的一个亮点。

如，连州保安的"抬大神"

每年的重阳节，连州市保安镇都举行大型的民间传统活动——"大神会"，当地俗称"抬大神"。其形式是由人戴面具扮演的"大神"、"高神"站立在"神架"上被人高高抬着，率众随从组成浩浩荡荡的赛神游队伍绕镇一周。"大神"穿龙袍坐龙椅、头顶神伞，由八个汉子抬着，前边有戴着青面獠牙面具的"判官"和"行者"开路，后边是香案、锦架、龙狮、八音、十样锦锣鼓和小童扮的故事人物——许仙和白素贞、杨宗保和穆桂英等。"高神"，即地方历代乡贤，如"高神"孟宾于，唐代保安人，苦学不倦曾任水部员外郎，颇有诗名。"高神"被四位汉子抬着，"高神"或数尊，或数十尊。乡民追随着赛神游队伍，热闹非凡，一派祥和气氛。

关于这种集祭祀与娱乐于一体的重阳习俗的来源，有多种传说，就其形式而言，应是一种傩祭活动，又是民间的傩戏演出，属于乡民在特定季节的一种接神驱鬼祈福的祭仪。据资料记载，汉代的京城有大型的傩祭活动。可见连州保安的"抬大神"不但有着多元的崇拜，还是中原文化与本土文化融会创新的产物。北江文化的多元融会，传承创新可见一斑。

3. 雅俗共荣

历史上的清远，人文进步，名人辈出。西汉中散大夫何丹，唐代两度为相的刘瞻，南唐诗人孟宾于，北宋年间同登进士第的陈铨和陈铸兄弟，明代兼理七县军务的武略将军莫朝玉，清代嘉庆监察御史郭仪长和郑士超，"精通方脉、确断生死"的名医陈廷佐，抗倭先锋台湾总兵吴光亮，清代末科榜眼朱汝珍等是本土的人杰。中土先后有一批著名政治家、骚人墨客驻足，留下灿烂的篇章。如，唐代丞相张九龄游清远峡山；文学家、哲学家刘禹锡任连州刺史；古文运动先驱、文学家韩愈任阳山县令；宋代大文豪苏东坡游英德南山和清远飞来寺；画家、书法家米芾任涪洭县尉；明代戏剧大师汤显祖隐居清远峡山并写出著名戏剧《还魂记》等。民间对这些影响深远的名人雅士甚为纪念，或立祠祭祀，或赋予神格植入民间传说中，使清远民间信仰文化增添了雅俗共荣的内涵。

民间信仰是传统文化的重要组成部分，有着深刻的文化内涵，其最深的文化内涵是所崇奉神灵的人格魅力，是民众所理解与推崇的道德人格。千百年来，信众持之以恒的崇拜，是在不断地进行自我的道德丰富与完善。透过清远民间信仰，我们感悟了北江民众的心灵与追求，领悟了北江文化的个性与魅力，那就是：水色浓郁、古朴浪漫、正气凛然、多元荟萃、传承创新。

注释

① 蔡佳倩：《北江两岸民俗：夏夜唱起禾楼歌　端午龙舟走亲戚》，载

《南方日报》2012年4月27日。

②《林氏迁徙传播妈祖文化》莆田新闻网 2009-12-28。

③王焰安：《北江流域水神崇拜的考察》，载《韶关学院学报》2009年第10期。

④同上。

（2013年4月20日于广州云台里，2013年5月20日发表于
"清远：北江文化论道"）

广府春节民俗推陈出新与新型春节文化构建

岭南自然条件优越，历史悠久，文化灿烂。自古有通海之便，是沟通内陆与海外经济、文化交流的窗口，易于接受外来文化。自先秦始，2000多年来，岭南一直是中原汉人移民的主要区域。随着岭南历史的发展与演变，岭南地区的汉族形成了以粤语为认同标志的广府民系、以闽语为认同标志的潮汕（福佬）民系和以客语为认同标志的的客家民系，通称三大民系。

广府民系是中原汉人南下移民最早与百越族融合的族群，分布区域广。广义的广府人，主要分布在广东、广西、香港、澳门以及海外。广府民系分布的主要区域，自古是岭南政治、经济、文化最发达的地区，其中心区域——珠江三角洲，是中国近现代思想的发源地。广府人沿江、滨海而居，对外贸易与文化交流长盛不衰，水文化发达,最早走向海洋,走向世界,是海外华侨华人最多的民系。广府文化以珠江三角洲文化最为典型,既以中原文化为本,也不乏古南越族文化的遗存,又受西方文化的影响。具有多元、多层次的构成因素,丰富多彩、平和浪漫、海洋文化特色鲜明,极具开创性,是岭南文化的优秀代表。广府民系的民俗具有独特深刻的成因,可谓多元并包、独具一格,新颖活泼、轻松浪漫。

民俗文化是民族文化的基本要素和重要构成,是地域文化的标志,是社会生活的反映。民俗的嬗变是社会嬗变的反映,春节民俗是岁时节令民俗的重要内容,分析广府春节民俗的推陈出新,对新型春节文化的构建不无裨益。

一、广府春节民俗的推陈出新

春节是中华民族最重要的传统节日,也是广府民系最重大的民俗节日。广府春节民俗与中原春节民俗一脉相承,又有鲜明的岭南地方特色,自成一格,既古老又新潮,随着社会环境的变化和发展不断嬗变。然而变的是形式,是思潮,是观念,基本活动的主题"祈丰接福"、"除旧布新"、"喜庆娱乐"是永恒的。近年来广府春节民俗踏着时代前进的节拍,推陈出新,令人感慨,发人深思。如:

1. "洗邋遢"(搞卫生)

广府地区传统的春节一般从腊月二十三至正月十五元宵节,正月初一前为筹备期,除夕和正月初一为高潮。粤语童谣有具体的描述:

廿三扫屋(粤语童谣)

廿三①扫屋,廿四磨谷,廿五洗头,廿六籴豆②,廿七蒸酒洗瓮,廿八整糍包粽,廿九刣鸡煮肉,初一③花花绿绿④。

(注:①廿三:腊月廿三。后廿四至廿九类推。②籴豆:买豆子。③初一:大年初一。④花花绿绿:以颜色借指大年初一的节日气氛。到处张灯结彩,人们衣着鲜艳,穿红戴绿,市面热闹非凡。)

这首童谣,简明地反映了农耕时期,广府地区欢庆春节的情况。广州有"年廿八,洗邋遢"的习俗,如今,已形成了良好的社会风尚。家家视春节前彻底搞卫生为大事,各级政府也把"讲卫生,树新风"当要事抓。

如,广州传统的迎春花市有一个"行规":除夕午夜,花农必须把售不出去的花砸烂,既不文明又破坏了环境卫生。2002年除夕,广州团市委等部门组织了6支"志愿者护花队",出动青年志愿者5000人次,在六大花市进行"2002年护花行动",动员花农捐赠了2000多株(盆)年花。自此,花农的砸花旧俗被主动捐赠年花的新风所取代。2013年2月7日腊月廿七,广州10区2市启动一场名为"清洁家园大行动"的清洁运动,为城市"洗邋遢",参与的市民,达到100万人。春节后继续开展了三大清洁行动,不但保持了广州节前、节后的市容环境卫生和公共秩序水平,更重要的是使"讲卫生"蔚然成风。

2. "行花街"(逛花市)

广府文化的中心地广州,鲜花四季常开,百姓有侍弄花草、插花赏花的嗜好。以鲜花布置环境,寄托美好的愿望,表达对美好生活的追求历史悠久。以售花为业的"花市"在广州历经千年。"薄暮津亭下,余花满客船"(张九龄对如今流花湖一带卖花小艇的吟诵),可见唐代的广州,鲜花买卖已成气候。现荔湾区的花地,宋代是海上丝绸之路的重要港口,随着外国船舶到来的洋花,大大丰富了广州的花卉品种,花地成了广州最重要的花卉种植基地,千年花城从此长盛不衰。清乾隆二十二年(1757年),广州一口通商后,花地的鲜花生产进入鼎盛期,"珠娘颜色比花妍,结队看花舣画船。一片笙歌花世界,从来花地即花天"([清]梦岩山人)便是花地"水上花市"的生动写照,可见广州花市文化水色浓郁。

"行花街,过新年",是广州延续100多年的传统习俗。"行花街"传统的寓意是"行好运"。男孩买桃花,求个"桃花运";女孩买吊钟花,寓意"吊起来卖"(矜贵、惜嫁之意)。如今,每年农历腊月二十八日至除夕午夜,全城分区设置多个花市。长街如锦,花如海,人如潮。男女老少,欢声笑语,春潮涌动。广州人春节"行花街"是买花、赏花,更是表达"行好运"的期望。

　　本土人是花痴，外地人也情迷。春节逛花市，以鲜花迎春的习俗广为人们接受。在政府的引导下，广州花事，一年盛于一年。迎春花市更多的是"新广州人"与外地人的身影。花街年年有，精彩岁岁新。改革开放30多年来，花的品种迅速增多，洋花与新培育的品种渐渐占了半壁江山。传统的"花街"大大小小，遍布全城，各式"花会"、"花展"争奇斗艳，文化内涵愈加丰富，形式不断推陈出新。"从今年开始，广州市将以传统的'广州迎春花市'为起点，逐步培育文化内涵和活动形式更加丰富多彩的迎春花市'节庆活动'，打造广州迎春花市文化名片，推进广州市世界文化名城建设。据统计，今年全市13个花市总档位约3600个，其中盆花和盆桔档近1000档，鲜花桃花档1200档，工艺品档1100档，其他近300档。"①可谓精彩纷呈。今年2月8日，腊月廿八，首届"广州水上花市"在荔枝湾景区开幕。一场以"千年花事，重回原点"为主题的晚会，勾勒出百年前西关水道繁忙的水上交易画面，再现了明清时期，西关"水面花船游走，岸上繁花似锦"的历史场景。置身其中，如梦如幻。今年广州春节期间虽遇寒潮，但花市仍人流成交双增长。"据广州市传统迎春花市办统计，昨日白天，全市13个传统花市的人流量继续增加，至下午6时，全日逛花市的市民已达到104.4万人次，比7日白天的85.3万人次增加近10万人次；成交额1324.3万元，与7日白天的625.4万元相比增加一倍有余。"②可谓盛况空前。

　　3. "团年饭"（除夕年夜饭）

　　每逢春节，游子归乡，与亲人团聚，除夕与家人共进年夜饭，是中华民族的传统，被视为人生大事。这种年的情结，是中华民族亲情、乡情、民族情的具体体现。

　　"除夕"，广府人称之为"年卅晚"。经过一周的忙碌，家家户户焕然一新，年货齐备，一家团聚，吃一顿丰盛的晚饭。慎终追远，怀乡念祖的广府人，"团年饭"前首先祭祖（拜祖宗）。"团年饭"的菜色讲究"意头"，如"发财就手"（发菜炖猪蹄）、"好事就来"（蚝炖猪肘子）、鱼（取"年年有余"意）等。随着社会的发展，近30年来，广府人的团年饭习俗经历了很大的变化：大鱼大肉地饱吃一顿——到酒楼阔绰订餐，与亲戚会聚——在家随意备酌，舒适就餐。如今人们不在乎团年饭的丰盛，只追求轻松适意。不少家庭或让酒家送餐，或吃火锅、包饺子、吃西餐等。充分反映了广府人多元并包、务实求新、随意平和的精神，也是物质生活丰富的反映。

4. "责年"（压岁）

"压岁"，广府人称为"责年"，其活动内容主要有两项：其一，各地都有的"压岁钱"习俗，广府人称为"利是"。其二，"果蔬责年"，可能是广府人的专利。即在"岁除"（农历最后的一天），买回数棵连根带叶的甘蔗（寓意：从头甜到尾，节节高）、生菜（寓意：生猛、生财）、芹菜（寓意：勤奋、勤劳）、葱（寓意：聪明）、蒜（寓意：谋划）、胡萝卜（粤语称"甘笋"，寓意：好，顶级），以红绳扎起，放在厅堂，待来年初二，"开年"后方食用。此二者，如今的演变耐人寻味。

广府人广义的"利是"，即红包，文化内涵是"吉利"，但凡吉庆事，都少不了它。过年的"利是"，则内容单一，就是给孩子以"吉利"，表达美好的祝愿。所以无须多花钱，取个"吉利"而已。改革开放前是一两角一封，现在普遍是一二十元一封，香港地区也多是一百或几十元港币一封。虽然前几年也受其他地区的影响，孩子们的"利是"成了家长的社交工具。但此景不长，几年就消失。原因有二：其一，给孩子的"利是"加上利益交易色彩，对孩子的教育不利。其二，广府文化商业性强，人们信奉"数还数，路还路"（项目要清晰，账目要分明，不可混为一谈）。但"压岁钱"这一习俗，在广州的嬗变很有新意：近年不少单位兴起大年初一"逗利是"活动，已婚职工向未婚的青年分发"利是"，年轻人回单位"逗利是"（讨红包），一个红包一两块钱，你追我逐，好不热闹。既有娱乐性，又联络了感情，何乐而不为。

"果蔬责年"，则深入人心。近年菜农们迎合这一习俗，培植了集生菜、芹菜、葱、蒜、胡萝卜于一盆的小盆栽，大受欢迎。

广府人对"压岁"民俗文化内涵的坚守、开拓与形式的创新，对新型春节文化构建启示良多。

5. "上头炷香"（上第一炷香）

大年初一，礼佛祈福，斋戒，是广府春节传统习俗。随着市场经济的发展，传统文化的回归，这一习俗恢复迅速，人们热衷于午夜赶往庙宇"上头炷香"。于是年初一，广府地区的传统宗教场所，人满为患，盛况空前。如，广州的三元宫、光孝寺、六榕寺、大佛寺、华林寺、黄大仙、天后宫、波罗庙以及佛山祖庙、德庆龙母庙等，香客云集，不少人"团年饭"后便到寺庙前守候，希望来年能"上头炷香"。可见祈福心之切，意之诚。每年此时，热门寺庙均要增加警力维持秩序。

这一广府习俗与"行花街"、"登高转运"等一样，广为人们接受，粉丝者众。其中外地人人数过半，年轻人往往也人数过半，相信其中虔诚的信徒寥寥，他们的目的明确——祈福，那就是对未来美好生活的憧憬和期盼。

广府春节民俗丰富多彩，传承与创新相得益彰。如，广为海内外广府人推崇的姓氏宗祠活动，革旧鼎新，对民系的联谊起着积极的作用；"登高赏花讨好彩头"，致除夕之夜的广州白云山，人头攒动，云台路交通拥堵；越秀公园灯展人气高涨，越秀山头人面彩灯相映红；元宵节的沙湾"飘色"，精彩绝伦，水色迷人。后现代社会的到来，移风易俗的脚步在加快。如，新春假期举家外出旅游，使出国游、港澳台旅游、自驾车游火爆。赶庙会的、"打鱼爬山"的、泡图书馆的不在少数。有的甚至喜欢"错峰过节"（节日加班，节后补休），更有年轻人积极参加"送温暖"、"收集年花"、"宣传卫生"等慈善公益活动，真乃春风扑面，暖人间。

二、广府春节民俗推陈出新的文化内涵

民俗文化源于生活，反映生活，又高于生活，它是地方文化的根基，是民众情感的寄托、理想的追求、价值的取向。广府民俗最大的特色是：水色浓郁、古朴浪漫，崇德尊祖、凛然正气，多元共生、和谐共融。从广府春节民俗的推陈出新，我们不难悟出其深刻的文化内涵。

1. 广府春节民俗的推陈出新是人类生存条件变化的反映

广府民系是广东最大的民系,又是移民历史最长、移民源头最多、分布面积最广、与原住民融会最早的民系。长期的多元文化碰撞,培育了色彩斑斓的广府文化,也就有丰富多彩的春节民俗,可谓"一度乡村,一度例"(一个地方,一种俗规)。然而各地春节民俗的主题、形式,大同小异,明显可见根在中原,只是因移民的源头、居民的构成不同,生活的环境不同而发生变化。如,舞龙(有彩龙、人龙、火龙)、舞狮、各种民间崇拜活动(宗祠祭祀、拜观音、拜关公、拜岳飞、拜龙母、拜天后等),也因人们生存条件的变化而不断地革故鼎新。

随着自然条件与社会条件的发展变化,人们的价值观念、思维方式、文化理念、生活方式、理想追求不断地变化,以适应生存条件变化的需要。可以说,保留下来的春节民俗,是社会淘汰的结果,是自然条件与社会条件变化发展的必然。

2. 广府春节民俗的推陈出新是人类对美好未来的期盼

广府春节民俗的推陈出新,从未偏离"祈丰接福"、"除旧布新"、"喜庆娱乐"的主题,饱含着民众对未来美好的热切期盼。如,"行花街"、"上头炷香"、"登高转运"等。大年夜儿童的"卖懒"更直白,既是形式活泼的品德教育活动,又是人们对美好未来的期盼。

卖懒二首(粤语童谣)

(一)

卖懒,卖懒①,卖到年卅晚②,人懒我唔懒。

(二)

卖懒,卖懒,卖到年卅晚;卖穷,卖穷③,卖畀猪婆龙;卖衰,卖衰④,卖畀大头龟。

（注：①卖懒：卖掉身上的懒根。②年卅晚：大年三十，除夕。③卖穷：卖掉身上的穷困。④卖衰：卖掉身上的霉气。）

这两首童谣，是"卖懒"习俗的歌谣，吟唱的是广府地区民间的一种春节习俗：儿童在除夕迎春接福，唱此儿歌，把"懒、穷、衰"三劣根卖掉，以求大吉大利，反映了人们对美好未来的期盼。这两首童谣既是风俗歌也是劝谕歌，教育儿童明辨是非，去恶扬善，培养勤劳的美德，对生活充满希望，对美好生活奋勇追求。

广府传统的春节民俗源于久远的农耕社会，进入后现代社会的当代人，对"祈丰接福"、"除旧布新"、"喜庆娱乐"的认识、理解不同，活动方式不同，民俗活动内容及形式在嬗变的过程中推陈出新是必然的。如，宗祠活动以祭祖联谊为主，封建的糟粕被剔除；"团年饭"以轻松愉快为主，不拘形式，不求排场；年轻人的春节活动更自我，自驾车游、赶庙会、"错峰过节"、参加公益活动等日渐成风，极具时代色彩，但活动的主题不变，只是人们对美好的认识、理解与追求发生了变化而已。

3. 广府春节民俗的推陈出新是人类美德的传扬

春节是中华民族最重要的传统节日。一年之计在于春，春节民俗活动，承载着人们对来年的希望与追求，是人们精神世界的外化，通过解读春节民俗活动，我们可以解读民间的精神追求。广府春节民俗的推陈出新，使我们看到了广府人的精神世界，那就是对人类美德的追求与弘扬。

如，迎春祭祀中的祖先崇拜、英雄崇拜，各种娱乐活动中的龙凤崇拜等民间信仰活动，是广泛存在民间的自发性的感情寄托和崇拜活动，它既保留了原始社会先民们对未知世界的敬畏和祈许，更反映了民间的现实需求和期盼，有着强烈的世俗性和功利性。多有求生存、保平安、祈健康、消灾难等具体目的，充分体现了人们的奋斗目标、精神风貌、生活理念和理想追求。其中神化始祖先贤与英雄人物，便是满足民众这一需求的形式之一。广府地区的民间信仰，相当一部分是英雄崇拜与祖先崇拜，这些人神崇拜，传递了劝人敬畏、感恩、有度、为公、为忠、为善、为孝、惩恶等信息，可谓凛然正气矣。民族始祖是氏族发源的根本，氏族始祖是家族之源，始祖先贤的崇高精神道德是家族兴旺、民族繁荣的精神支柱。所以，氏族成员对始祖充满了崇敬之情。崇德尊祖是中华民族源远流长的精神财富，立祠庙以各种活动祭祀始祖先贤，是中国传统民间信仰的重要组成部分，表达的是人们对人类美德的追求。

"洗邋遢"、"果蔬贺年"、"行花街"等民俗的推陈出新，弘扬的是中华民族勤劳节俭、求美向善的美德，就更直接明确了。

4. 广府春节民俗的推陈出新是多元文化融合的必然

广府春节民俗的推陈出新，文化多元兼容功不可没。如，饱含中西文化交融的"中国圣诞树"——大形盆橘就是典型。广府人春节家家必摆金橘，取其谐音，求来年大吉。传统的金橘乃小盆栽，放于几案。如今的盆橘品种扩至四季橘、朱砂橘等，家家户户买回家后，无论大小，均满树挂上"利是封"，很有"圣诞树"的韵味。至于那些高至数米的大盆橘，满挂"利是封"后，更俨然一棵"圣诞树"了。

中西合璧、多元融汇的精神与内涵在各种文化、娱乐、餐饮等节庆活动中随处显现。它昭示着：广府民系多元文化碰撞中心地的生活环境，兼容并包、勇于开拓的精神，深深影响着春节民俗的推陈出新。

三、新型春节文化的构建

春节文化是民俗文化，与百姓的物质生活、精神生活密切相关。同样，构建新型的春节文化，要从物质与精神两个层面着手。

1. 发展经济，改善民生

经济是基础，文化是上层建筑。衣食足而知礼仪，要构建新型的春节文化，前提是有新型的物质环境。如近30多年来广府人"团年饭"的变化：求温饱——讲丰盛——求轻松。三种类型实乃广府地区30多年的经济发展，生活从温饱型向小康型转变的必然反映。丰富的物质生活是丰富的精神生活的基础。经济发展了，民生得以改善，健康向上的新型春节文化的构建便有了坚实的基础。

2. 珍惜传统，增强自信

春节民俗，历史悠久，是中华民族的宝贵文化遗产，扎根于百姓的生活中。新型春节文化的构建，必然伴随着汰旧立新。在此过程中，必须珍惜传统，有高度的文化自信和鉴别力，才能去粗存精，去伪存真，推陈出新。

如，广受欢迎的广府春节民俗"上头炷香"、"迎春祭祀"、"赶庙会"等，均为民间信仰活动的嬗变，是以高度的文化自信，对传统推陈出新的成果。

民间信仰是民众在长期的历史进程中，因情感寄托、崇拜而自发产生的神灵崇拜观念、行为习惯以及与此相应的仪式制度。民间信仰与当地的自然环境、人文环境关系密切，地方色彩浓郁，草根性强，是一种原生态的乡土文化，具有悠久的历史渊源和深厚的民众基础，比宗教具有更悠久的历史和更广泛的社会基础，是传统文化的重要组成部分。民间信仰的诸神，均具有祈福消灾的实用功能，是一个地区民众的生存状态、历史渊源、世俗风情、生活期盼、生命追求的真实反映。民间崇拜的人神，既有民族神，也有地区神。如，关公成了市场经济发达的广府地区普遍崇拜的神，是"信、义"的象征，因为"信、义"被广府人视为商业美德。又如，宗祠文化。宗祠是中国传统文化的载体之一，发挥着敬祖敦族的功能。在中国传统的民族文化里，宗祠文化承载着植根于百姓骨髓的姓氏宗族文化传统，而慎终追远、爱国爱乡是广府人的优良传统。

民间信仰有着深刻的文化内涵，其最深的文化内涵是所崇奉神灵的人格魅力，是民众所理解与推崇的道德人格。千百年来，信众持之以恒的崇拜，是在不断地进行自我的道德丰富与完善。对待民间信仰活动，必须珍惜传统，有文化自信，在宽松的环境里，加以引导，取其精华、去其糟粕，使之发挥正能量。

3. 加强引导，增进交流

开放的环境，多元文化的碰撞，是新文化产生的条件。广府春节民俗文化丰富多彩、自成一格、古老而年轻，与其形成地自古是岭南政治、经济、文化中心、南方翻译佛教经典与传播佛教思想的中心、对外贸易的中心等开放的社会环境相关，与千百年来便多元文化碰撞、杂交相关。

民俗文化，群众性强，要构建新型的春节民俗文化，就要全民行动，上下结合，多方参与。如民众的组织、专家的指引、相关方的参与等，必须有政府的引导、协调和推动。经济与文化的关系，是相辅相成的关系，要发挥这组关系的积极作用，政府加强引导尤为重要。"打造广州迎春花市文化名片"系列活动就是成功的范例。

可见，加强政府的引导，增进交流，博采众长，是广府春节民俗推陈出新的重要保证，它给新型春节文化构建以深刻的启示。

注释

①谭超、陈军梅、叶华新：《 广州迎春花市首日迎客236万》，载《羊城晚报》 2013年2月9日。

②谭超、陈军梅、叶华新：《气温虽急转直下 花街仍人气飙升》，载《羊城晚报》 2013年2月9日。

（2013年12月7日于广州云台里，2013年12月30日发表于中央文史馆、国务院参事室主办的"第四届春节文化论坛"）

海上丝绸之路与岭南宗教信仰

岭南一带，古为"百越"地（《吕氏春秋》称"百越"，《史记》称"南越"，《汉书》称"南粤"），其中心地为今广东省。广东省地处中国大陆最南端，北依五岭，南滨南海，自然条件优越，自古有通海之便。全省沿海共有面积500平方米以上的岛屿759个，数量仅次于浙江、福建两省，居全国第三位。另有明礁和干出礁1631个，全省大陆岸线长3368.1公里，居全国第一位。根据《联合国海洋公约》关于领海、大陆架及专属经济区归沿岸国家管辖的规定，全省海域总面积41.9万平方公里。

海洋是世界经济、文化交流的平台，也是世界经济、文化融合的平台。人类文明的进程：文艺复兴——科学发现——启蒙运动——商业革命——工业革命——知识革命，无一能离开海洋。海洋文化的发展是人类文明发展的重要组成部分，海洋文化孕育了近现代化，是开放性的世界文化。2000多年的"海上丝绸之路"文化积淀，使广东成为中华海洋文化的富矿和重要发祥地。加强"海上丝绸之路"文化的综合研究、开发，将使我们开阔视野，认识自我，增强自信，进一步了解历史，把握社会的发展规律，进而准确地把握发展机遇，创造辉煌。无疑，这将对岭南社会、经济、思想、文化、宗教等领域的研究与发展意义深远。

宗教是人类社会古老而普遍的社会文化现象，是构成岭南文化的重要组成部分，其发展离不开社会经济的发展，其传播的重要途径自然离不开海洋，在岭南尤其如此。传统的岭南文化大体包含广东文化、桂系文化和海南文化三大部分。今天的岭南文化以广东三大民系文化为主体，以广府文化为代表。宗教传播是世界文化史的重要现象，历史久远的"海上丝绸之路"，对宗教的传播举足轻重。广东的宗教发展史，昭示着："海上丝绸之路"也是"宗教信仰传播之路"。

岭南宗教概况

先秦的岭南为百越地，民族成分复杂多样，南越族为广东的土著，他们在岭南独特的生活环境中，形成了独特的原始宗教观念，如，图腾崇拜、自然崇拜等。千百年来，岭南一直是中原汉人移民的主要区域。中原汉人南下岭南的移民批次多，移民源头多，移民途径复杂，分布区域广，因而信仰、风俗各异。今天的广东，是56个民族成分齐全的省份。"2011年，汉族人口占全省总人口的97.46%。少数民族人口307万人。"[1]历经2000多年的"海上丝绸之路"，是岭南社会、经济、文化发展之路。岭南自汉代始，海上交通与商贸非常发达，广州自古是中国重要的对外通商口岸。随着频繁的中外经贸活动，包括外来宗教的海外文化最早传入岭南，继而向全国传播。岭南地区是全国外来宗教势力最为强盛的地区之一，也是外来宗教传入中国的第一站，更是中外宗教文化交流的重要桥梁。岭南宗教的传播在中国宗教史上占有重要的地位。

历史上，佛教、道教、伊斯兰教、天主教、基督教先后传入岭南。其中道教和佛教更为广大民众所接受。除道教自北向南传入广东外，佛教、伊斯兰教、基督教、天主教皆自海路在广东登陆，而后传入中国各地。现在广东佛教、道教、伊斯兰教、天主教和基督教，五大宗教齐全。"至2011年底，全省宗教徒270万人，其中佛教徒150万人，道教徒34万人，穆斯林12万人，天主教徒27万人，基督教徒47万人；全省宗教活动场所2856处，宗教教职人员9161人，其中，佛教僧尼7199人，道教乾道、坤道743人，伊斯兰教阿訇17人，天主教主教、神甫、修女190人，基督教牧师、教师、长老、传道1012人。"②

外来宗教多从海路进入中国，首选登陆地自是"海上丝绸之路"的始发港、岭南文化的中心——广州。从汉代开始，广东海上交通就十分发达，广州一直是中国最重要的对外通商口岸之一，更是宗教传播的登陆地和中心地。即使是明清海禁时期，广州仍保留着"一口通商"的特殊地位。这就使包括宗教在内的外国文化多从此进入中国大陆。

广州宗教历史源远流长，宗教文化底蕴深厚，佛教、道教、伊斯兰教、天主教、基督教五大宗教俱齐。佛教于255年传入；道教于306年传入；伊斯兰教于唐初传入；天主教和基督教分别在明末、清初传入。"至2011年末，广州市依法登记开放的宗教活动场所有72处（其中佛教22处、道教7处、伊斯兰教4处、天主教6处、基督教33处），外国人进行宗教活动的临时地点1处。最为特别的是在广州旧中轴线上分布了五大宗教近10间重点寺观教堂，勾勒出宗教文化与广州历史文化相互交融的独特人文景观，增添了广州历史文化名城的风采。2011年，广州市有信教群众36.22万人，宗教教职人员（包括和尚、尼姑、道士、阿訇、牧师、主教、神父、修女等）430人。"③

"海上丝绸之路"与岭南宗教的传播

19世纪普鲁士地理学家、近代地貌学创始人李希霍芬在《中国亲程旅行记》中，首次提出了"丝绸之路"这一概念。随后法国汉学家沙畹在《西突厥史料》中指出："丝路有陆、海二道，北道出康居，南道为通印度诸港之海道"，于是有了"海上丝绸之路"这一提法。中国的古籍对"海上丝绸之路"多有描述，并认定"'海上丝绸之路'的航程为：东起朝鲜、日本，西至东非和地中海东岸，印度半岛为整个航程的重要中转地"④，如《汉书·地理志》、《后汉书·西域传》、《梁书·海南诸国传》等均有记载。其中《汉书·地理志》的记叙是我国与东南亚海上交通的最早记录。《汉书·地理志》对"海上丝绸之路"航线作了详细描述：从广东雷州半岛出发——印度支那半岛——马六甲海峡——马来半岛——印度南部等。1955年，季羡林在《中国蚕丝输入印度的初步研究》一书的论述中，首次引用了《汉书·地理志》的记载。

中国有7000多年的海洋文化史，海洋文化的核心是航海技术与造船能力。我国早期的航海是由夷越二族实现的。居住在南海之滨的南越先民早在新石器时代，就已使用平底小舟，从事海上渔业生产。先秦时期，岭南的海上活动为"海上丝绸之路"的形成奠定了基础。秦与南越国时期，依赖于航运的商业贸易活动顺畅。

中国的东岸，夏、冬两季有季风助航，增加了由海路通往欧陆的方便性。古代的中国已利用此自然条件，进行对外交流，尤其是中国东南沿海地区，更得其便。形成于秦汉时期的"海上丝绸之路"是"陆上丝绸之路"的延伸。公元前，中国已有东海与南海两条输出丝绸的航线。据史料记载：

1. 东海航线 公元前112年周武王封箕子于朝鲜，箕子在朝鲜"教其民田蚕织作"。199年，秦始皇第十一世孙从朝鲜的百济向日本传播中国的蚕种。469年中国派女工到日本传授丝织、裁缝技艺，大大促进了日本丝织业的发展。

2. 南海航线 汉武帝（前140—前87年），中国商船从雷州半岛起航途经今越南、泰国、马来半岛、缅甸等国，远航到印度的黄支国（今印度康契普拉姆Kancipuram），以丝绸、黄金换特产，再从今斯里兰卡经新加坡返航。中国丝绸通过缅甸又传到欧洲，成为深受世界青睐的商品，丝绸贸易长盛不衰。可见，南海航线早于公元前就是著名的"海上丝绸之路"。

从中国出发，向西航行的南海航线，是"海上丝绸之路"的主线。大量的史料及考古证明，"海上丝绸之路"的主要发祥地和中心港在广东，徐闻、合浦是最早的始发港，番禺（广州）则是2000多年长盛不衰的第一中心大港。南澳、义安（潮州）、甲子门（陆丰）、澳门、屯门（香港）、赤湾（深圳）等南海沿岸的众多古港，记录了广东"海上丝绸之路"千年不衰的辉煌。

"海上丝绸之路"是岭南与世界交流的桥梁，是海外文化进入中国的重要通道。积淀深厚的"海上丝绸之路"文化成了岭南文化的重要源头，这一源头，深深地影响着岭南宗教的传播与发展。

1. 道教 是中国土生土长的宗教，创立于东汉末年，魏晋期间逐渐传入粤地。广东道教有全真道和正一道两个宗派。西晋光熙元年（306年），道教理论家葛洪因避战乱南来广州从事道学研究和修炼，后转往罗浮山从事炼丹、著述、传道，使道教在岭南绵延流传。罗浮山成为全国道教十大洞天中的第七洞天。道教植根于中华传统文化，比起岭南流传的其他宗教，更容易被广大民众所接受，更符合民众的文化心理，因此，道教对岭南的其他宗教产生了广泛、深刻的影响。如，佛教的中国化离不开道教的身影，岭南的民间信仰，更少不了道教的基因。

2. 佛教 源于古印度，两汉时期从西域传入中国。是唯一中国化了的外来宗教。印度佛教传入中国内地有两条路线：一条是陆路，经中亚细亚传入我国新疆地区，再深入内地。一条是海路，即沿南海航线到达广州，传入我国内地。可见，"海上丝绸之路"是佛教重要的传播之路。

广东佛教有禅宗、净土宗、律宗和密宗多个宗派，其中禅宗信奉者众。佛教与基督教、伊斯兰教合称世界三大宗教。佛教与儒家、道家（含道教）并称中国传统文化的"三教"。无论在岭南还是在中国，佛教都是信众最多，对思想文化影响最深远的宗教之一。岭南的佛教历史久远，汉代的广州已是"海上丝绸之路"的始发港和抵达港，三国东吴起陆续有外国僧人随海上舶船到广州传教、译经、建寺。目前所发现的资料记载：最早传入广东的佛经是：三国吴五凤二年（255年），西域人支彊梁接在广州译出的《法华三昧经》。传播中最具影响力的是梁大通元年（527年），一说为梁普通七年（526年），印度禅宗二十八祖、中国佛教禅宗初祖菩提达摩（Bodhidharma）乘船自海路抵广州，在今广州市荔湾区下九路北侧西来正街一带的"西来初地"登岸，驻锡王园寺（今光孝寺），传播佛教禅宗。达摩一脉传至禅宗六祖惠能，佛教完成了中国化。六祖惠能大师乃广东新兴人，是中国禅宗实际意义的创始人。他24岁得五祖秘传衣钵，约15年后，在广州法性寺（后名光孝寺）正式剃度出家，次年驻锡韶关曲江曹溪宝林寺（后名南华寺）长达37年，开创南宗禅，倡顿悟法门，对佛教进行了全面的改革，为佛教中国化做出了杰出的贡献。惠能大师圆寂后，其弟子将他在韶州开元寺（后更名为大梵寺）讲经的纪录汇编而成的《坛经》，成为中国佛教僧侣著作中唯一被尊为"经"的典籍，惠能大师所创的南宗禅成为中国佛教禅宗的主流。并先后传入朝鲜、日本，成为该国的佛教主流，继而自东亚传至东南亚和欧美等国，对东亚佛教及世界佛教产生了深刻的影响。韶关曲江曹溪南华寺，成为名扬世界的"南禅祖庭"。

广东的佛教发展源远流长。汉时，岭南属交州，主要的政治、经济、文化中心在交趾与苍梧，佛教的传入也首先见之于交趾与苍梧。罗香林在《世界史上广东学术源流与发展》一文中指出："东汉时代，印度的佛教，以至海外各国的文化，亦多自越南河内以及广东的徐闻、合浦与番禺等港口传入。"在此背景下，东汉末年广信人牟子既是"佛教"之名的首创者，又是融儒、佛、道"三教合流"的首创者。他的《理惑论》是中国第一部佛学专著，在这部著作里，牟子"介绍了释迦牟尼成佛的经过；追溯佛教在中国初传的情况；借用中国人熟悉的老子思想，论证佛法的正确；利用儒家名物典故，阐述佛教教义，挪揄道教和神仙家，论证释迦牟尼及佛教一尊的地位"⑤，提出了"儒佛为一"说，成为佛教中国化的先声。三国时期深受吴国君臣器重的康僧会也出自交趾。东汉献帝建安十五年（210年）后，交州州治移番禺（今广州），岭南的政治、经济、文化中心重回番禺，为日后番禺成为南方佛教的翻译、传播中心创造了条件。

在中国，佛教的传播是与佛教的经典译介同步进行的。广州是佛教最早传播地之一，也是佛教经典翻译最早的中心地之一。中国佛教史上第一个佛经翻译家安世高就是于东汉建和元年（147年）由海路到广州登岸的。东吴以后，外国僧人由海路来广州传经、译经，络绎不绝。西晋以后，受海外佛教文化的影响，岭南地区陆续兴建佛寺，广州佛教发展迅速，寺院林立，不断有印度或西域僧人来广州译经、传道，留下了不少佛教文化的名胜古迹，如三归寺、王仁寺、"西来初地"等，开始出现有名望的高僧。南朝时的广州是六朝大都会，随着海上贸易的繁盛，外国僧众搭乘海外商舶到广州传播佛教、译经弘法的更多。初祖达摩，也是南朝时从印度东渡中国，在广州的"西来初地"登陆的。

隋唐佛教发展进入创新与繁荣的新阶段——成熟与繁荣期。在隋代佛教复兴的基础上，唐代佛教达到了中国佛教的顶峰，与儒、道一起形成了三足鼎立的新格局。梁启超先生在《论中国学术思想变迁之大势》一文中，称唐朝为"佛学时代"，可见唐代佛学在中国学术的重要地位。唐代的岭南，对宗教采取了兼收并蓄的态度，使外来宗教迅速被接受并地方化。此时佛教在岭南进入了兴盛期，传播广泛，深入民间，在岭南文化中占据重要的地位。广州更是中外佛教文化交流的中心，这使岭南文化具有了较浓的儒、佛、道三者融汇的色彩。禅宗大师六祖惠能以及《坛经》的诞生，标志着岭南佛教的成熟，更彰显着岭南文化的创新魅力。

由于佛教的诞生地印度与中国国情相似，同是以农耕为主的国度，民族文化心理性格十分接近，所以佛教易为中国民众所理解、接纳。如，佛教理论中的"因果报应"、"生死轮回"，适应了岭南人崇鬼尚神的心理追求。因此，岭南民众信仰佛教十分普遍。

3. **伊斯兰教**　源于亚洲西南部的阿拉伯半岛。历史上曾称为"回教"或"天方教"。广东伊斯兰教属逊尼派。自唐初期间，萨阿德·宾·艾比·宛葛素前来中国传播伊斯兰教，首先传入广州，并在前来经商的阿拉伯商人及在旅居广州的外国侨民中流传。隋末唐初，广州是中国对外通商的主要港口之一。

唐宋两代，是"海上丝绸之路"的鼎盛期，广州是著名的世界大港，往来于广州和阿拉伯、波斯等国的商旅云集。阿拉伯、波斯等国的穆斯林商人信仰伊斯兰教，他们从海路到广州经商，因往返受季风的影响，每年有数月常住"蕃坊"——今天广州的光塔路一带，并建立清真寺，使当时广州的伊斯兰教之盛居全国之冠。始建于唐的广州怀圣寺和广州清真先贤古墓是闻名中外的历史见证。

元代以后，国内其他地方同一信仰的穆斯林大批南下广东，大多定居广州，此后，他们共同凝聚演变为广东的回族群体。因文化背景、教徒所遵行的生活习惯与岭南人差异大，所以伊斯兰教在广东的传播、影响有限，但是穆斯林把伊斯兰文化引入中国，又把中国的文化和四大发明带到阿拉伯，传播到西方，对中西文化的交流起了不可替代的作用。

4. 基督宗教（天主教、基督教、东正教）　基督宗教是现在世界上传播最广、信徒最多的宗教。创始人是耶稣（Jesus）。1世纪中叶，基督宗教产生于西亚的巴勒斯坦地区，135年从犹太教中分裂出来成为独立的宗教。基督宗教也称"基督教"，共分为天主教、新教（中国俗称"基督教"）和东正教三大派别。天主教与基督教于晚明和清代相继传入广东。

天主教，早期在欧洲罗马等国流传。曾于唐代贞观年间和元明两代三次传入中国。明嘉靖三十年（1551年）、三十一年（1552年），耶稣会西班牙传教士方济各·沙勿略（Francisco Jarvier）曾两次抵广东台山上川岛传教，因海禁，无法进入内地，后病死于台山上川岛。天主教成功在中国传播则是始于第三次：明万历十一年（1583年），第一个在中国传播天主教的教士——意大利神父利玛窦（Matteo Ricci）与会士罗明坚（Micb aele Ruggieri），他们以澳门为基地，首先进入肇庆、韶关等地传教，然后经过努力，再北上传教。利玛窦是天主教在中国传教的开创者之一，他一方面用"中国化"的方法传播天主教，另一方面以传播西方的文化艺术和学科技术来吸引受众，同时又积极把中国的儒文化传播到西方，被称为"沟通中西文化第一人"。

鸦片战争是中国近代史的开端，《南京条约》等一系列不平等条约的签订,使中国社会发生了根本性的变化。领土主权遭破坏,自给自足的自然经济被解体,逐渐成为世界资本主义的商品市场和原料供应地,中国从此沦为半封建半殖民地社会。鸦片战争是中国社会的转折点,也是中国对外贸易的转折点,更是外来宗教在华传播的转折点。鸦片战争后,清道光皇帝于道光二十四年(1844年)被迫对天主教放禁,传教士成批进入广州等地。天主教在岭南地区得到较为广泛的传播,并拥有相当数量的信徒,继而通过岭南向中国北方地区广为传播。

基督教,在中国特指16世纪从天主教分化出来的新教。早期的传教士——英国伦敦会传教士马礼逊(Robert Morrison),于清嘉庆十二年(1807年),经澳门进入广州传教,并译《圣经》、编纂第一部《英华字典》;美国公理会传教士裨治文(Elijah Coleman Bridgman),于清道光十年(1830年),进入广州传教,但成效甚微。鸦片战争后,清政府被迫放禁。基督教以香港为基地,在香港、广州公开传教,广东成为基督教在中国传播的第一个省份,后逐渐北上,在北方地区扩展。"清代及民国时期,广东的天主教、基督教势力,与河北、山东、上海等地同居于全国的前列,而基督教教派之多,更是他省无法相比。其中信义宗,广东的信徒人数居全国之首;浸礼宗,占全国信徒的六分之一;未分宗派的各教会,教徒人数以广东最多。"⑥

岭南与海外交往历史悠久,对外交往意识强烈,对外来文化承受能力较强。广东近代是西方文化的登陆地,西方宗教的首要传播地。明代中期和清代中前期,天主教和基督教在中国的传播受到朝廷的禁止,但在岭南的传播仍得到曲折的发展,广东的天主教和基督教的传播较国内其他地区广泛,信众也较多。如,民国初年的广东政府高级官员中,基督教信众比例相当大,民众的基督教徒或天主教徒也较多。但因天主教和基督教的文化背景与中华文化差异大,民众对天主教和基督教的宗教理论的理解与心理认同有较大的障碍,所以天主教和基督教在广东的传播与影响远不及道教与佛教。但是,天主教和基督教为了输出教义,以办学、行医、办慈善为手段,客观上促进了中国现代教育、医疗卫生事业与慈善事业的发展。

鸦片战争后，天主教和基督教凭借《天津条约》等不平等条约的保护，伴随着西方列强近代资本的原始积累和海外掠夺在中国大规模传播，与各地官民发生了尖锐的矛盾冲突，造成一系列教案。岭南地区发生教案的数量，居全国前列，反基督教运动成了反西方列强的侵略活动的组成部分。如，民国期间，以广州"沙基惨案"为导火索，以广州为中心的反基督教运动，矛头直指西方列强的侵略。

近现代的岭南成了最早睁开眼睛看世界的地方，是新思想、新文化的登陆地。这一时期天主教、基督教首先在岭南登陆，继而北上。鸦片战争至辛亥革命，岭南新思潮风起云涌，诞生了康有为、梁启超等维新图强的领袖与孙中山等伟大的革命家，岭南成了近代思想、政治、文化革命的策源地。鸦片战争后，天主教、基督教依仗坚船利炮与不平等条约在中国大规模传播，在岭南传播最盛。随着以反对西方列强侵略为目的的反基督教运动在全国兴起，天主教和基督教进入了曲折的发展阶段，这充分体现了岭南文化的批判精神以及岭南宗教信仰文化的自信。

大体而言，岭南民众的宗教信仰大多是基于现实生活的观念，是以自己现实的生活观念来理解和接受宗教。民间不分道释乱拜神，民众大多把佛教的观音大士和道教的诸神作为神通广大的万能神来供奉、拜祭，祈求得到神的保佑，以达求生存、保平安、祈健康、消灾难等具体目的，或为在苦难中寻求精神寄托。这种观念深深地根植于民众的心理之中。这种现实生活观念同样反映在对宗教信仰的选择上。对于道教，人们更多倾向于选择以行符箓为主，道士以为民众做斋醮祈禳为业，迎合岭南人崇尚鬼神的心理的正一道。对于佛教，大多数岭南人选择了佛教教义和修行程序简易，又符合岭南人开放务实个性的禅宗。如，广州老城可谓"寺隐于市、市寺包覆、市寺合璧、寺市相依"，居民生活空间与宗教空间紧密相连，宗教与生活相容。尽管广州市民的宗教信仰多样，但很少人是为了抽象的宗教理论目的信教，大多是为了现实的生活追求。信佛的，未必想凤凰涅槃；信道的，未必想飞升成仙。他们信奉诸神，顶礼膜拜，往往是为了解决现实生活中无法解决的难题，或为了对人世间现实生活的理想追求，或欲排解现实生活中的烦恼而希冀享受超脱现实的宁静，岭南宗教信仰文化务实的特质可见一斑。

"海上丝绸之路"的悠久历史，对广东海内外市场网络的扩大，工、农、商、交通、经济、教育、文化的发展，中西文化的交流都起到了积极的作用。近现代岭南文化以中西融汇、开拓创新的特质独领风骚，当代则以开拓创新的特质领潮争先。广东开放、务实、多元、兼容的海洋特质文化的哺育、发达的外贸业及华侨的反哺，造就了广东人"敢为天下先"的品格，培养了公平竞争的商业精神，锤炼了平和豁达的心态，孕育了海阔天空的胸襟。在这种文化背景下，多元和谐、诸神共处的岭南宗教景观并不少见。如，广州市旧中轴线上分布了五大宗教近10间重点寺观教堂：佛教的光孝寺、六榕寺、大佛寺，道教的仁威庙、应元宫、三元宫，天主教的圣心教堂，基督教的锡安堂，伊斯兰教的怀圣寺光塔、壕畔街清真先贤古墓等，是岭南宗教文化多元和谐的真实写照；位于清远市区东北部的飞霞山风景区（又称：飞来峡风景区），道教第十九福地，是全国最大的"三教同山"、"三祖同殿"的宗教名山。景区包括全长9公里的北江飞来峡及南北禺山，古建筑主要有飞来寺、飞霞古洞、藏霞洞、孔圣庙、锦霞禅院等，建筑面积5万多平方米。还有长天塔、轩辕黄帝庙、关公庙、松峰亭、洗心飞瀑等多个景观。此山，可谓诸教诸庙同山。是岭南宗教信仰文化多元共生的有力明证。

追根寻源，以史为鉴可以知兴替。"海上丝绸之路"是岭南"宗教信仰传播之路"，印证了"海上丝绸之路"文化是岭南文化的重要源头。熔中原文化、南越文化、"海上丝绸之路"文化、海外文化等于一炉的岭南文化，以其自信开放、兼容并包，传承开拓、勇于创新，重商务实、面向海洋的特质成为我国海洋开放型文化的典型。由此，又催生了岭南宗教信仰文化汉越融合、多元开放，中西荟萃、传承创新，自信务实，多元共生的特色。广东开发"海上丝绸之路"文化资源，对我们坚持对外开放、改革创新，强化海洋实力，融入世界发展的大潮，发展创新岭南文化和宗教信仰文化，富民强国意义重大。

注释

①广东省人民政府首页. 广东概况　省情概貌　民族宗教2013-03-12 10:51:00广东年鉴电子版www.gd.gov.cn/gdgk/ 2014-03-19.

②同上。

③中国广州政府门户网站 www.gz.gov.cn/ 2013-08-15.

④王致兵. 佛教最先传入三亚. 南岛晚报，2010-12-11和2010-12-12.

⑤罗辉映. 研究中国佛教史的重要资料: 牟子《理惑论》. 宝华寺　www.baohuasi.org/gnews/2009710/2009710136636.html.

⑥岭南宗教. 广东百科信息网d.zwbk.org/MyLemmaSh… 2011-12-28.

（2014年3月18日于广州云台里，2015年1月摘自"海上丝路研究书系"初稿）

主要参考文献

[1] 蒋祖缘，方志钦. 简明广东史[M]. 广州：广东人民出版社，1993.

[2] 陈碧笙. 世界华侨华人简史[M]. 厦门：厦门大学出版社，1991.

[3] 蔡北华. 海外华侨华人发展简史[M]. 上海：上海社会科学院出版社，1992.

[4] 高华年主编. 广东省志·方言志. 广州：广东人民出版社，2004.

[5] 詹伯慧. 广东粤方言概要. 广州：暨南大学出版社，2004.

[6] 李权时，李明华，韩强主编. 岭南文化（修订本）[M]. 广州：广东人民出版社，2010.

[7] 黄淑娉主编. 广东族群与区域文化研究[M]. 广

州：广东高等教育出版社，1999.

[8] 邓钧. 台山方音字典. 长沙：湖南教育出版社出版，2006.

[9] 周士琦. 周祖谟语言文字论集[C]. 北京：人民教育出版社，2000.

[10] 张公瑾，丁石庆主编. 文化语言学教程. 北京：教育科学出版社，2004.

[11] 李新魁，黄家教，施其生，麦耘，陈定方. 广州方言研究. 广州：广东人民出版社，1995.

[12] 袁家骅等. 汉语方言概要（第二版）. 文字改革出版社，1989.

[13] 邵慧君，甘子恩. 广东四邑方言语音特点. 方言，1999，2.

[14] 翟时雨. 汉语方言学. 重庆：西南师范大学出版社，2003.

[15] 李如龙. 汉语方言学. 高等教育出版社，2001.

[16] 甘子恩，邵慧君. 广东西江流域粤语词汇及语法特点概述. 华南师范大学学报（社科版），2003，3.

[17] 韦树关. 古帮、端、心母在广西汉语方言中的特殊音读. 广西民族学院学报，2002，1.

[18] 袁源. 论广东地名的区域特质. 番禺职业技术学院学报，2007，9.

[19] 高利华. 越文化与唐宋文学[M]. 北京：人民出版社，2008.

[20] 朗国华. 从蛮裔到神州（第一版）[M]. 广东人民出版社，2006.

[21] 叶显恩. 珠江三角洲社会经济史研究[M]. 稻乡出版社，2001.

[22] 朱杰勤. 美国华侨史[M]. 广州：广东高等教育出版社，1989.

[23] 姜樾. 华侨华人研究著述题录. 香港：香港新世纪出版社，1992.

[24] 南雄珠玑巷南迁氏族谱·志选集. 南雄文史资料（15辑），1994.

[25] 曾昭璇，曾宪伟，张永钊，曾宪珊. 珠玑巷人迁移路线研究（第一版）[M]. 广州：暨南大学出版社，1995.

[26] 曾昭璇. 西江流域南江水系的人文地理概述 罗定史志·南江专辑（2004-8）.

[27] 甄鹏. 中国传统文化的三大弊端[N]. 山东大学学报，2009-10-28.

[28] 宋长栋，余伟文，庄益群. 云浮方言志. 广州：广东高等教育出版社，1995.

[29] 新会县志 [M]. 广州：广东人民出版社，1995.

[30] 怀集县地方志办公室. 怀集县志. 广州：广东人民出版社，1993.

[31] 云浮县地方志编纂委员会. 云浮县志. 广州：广东人民出版社，1995.

[32] 新兴县地方志编纂委员会. 新兴县志. 广州：广东人民出版社，1993.

[33] 罗定县地方志编纂委员会. 罗定县志. 广州：广东人民出版社，1994.

[34] 郁南县地方志编纂委员会. 郁南县志. 广州：广东人民出版社，1995.

[35] 竹尾田村志编纂委员会. 竹尾田村志. 海口：南方出版社，2008.

[36] 油甘埔村志编纂委员会. 东莞市凤岗镇油甘埔村志. 广州：岭南美术出版社，2006.

[37] 凤德村志编纂委员会. 东莞市 凤岗镇 凤德岭村志. [2006]惠印准字第66号.

[38] 清远市志（1998—2003）、清远县志. 清远史志网qy.gd-info.gov.cn/ 2013-4-22.

[39] 江门市志. 江门市文史资料、江门市政府门户网站.

[40] 台山市志. 台山市文史资料、台山市政府门户网站.

[41] 黄伟宗. 珠江文化系论. 香港：中国评论学术出版社，2005.

[42] 黄伟宗，周惠红. 良溪——"后珠玑巷"[M]. 香港：中国评论学术出版社，2008.

[43] 罗康宁. 粤语与珠江文化. 香港：中国评论学术出版社，2006.

[44] 陈子典主编. 岭南传统童谣. 广州：暨南大学出版社，2012.

[45] 张国雄. 台山历史文化集·洋楼. 五邑数字文化网·江门五邑图书馆.

[46] 黄日暖. 台山宗教状况初探.

[47] 周义主编. 冼玉清研究论文集. 香港：中国评论学术出版社，2007.

[48] 冼玉清撰，陈永正编订. 碧琅玕馆诗钞. 广州：广东人民出版社，2008.

[49] 朱贻庭主编. 中国传统伦理思想史. 上海：华东师范大学出版社，1989.

[50] 罗安宪主编. 中国孔学史. 北京：人民出版社，2008.

[51] 张其昀. 孔学今义. 北京：北京大学出版社，2009.

[52] 郭沫若. 十批判书. 北京：东方出版社，1996.

[53] 汤志钧编. 康有为政论集·下册·救亡论. 中华书局，1981.

[54] 列文森. 儒教中国的现代命运. 北京：中国社会科学出版社，2000.

[55] 李泽厚，庞朴主编. 中国思想传统的现代诠释. 南京：江苏人民出版社，1989.

[56] 宋志明. 从唯物史观看孔学. 中华文化论坛，1999，3.

[57] 李超民. 从翰林到博士，陈焕章〈孔子及其学派的经济原理〉及其影响. 学术研究，2001，6.

[58] 干春松. 儒家制度化重建的尝试：（1890—1919）——清末民初康有为与孔教会. 中国思想史研究通讯（第三辑），2004.

[59] 蔡佳倩. 北江两岸民俗：夏夜唱起禾楼歌 端午龙舟走亲戚. 南方日报，2012-4-27.

[60] 王焰安. 北江流域水神崇拜的考察. 韶关学院学报，2009，10.

[61] 林超富. 北江水神曹主娘娘. 广东人民出版社，2009.

[62] 曹春生. 连州民俗大观. 广东经济出版社，2007.

[63] 华声报 [N]. 2000-5-23.

[64] 刘伟章. 名人名事篇——陈焕章 肇庆府第一位博士. 肇庆文艺网 2006-8-21.

[65] 罗定水利欠账窟窿大 修补不轻松. 三农直通车 www.gdcct.gov.cn

2011-3-11.

[66] 罗定市农业局. 罗定市：积极实施"五动"措施 推进产粮大县建设. 广东省农业厅广东农业信息网/ www.gd.agri.gov.cn 2011-3-1.

[67] 罗定市农业局. 罗定市农业产业化状况. 罗定市公众信息网:农业局 http://www.luoding.gov.cn 2008-9-11.

[68] 罗定市水务局/水利工作月报.

[69] 广东地税2010年组织税费收入突破4600亿元 税收收入连续17年居全国首位. 证券时报网. 中国 bond.stcn.com/content/2011-01/02/content…2011-1-2.

[70] 广东人均GDP近7000美元 达中等收入国家水平. 2011-1-23 16:20 来源：广州日报.

[71] 广东海洋生产总值连续16年位居全国首位. 2011-3-18 19:26:25 来源:新华网（广州）.